Desarrollo de sistemas de información

UNA METODOLOGÍA BASADA EN EL MODELADO

Vicenç Fernández Alarcón

UPC Edicions UPC

UNIVERSITAT POLITÈCNICA DE CATALUNYA

Material elaborado para los Estudios de Segundo Ciclo
d'Enginyeria en Organització Industrial de l'ETSEIAT, de la UPC

Primera edición: junio de 2006
Reimpresión: marzo de 2010

Diseño de la cubierta: Ernest Castelltort

©   Vicenç Fernández, 2006

©   Edicions UPC, 2006
        Edicions de la Universitat Politècnica de Catalunya, SL
        Jordi Girona Salgado 31, 08034 Barcelona
        Tel.: 934 015 885 Fax: 934 054 101
        Edicions Virtuals: www.edicionsupc.es
        E-mail: edicions-upc@upc.edu

Producció: LIGHTNING SOURCE

Depósito legal: B-31667-2006
ISBN: 978-84-8301-862-0

Índice

4. Análisis de sistemas

5. Diseño de sistemas

6. Implantación y soporte de sistemas

MÓDULO III: TÉCNICAS DE MODELADO

7. Modelado de requisitos del sistema

8. Modelado de datos

9. Modelado de procesos

1. ¿Qué es un sistema de información?

Antes de entrar en el estudio del análisis y el diseño de sistemas de información, es necesario introducir conceptos básicos sobre los sistemas de información, así como los elementos que interaccionan con ellos y diversas clasificaciones muy populares que ayudan a comprender la complejidad de los sistemas de información.

1.1. Definición de sistemas de información

Un *sistema* es un conjunto de componentes que interaccionan entre sí para lograr un objetivo común. Aunque existe una gran variedad de sistemas, la mayoría de ellos pueden representarse a través de un modelo formado por cinco bloques básicos: elementos de entrada, elementos de salida, sección de transformación, mecanismos de control y objetivos. Tal y como muestra la figura 1.1, los recursos acceden al sistema a través de los elementos de entrada para ser modificados en la sección de transformación. Este proceso es controlado por el mecanismo de control con el fin de lograr el objetivo marcado. Una vez se ha llevado a cabo la transformación, el resultado sale del sistema a través de los elementos de salida.

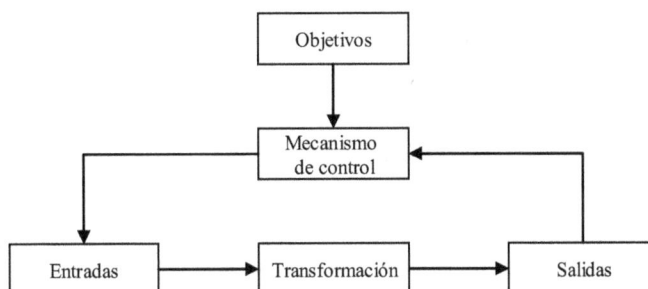

Figura 1.1 Modelo general de un sistema

La sociedad actual está llena de ejemplos de sistemas: una máquina expendedora de bebidas, una fábrica de productos manufacturados, la columna vertebral, un automóvil, un archivador de documentos, una conversación, etc. En el caso de la máquina expendedora, el elemento de entrada correspondería a la ranura para la introducción de monedas. Una vez están las monedas en el sistema, se comparan con el precio de la bebida seleccionada (objetivo del sistema) mediante el sistema de control. Cuando la cantidad de dinero introducida en el sistema corresponde con el precio de la bebida, el mecanismo de control cambia las monedas por una bebida, la cual es entregada a través del expendedor de la máquina. De forma similar, es posible representar el resto de los ejemplos mediante los cinco bloques básicos de un sistema.

Mientras que hay un gran consenso en la definición de *sistema*, no existe en la de *sistema de información*. En la actualidad, la expresión *sistema de información* se utiliza de forma común y habitual en las organizaciones; sin embargo, existen tantas definiciones y matices para ella como escuelas o autores del tema. Aun así, y basándonos en la definición dada de sistema, se podría realizar una primera aproximación definiéndola como un conjunto de componentes que interaccionan entre sí para lograr un objetivo común: satisfacer las necesidades de información de una organización.

A partir de aquí y a falta de consenso en la definición de sistemas de información, en este apartado se presentan y analizan diversas aproximaciones a su definición propuestas por expertos en el área, desde puntos de vista complementarios. Así mismo, se analizan las diferencias y semejanzas entre cada unas de las definiciones.

1.1.1. Una definición general de los sistemas de información

Los autores Laudon y Laudon[1] (2004) definen los sistemas de información como un conjunto de componentes interrelacionados que recolectan (o recuperan), procesan, almacenan y distribuyen información para apoyar la toma de decisiones y el control de una organización. Además de apoyar la toma de decisiones, la coordinación y el control, los sistemas de información también pueden ayudar a los gerentes y trabajadores a analizar problemas, a visualizar asuntos complejos y a crear productos nuevos.

La definición proporcionada por Laudon y Laudon refleja tres aspectos básicos de los sistemas de información.

Un sistema de información está formado por un conjunto de componentes. A diferencia de otras definiciones que analizaremos más adelante, los autores no especifican que componentes interactúan en el sistema de información. Esto es debido a querer englobar los distintos sistemas de información en una única definición. En contraposición a lo que la mayoría de personas creen, un sistema de información puede ser formal e informal. De forma similar, nos podemos encontrar con sistemas de información basados en ordenadores (o en la tecnología de la información), y sistemas de información que utilizan la tecnología del papel y el lápiz.

Los sistemas formales de información son aquellos que se apoyan en definiciones fijas y aceptadas de datos y procedimientos y que operan en conformidad con reglas predefinidas, mientras que los sistemas informales de información se basan en reglas de comportamiento no establecidas. Las conversaciones de trabajo en la máquina de cafés, o una reunión durante la comida pueden considerarse sistemas informales.

Tabla 1. 1. Sistemas formales e informales de información

	Basados en ordenadores	Manuales
Formales	Un CRM	Informes-formularios en papel escritos a mano
Informales	El correo electrónico	Conversaciones en la cafetería entre empleados

Aunque en este libro sólo se tratarán los sistemas formales de información basados en ordenadores, es necesario tener constancia de que han existido y existen una gran cantidad de sistemas informales de información que pueden llegar a ser más importantes que los formales. La comunicación boca a boca dentro de una organización puede convertirse en una herramienta más potente que la última tecnología de información para la comunicación entre personas.

El segundo aspecto que trata la definición de Laudon y Laudon son las actividades que realizan los sistemas de información, más concretamente el sistema de transformación de un sistema. Tal y como queda reflejado en la definición de Laudon y Laudon, así como en las posteriores definiciones que se presentarán a continuación, las actividades básicas de un sistema de información son la recolección (o recuperación), el procesado, el almacenamiento y la distribución de la información introducida. En función del nivel de complejidad del procesado, se obtendrán distintos sistemas de información. En apartados posteriores, se expondrán diversas clasificaciones de sistemas de información en función del tipo de procesado de datos.

El siguiente y último punto en la definición de Laudon y Laudon explicita la utilidad y las funciones de un sistema de información: (1) apoyar la toma de decisiones y (2) el control de una organización. Este punto se tratará con mayor profundidad en el siguiente apartado del capítulo.

---

[1] Laudon y Laudon son profesores de administración de empresas, por lo que su definición de sistemas de información está orientada hacia la gestión y la administración por parte de los usuarios que trabajan de forma habitual en ella.

La figura 1.2 representa las actividades y sus relaciones en un sistema de información según el modelo de sistemas y la definición realizada por Laudon y Laudon. Sería interesante utilizar un ejemplo para analizar y explicar la figura 1.2. En el proceso de matriculación de una escuela universitaria, los futuros estudiantes (agentes del entorno) introducen la información solicitada por la escuela a través de la actividad recolección de datos. Después de que todos los datos de un nuevo estudiante han sido introducidos en el sistema, se procesan, clasifican y ordenan en función de los parámetros definidos por la escuela (actividades de procesado y almacenado). Una vez han sido procesados los datos, el sistema proporcionará un listado de estudiantes para cada una de las diversas asignaturas de la carrera (actividad de distribución). En función de los resultados, es posible que se tenga que limitar las entradas (por ejemplo, que el número máximo de estudiantes de una asignatura se haya alcanzado) mediante una retroalimentación.

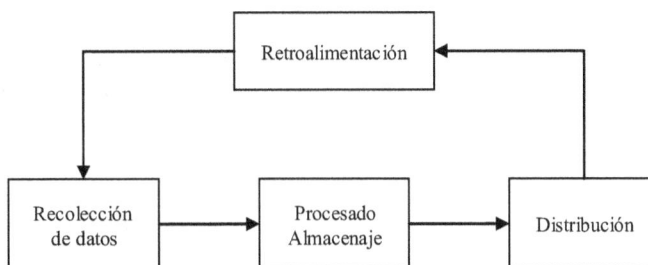

Figura 1.2 Actividades de un sistema de información

1.1.2. Una definición de sistemas de información basadas en la tecnología de la información

Según Whitten, Bentley y Dittman (2004), un sistema de información es un conjunto de personas, datos, procesos y tecnología de la información que interactúan para recoger, procesar, almacenar y proveer la información necesaria para el correcto funcionamiento de la organización.

Si se compara la definición anterior con la realizada por Laudon y Laudon, observamos una estructura similar, pero con distintas matizaciones. La primera de ellas hace referencia al conjunto de componentes que forman parte de un sistema de información. En la definición de Whitten, Bentley y Dittman se especifican los distintos componentes que interactúan en un sistema de información: personas, datos, procesos y tecnología de información.

Con el fin de construir un sistema de información eficaz y eficiente, los responsables en su desarrollo deben ser capaces de combinar de forma eficaz los distintos componentes que constituyen dichos sistemas. Algunos de ellos pueden ser:

- Personas: directivos, usuarios, diseñadores, analistas, etc.
- Datos: materia prima para crear información útil.
- Procesos: actividades de empresa y actividades de proceso de datos y generación de información que apoyan las actividades de empresa
- Tecnologías de información: el *hardware* y el *software* necesario que sostiene a los anteriores tres componentes

Peter Drucker creó el término trabajador de la información para designar a aquellas personas cuyo trabajo tiene que ver con la creación, la recolección, la distribución y el uso de información. El componente personas de la definición de Whitten hace referencia a todas aquellas personas que pueden ser identificadas como trabajadores de la información. Actualmente, dentro de este grupo se pueden identificar a los trabajadores del conocimiento, que se definen como un subgrupo de trabajadores de la información cuyas responsabilidades se basan en conocimiento específico.

El componente datos representa la información necesaria para conseguir alcanzar las funciones básicas y los objetivos de un sistema de información. Es interesante, y necesario, considerar a los datos como la materia prima con la que trabajará el sistema.

Si el componente datos proporciona la materia prima para alcanzar los objetivos de un sistema de información, el componente procesos muestra como deben ser tratados los datos que hay en el sistema.

El cuarto y último componente es la tecnología de la información (TI), que se considera un término contemporáneo que describe la combinación de la tecnología de los ordenadores (*hardware* y *software*) con la tecnología de las telecomunicaciones (redes de datos, imágenes, y voz).

Otro aspecto que afecta a la definición son las actividades que debe realizar un sistema de información: recoger, procesar, almacenar y proveer la información. Estas actividades coinciden con las proporcionadas por la definición de Laudon y Laudon. Este aspecto es, sin dudas, en donde existe una mayor homogeneidad de opiniones sobre los sistemas de información.

Por último, la definición expone el objetivo final del sistema de información –el correcto funcionamiento de la organización– en lugar de las funciones que tiene que cumplir el sistema de información. Todo sistema de información debe tener como objetivo el correcto funcionamiento de una organización de una forma eficaz y eficiente.

A diferencia de la definición proporciona por Laudon y Laudon sobre un sistema de información, la definición que se está analizando sólo incluye a los sistemas de información formales y basados en ordenadores. Esto es debido a que la definición propuesta por Whitten, Bentley y Dittman engloba el campo dedicado al desarrollo de sistemas de información, y no el campo de la gestión y dirección de dichos sistemas (como ocurría con Laudon y Laudon).

1.1.3. Una definición de sistemas de información desde una perspectiva estratégica

Andreu, Ricart y Valor (1996) definen los sistemas de información "como el conjunto formal de procesos que, operando con un conjunto estructurado de datos estructurada de acuerdo con las necesidades de una empresa, recopila, elabora y distribuye (parte de) la información necesaria para la operación de dicha empresa y para las actividades de dirección de control correspondientes, apoyando al menos en parte, la toma de decisiones necesaria para desempeñar las funciones y procesos de negocio de la empresa de acuerdo con su estrategia".

Existen varios aspectos en la definición anterior que pueden ser bastante interesantes de analizar. Para empezar, los profesores Andreu, Ricart y Valor sólo hacen referencia a los sistemas formales de información, aunque matizan –en su libro– que también existen sistemas informales de información que, incluso, pueden llegar a ser más importantes y eficientes que los formales. Pero debido a la dificultad de delimitar, trabajar, dirigir y planificar los sistemas informales, Andreu, Ricart y Valor sólo hacen hincapié en lo sistemas más formales de la organización.

Otro aspecto destacable de la definición es la manera en cómo se deben almacenar los datos que el sistema de información recopila y genera. Según ésta, los datos deben almacenarse según las necesidades de los usuarios del sistema, en lugar de "imponer" una nueva forma de trabajar en función de una estructura de datos "poco natural" del nuevo sistema de información.

El sistema de información de una empresa debe, tal y como expone la definición, proporcionar tres funciones a la organización. La primera función hace referencia a la práctica y coordinación de las acciones operativas que se realizan de forma habitual a lo largo de la organización. La segunda función es poder ejercer el control necesario para identificar las acciones que van en contra de los objetivos de la organización, y a partir de aquí dirigir nuevas acciones rectificadoras de una forma eficiente. La tercera función de un sistema de información es proporcionar la información necesaria para ayudar a tomar decisiones a nivel operativo, directivo y estratégico. Las tres funciones tienen como objetivo final el correcto funcionamiento de la empresa.

Finalmente, la definición expone que todas las funciones que tiene realizar un sistema de información deben tener presentes las funciones, los procesos y la estrategia del negocio. Es necesario recordar que un sistema de información no es solamente un elemento más en la infraestructura de la empresa, ya que permite la coordinación entre el resto de elementos como la estructura organizativa, los sistemas recomunicación y los sistemas de control.

La figura 1.3 muestra el papel de los sistemas de información de forma gráfica. Andreu, Ricart y Valor proponen de forma explícita, a diferencia de las anteriores definiciones, que el fracaso de un sistema de información puede ser debido a la desconexión entre las actividades de negocio y los sistemas de información, la falta de conexión entre los planes de los sistemas de información y los planes estratégicos de las empresas, los problemas de asignación de responsabilidades y de toma de decisiones en el propio departamento de sistemas de información, la poca comunicación existente entre los responsables de las áreas funcionales y los responsables de sistemas de información, u otros motivos.

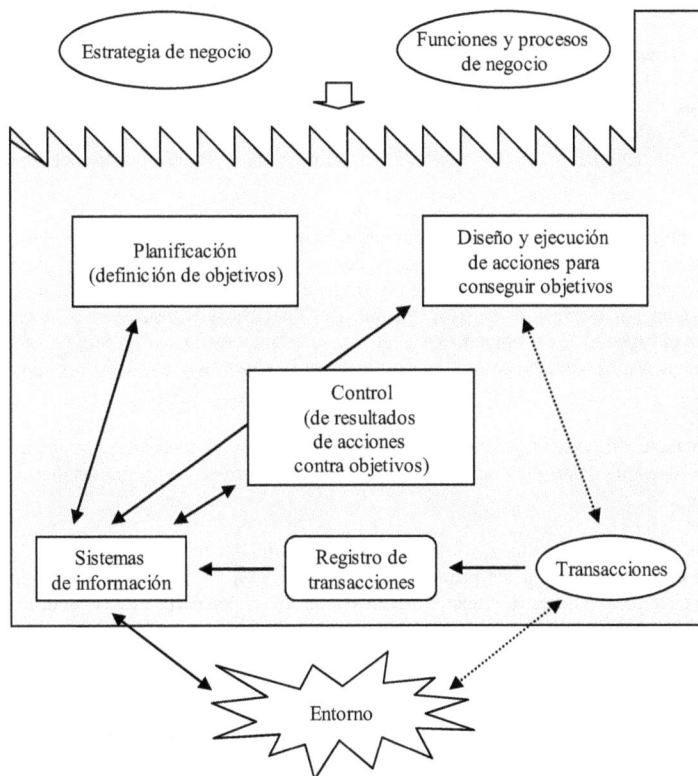

Figura 1.3 Modelo de un sistema de información según Andreu, Ricart y Valor

1.2. Componentes de un sistema de información

Debido a la naturaleza del libro, los posteriores capítulos se enmarcarán en la definición de sistemas de información propuesta por Whitten, Bentley y Dittman (2004). Dicha visión de los sistemas de información propone diversos componentes que deben interactuar entre ellos para un correcto desarrollo del sistema de información. A continuación, se analiza cada uno de los componentes que forman parte de un sistema de información, así como de sus relaciones.

1.2.1. Individuos participantes

El primer componente que se analiza, que es el más importante, es el formado por las personas. Según Whitten, Bentley y Dittman (2004) todos los individuos que pueden y deben participar en el desarrollo de un sistema de información se pueden clasificar en función de la visión que tienen de un sistema de información. En este caso, la clasificación está formada por cinco grandes grupos:

- Propietarios
- Usuarios
- Diseñadores
- Constructores
- Analistas y el Project Manager

A todos los individuos que usan los sistemas de información se les puede englobar con el término *trabajadores de la información*. Peter Drucker creó dicho término para designar a aquellas personas cuyo trabajo tiene que ver con la creación, la recolección, la distribución y el uso de información. Actualmente, dentro de este grupo se pueden identificar a los trabajadores del conocimiento, que se definen como un subgrupo de trabajadores de la información cuyas responsabilidades se basan en conocimiento específico.

Propietarios de sistemas

Los propietarios de sistemas son aquellas personas que patrocinan y promueven los sistemas de información. Entre las funciones de los propietarios está fijar el presupuesto y los plazos para el desarrollo y el mantenimiento de los sistemas de información, y dar el visto bueno al sistema de información final.

En función del tamaño del sistema de información que se intenta desarrollar, los propietarios de sistemas pueden pertenecer a distintos niveles jerárquicos dentro de la organización. En el desarrollo de los sistemas más grandes, los propietarios son directivos que están situados en lo más alto de la jerarquía de la compañía –como por ejemplo el director general o el director de operaciones–. En el desarrollo de sistemas de tamaño medio, los propietarios suelen ser directivos medios o ejecutivos, mientras que en sistemas más pequeños es bastante común encontrar directivos medios y supervisores como propietarios de sistemas.

Debido a la distancia existente entre los propietarios de sistemas y el desarrollo y mantenimiento de los sistemas de información, los propietarios suelen participar en el proyecto en términos muy generales y sin entrar en detalle.

Zachmann (1987) expone que una de las claves en el éxito de cualquier proyecto de sistemas de información es el compromiso de los propietarios del sistema en su desarrollo. La implicación de los propietarios de sistemas favorece la creación de un compromiso por parte de los subordinados hacia el proyecto (así como hacia su éxito).

Usuarios de sistemas

Los usuarios de sistemas son aquellas personas que utilizan los sistemas de información de una forma regular para capturar, introducir, validar, transformar y almacenar datos e información. Entre todos los grupos de individuos que participan en el desarrollo de un sistema de información, los usuarios es el más cuantioso.

Así mismo, los usuarios deben ser considerados como el grupo de individuos más importante en el desarrollo de un sistema de información, ya que será este colectivo el que tendrá que trabajar diariamente sobre él, y el que decidirá si cumple con las necesidades que tiene el negocio. Por tanto, es necesario el compromiso de los usuarios de sistemas para poder identificar de forma correcta los problemas a resolver, las necesidades a cubrir, las oportunidades a conseguir y las restricciones que deberá tener el sistema.

Los sistemas de información pueden ser utilizados por una gran cantidad de individuos con objetivos y necesidades muy diversas. Es por este motivo que puede ser interesante agrupar a los usuarios de sistemas en grupos y subgrupos en función de la relación con la empresa. Para empezar, se puede distinguir entre usuarios internos a la organización y usuarios externos a la organización.

Los usuarios internos son todas aquellas personas que pertenecen a la organización que está desarrollando el sistema de información, y que en la mayoría de ocasiones son los destinatarios principales del nuevo sistema. De la misma manera que hemos hecho anteriormente, podemos clasificar a los usuarios internos en función de sus necesidades en relación con el nuevo sistema. Se puede distinguir el personal administrativo (que se dedican a las actividades de información diarias en la organización), los profesionales y técnicos (que se dedican a trabajos especializados que requiere conocimiento específico), y los gestores y directivos (que se dedican a la toma de decisiones en función del funcionamiento de la organización).

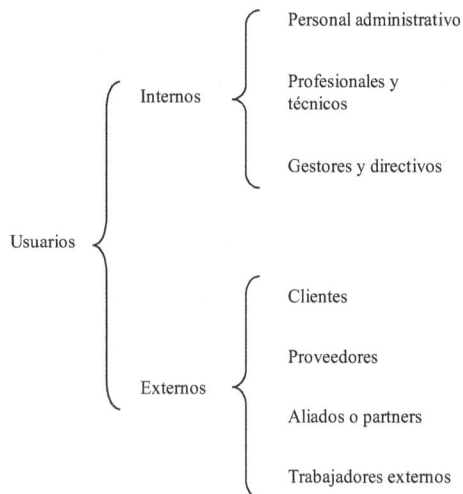

Figura 1.4 Tipología de usuarios de sistemas

El segundo gran grupo lo forman los usuarios externos a la organización. Gracias al rápido desarrollo de las tecnologías de comunicación, especialmente Internet, los límites de los sistemas de información han crecido de forma exponencial, por lo que se ha tenido que incluir como usuarios a personas externas a la organización.

Los usuarios externos se pueden clasificar en clientes (ya sean individuos u organizaciones que compran productos o servicios directamente a nuestra empresa), proveedores (compañías a las que se le compra productos o servicios), aliados o *partners* (con los que se establecen alianzas o relaciones), y trabajadores cuya labor se realiza fuera del lugar tradicional de trabajo.

Diseñadores de sistemas

Los diseñadores de sistemas son expertos en tecnología que resuelven las necesidades y las restricciones manifestadas por lo usuarios de la empresa mediante recursos tecnológicos.

Debido al crecimiento en el desarrollo de tecnología, así como a su utilización, los diseñadores de sistemas han ido especializándose a lo largo de las últimas dos décadas. Algunos de estas especialidades son la administración de datos (tecnologías de bases de datos), la arquitectura de redes (tecnologías de comunicación), el diseño Web (tecnologías Web), o la seguridad (tecnologías de seguridad y privacidad).

A diferencia de los propietarios y de los usuarios de sistemas, los diseñadores se centran en aspectos tecnológicos más que en aspectos de negocio. La divergencia existente entre la perspectiva de los usuarios de sistemas y la de los diseñadores de sistemas hace necesario introducir un nuevo individuo en el desarrollo de sistemas: el analista de sistemas.

Constructores de sistemas

Los constructores de sistemas, otro tipo de especialistas en tecnología, son los encargados de fabricar sistemas de información basados en las especificaciones de diseño obtenidas de los diseñadores de sistemas.

Tal y como ocurre con los diseñadores, los avances tecnológicos han llevado a especializar a los constructores en distintas tareas en el desarrollo de sistemas. Entre ellas se pueden nombrar la de programador de aplicaciones informáticas, la de programador de sistemas, la de programador de base de datos o la de integrador de *software*.

Analista de sistemas

Un analista de sistemas es una persona que estudia los problemas y las necesidades de una empresa para determinar cómo podrían combinarse los recursos humanos, los procesos, los datos y la tecnología de la información para obtener mejoras en la empresa.

Desde sus inicios, se ha considerado a los analistas de sistemas como solventadores de problemas (Martin; 1982): personas capaces de corregir situaciones poco eficientes, así como de anticiparse a problemas que pueden surgir dentro de la organización, o de detectar y aprovechar las oportunidades que surgen a favor de la compañía.

Posteriores definiciones, como la realiza por Senn (1992, p. 12), agregan que los analistas hacen mucho más que resolver problemas. Con frecuencia los directivos solicitan la ayuda del analista de sistemas para planificar la expansión de la organización. Por tanto, las funciones iniciales del analista han crecido y sobrepasado los límites de la definición inicial, asesorando (e incluso dirigiendo) en los cambios que se pueden llegar a producir en la organización.

En una gran cantidad de ocasiones, el analista de sistemas coincide con el diseñador de sistemas. Sin embargo, es recomendable tener presente que esta persona está desempeñando dos papeles al mismo tiempo.

Las habilidades necesarias para cumplir de una forma eficiente las funciones de un analista de sistemas son (Whitten, Bentley y Dittman, 2004):

- Conocimientos generales de empresa
  Los analistas deben solventar problemas que se producen dentro de la empresa, por lo que es necesario que entiendan y comprendan el funcionamiento interno de la empresa, así como ser capaces de comunicarse con las distintas personas que trabajan en la empresa.
- Capacidad de resolver problemas
  Como solventador de problemas, los analistas de sistemas deben ser capaces de abordar grandes problemas, descomponerlos en partes más pequeñas, analizar cada una de estas partes, y posteriormente ensamblarlo de nuevo.
- Técnicas de comunicación interpersonal
  Un analista de sistemas debe poder comunicarse de forma eficiente con el resto de miembros de la organización para poder detectar las necesidades y posteriormente transmitir las soluciones.
- Flexibilidad y capacidad de adaptación
  Cada organización es diferente, así como cada situación en la que se puede encontrar el analista, por lo debe aprender a ser flexible ante cualquier tipo de circunstancias.
- Carácter y ética
  Para solventar los problemas que surgen en las empresas, el analista debe conocer información confidencial y privada de la empresa, de sus trabajadores, de sus clientes e incluso de sus proveedores, por lo que es necesario un fuerte carácter y una ética profesional intachable.
- Mejorar los conocimientos en tecnología y sistemas de información
  Un analista de sistemas debe estar al día de la tecnología disponible, así como de las ventajas y desventajas que proporciona cada una. Para ello existen diversas fuentes de información como cursos, revistas, etc.
- Experiencia y dominio de la programación informática
  Aunque en la mayoría de ocasiones un analista no se encarga de programar informáticamente, su conocimiento le proporciona la capacidad de preparar las especificaciones técnicas necesarias para su posterior implementación por el constructor.

Project Manager

Un *Project Manager* es un profesional experimentado que acepta la responsabilidad de planificar, supervisar, y controlar proyectos en lo que concierne al calendario, el presupuesto, la satisfacción del cliente, las normas técnicas y la calidad de sistema.

1.2.2.   Datos e información

En la calle, en las organizaciones e incluso en las universidades, las personas utilizan de forma indiferente los conceptos datos, información y conocimiento; sin embargo, no son lo mismo y existe una gran diferencia entre ellos.

Los datos consisten en hechos y cifras que tiene de algún modo una existencia propia e independiente y que tiene poco significado para el usuario. Una de las características más significativas de los datos es que por ellos mismos no indican si son relevantes o irrelevantes, ya que es necesario definir un contexto en donde establecerla.

Por ejemplo, los datos pueden ser las distintas notas musicales que se enseñan en los cursos de solfeo. En este caso, una nota musical, por sí misma, tiene poco significado si no está acompañado de otros elementos como son otras notas musicales. Otro ejemplo de datos sería el número de horas de producción de cada trabajador de una empresa. El tiempo que dedica un trabajador a una tarea es poco significativo si no se incluye dentro de un contexto, como puede ser el porcentaje de tiempo que dedica el trabajador a esa tarea o el coste económico de la tarea.

Gracias a la rápida evolución de las tecnologías de la información (incluyendo los medios de almacenaje), los ordenadores pueden acumular grandes cantidades de datos, que posteriormente podrán transformarse en información.

El procesado de los datos permite transformarlos en información. Se puede considerar la información como un conjunto de datos procesados con significado, y dotados de relevancia y propósito. La información debe transformar la percepción de los hechos del receptor, ya que será éste quien decida si un dato (o un conjunto de datos) es relevante o no. Debido a que la diferencia entre datos e información depende de la relevancia y el propósito de un hecho, lo que es información para una persona puede ser simplemente datos para otra.

Continuando con los ejemplos anteriores, se podría considerar información a un conjunto de notas musicales dispuestas en un pentagrama, o un libro de solfeo en donde se explica el significado de las notas musicales. En este caso, la mayoría de personas considerarían que unas notas musicales escritas en un pentagrama son significativas y relevantes, ya que representan una canción.

En el segundo ejemplo, un empleado puede considerar que las horas que dedica a trabajar en una empresa es una información relevante y con significado, porque representa lo que acabará ganando al final del mes. Sin embargo, para el dueño de la empresa es solamente un dato, ya que lo que necesita es conocer la cantidad de dinero necesario para poder pagar la nómina a todos los trabajadores de su empresa. Para conseguirlo, tendrá que procesar los datos de los que dispone: sumar el número de horas de trabajo de todos los empleados y multiplicarlo por el sueldo medio por hora.

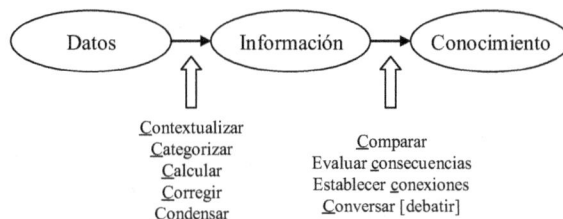

Figura 1.5 Relación entre datos, información y conocimiento

Davenport y Prusak (1998) proponen que el conocimiento es una mezcla fluida de experiencias concretas, valores, información en contexto y juicio basado en la experiencia que proporciona un marco de referencia para evaluar e incorporar nuevas experiencias e información. El conocimiento se origina y aplica en las mentes de las personas. En las organizaciones, no solo está almacenada en documentos u ordenadores, sino también en las rutinas, procesos, prácticas y normas organizativas.

La figura 1.5 muestra la relación entre datos, información y conocimiento, y un conjunto de acciones que permiten transformar cada uno de ellos a un nivel superior.

1.2.3.   Procesos de negocio

Mejorar la eficiencia de los procesos de negocio es uno de los objetivos que debe alcanzar un sistema de información. Para ello es necesaria la implicación en el proyecto de los propietarios y de los usuarios de sistemas.

En relación a los procesos, los propietarios deben preocuparse definir y acotar las funciones de negocio (o procesos de alto nivel) que participarán en el proyecto. Según Sethi, Vikram y King (1998) las funciones de negocio son un grupo de procesos que interactúan entre ellos y que dan soporte al correcto funcionamiento de la empresa. Además, las funciones de negocio pueden ser descompuestas en otras subfunciones hasta llegar a procesos que se realizan con tareas específicas. Algunos ejemplos de funciones son ventas, servicios, producción, logística, y contabilidad.

Mientras tanto, los usuarios son los responsables de definir los procesos de negocio. Los procesos de negocio son el conjunto de tareas que responden a acontecimientos de negocio (por ejemplo, un pedido o un alta de un cliente). También se puede considerar como proceso de negocio el trabajo, los procedimientos, y las reglas requeridas para completar las tareas propias del negocio, independientemente de cualquier tecnología de información que se utilice para automatizarlos o darles soporte.

Mientras que los propietarios de sistemas delimitan el sistema de información y los usuarios identifican los procesos de negocio, los diseñadores y los constructores tienen una visión más técnica de los procesos.

Para los diseñadores de sistemas, los procesos son conjuntos de tareas que pueden llegar a ser automatizados. El diseñador debe seleccionar qué procesos pueden ser automatizados, y cuál es la mejor manera de hacerlo. Con este fin, los diseñadores deben escribir los requerimientos técnicos del nuevo sistema.

Por otra parte, los constructores de sistemas se deben preocupar de la lógica de programación que implementará los procesos que se deben automatizar según a los requerimientos técnicos obtenidos de los diseñadores de sistemas.

1.2.4.   Tecnologías de la información

La tecnología de la información es un término contemporáneo que describe la combinación de la tecnología informática (*hardware* y *software*) con la tecnología de las telecomunicaciones (redes de datos, imágenes, y voz).

Antes de la introducción de la informática, todos los sistemas de información estaban basados en procesos manuales (por ejemplo, el sistema de información de contabilidad se basaba en unas procesos y normas estandarizados que se aplicaban sobre libros a fin de almacenar y obtener información económica de la empresa). Incluso en la actualidad siguen utilizándose una gran cantidad de sistemas de información que no están basados en la tecnología informática.

Sin embargo, la introducción de la informática en el mundo empresarial ha permitido automatizar la mayoría de procesos mecánicos que se realizaban de forma manual hasta entonces. Por este motivo se considera la tecnología informática (y por extensión de la información) como el soporte físico sobre el cual se desarrolla el sistema de información (ver Fig. 1.6). Las tecnologías de la información se pueden clasificar en dos grupos: las tecnologías informáticas y las tecnologías de telecomunicaciones.

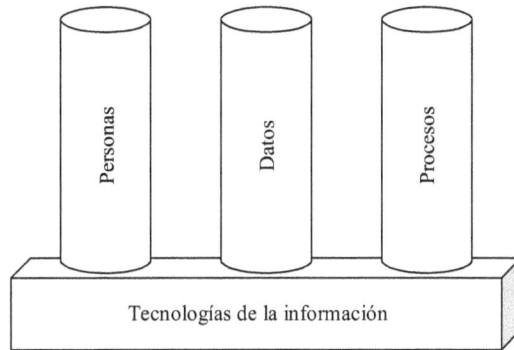

Figura 1.6 Componentes de un sistema de información

Así mismo, las tecnologías informáticas se pueden desglosar en función de dos criterios. Según el primero, las tecnologías informáticas pueden clasificarse en *hardware* (dispositivos electrónicos como ordenadores, periféricos, pantallas, impresoras, etc.) y en *software* (todo aquel código informático que funciona sobre el *hardware*).

También se puede clasificar las tecnologías de la información en relación al resto de componentes de un sistema de información. Se puede hablar de tecnologías basadas en datos (cuyo objetivo es capturar, almacenar y gestionar datos e información) y de tecnologías basadas en procesos (cuya finalidad es dar soporte a las actividades o procesos que se realizan en la empresa).

Algunos ejemplos de tecnología de datos son los sistemas de gestión de archivos, los sistemas de gestión de datos y las hojas de cálculo. Por otra parte, la tecnología de procesos viene determinada principalmente por los lenguajes de programación, los sistemas operativos, y otros sistemas de *software*.

La tecnología de telecomunicaciones permite la interconexión de la tecnología informática (tanto de datos como de procesos) entre distintos lugares. El rápido avance de la tecnología de telecomunicaciones ha sido impulsado, principalmente, por el sorprendente crecimiento y aceptación de Internet por parte del público en general y de las organizaciones.

El desarrollo de redes cada vez más potentes y fiables ha permitido el acceso remoto a los sistemas de información, así como la interconexión entre distintos sistemas de información que pertenecen a una misma empresa, e incluso si pertenecen a empresas distintas (como por ejemplo los sistemas de información interorganizacionales entre una empresa y sus proveedores).

1.3. Clasificación de los sistemas de información

En la actualidad existe una gran cantidad de criterios para clasificar los sistemas de información. Edwards, Ward y Bytheway (1998) proponen diversos criterios para su clasificación:

- Por el grado de formalidad
  En los comentarios realizados sobre la definición de Laudon y Laudon (2004) se introdujo la distinción entre los sistemas de información formales y los informales.
- Por el nivel de automatización conseguido
  En las organizaciones, pueden existir sistemas que necesiten una alta participación de los trabajadores – poco automatizadas (por ejemplo, los sistemas para responder a preguntas personalizadas a través de e-mail) –, mientras que otros sistemas son capaces de trabajar sin la intervención humana – muy automatizadas (por ejemplo, las centralitas telefónicas totalmente automatizadas).

- Por su relación con la toma de decisiones

    Una de las funciones que deben cumplir los sistemas de información es colaborar en la toma de decisiones[2]. En función del lugar jerárquico en donde se tomen las decisiones, los sistemas de información se podrán clasificar en estratégicos, de control u operativos.

- Por la naturaleza de sus entradas y salidas

    Un sistema de información puede recibir información de diversas fuentes de información (personas, empresas, otros sistemas de información, etc.), así como en distintos formatos (a través de un teclado, por la red, de un disquete, etc.). Del mismo modo, los sistemas de información pueden proporcionan información a través de distintos formatos (impreso, por pantalla, en Internet, etc.).

- Por el origen y el grado de personalización

    En las empresas se pueden encontrar sistemas de información que han sido diseñados e implementados sólo para ellas, o también sistemas comprados que son utilizados por otras empresas.

- Por el valor que representan para la organización

    Ya se ha comentado previamente que las empresas están formadas por múltiples sistemas de información. Sin embargo, no todos los sistemas tienen la misma importancia. El sistema que contiene la información de los clientes suele tener una mayor importancia que el sistema de información de presupuestos (ya que este es más sencillo y se puede hacer manualmente).

Aunque los criterios anteriores pueden ayudar a clasificar los sistemas de información que hay en una organización, la clasificación más utilizada y aceptada son las propuestas por McLeod (2000) y por Laudon y Laudon (2004).

1.3.1. Clasificación en función de la agrupación de los usuarios en la organización

Según McLeod (2000) los sistemas de información se clasifican en subsistema directivo y en subsistemas funcionales (ver Fig. 1.7). Los subsistemas funcionales se catalogan en función de las actividades que se realizan en las distintas áreas funcionales (producción, marketing, contabilidad, etc.) de la empresa. A continuación se estudian los distintos sistemas de información según McLeod (2000).

Sistema de información de marketing

Los sistemas de información de marketing, así como la mayoría de sistemas, están formados por una combinación de subsistemas de entrada y salida conectados por bases de datos.

El centro nervioso de marketing (Kotler, 1966) está formado por el grupo de personas que se dedica a obtener y procesar información de marketing. Según Kotler, una empresa necesita tres tipos de información de marketing: inteligencia de marketing (información sobre el entorno), información interna de marketing (aquella que se recoge dentro de la empresa) y comunicaciones de marketing (información que fluye desde la empresa hacia el entorno).

Según los estudios de Kotler (1966), se identifican tres (sub)sistemas de entrada para un sistema de información de marketing. El sistema de información contable proporciona información relacionada con las transacciones de marketing. A partir de esta información se pueden realizar estudios de la actividad de ventas de la empresa (análisis de ventas), estudios sobre cambios en los precios, etc.

Los otros dos subsistemas de entrada son el subsistema de investigación de mercados y el subsistema de inteligencia de marketing. El primero de ellos tiene el objetivo de recabar y estudiar toda la información disponible sobre los clientes y sus comportamientos. Esta información puede proceder de distintas fuentes, ya sea a través de trabajadores de la misma organización o de fuentes externas e independientes de la empresa.

El subsistema de inteligencia de marketing proporciona información estratégica del entorno relacionada con las operaciones de marketing. Para ello, el sistema recopila y estudia toda la información disponible (de forma ética) acerca de los competidores del sector.

---

[2] Ver definiciones de sistema de información

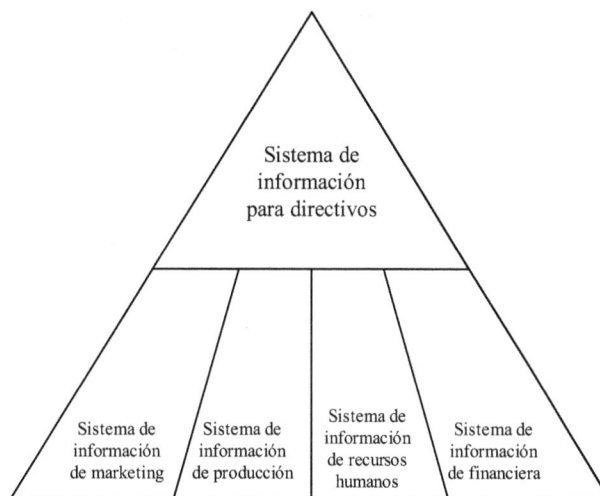

Figura 1.7 Clasificación en función de la agrupación de los usuarios

El sistema de información contable y el subsistema de investigación de mercados utilizan fuentes de información interna a la empresa combinado con información procedente del entorno. En cambio, el subsistema de inteligencia de marketing sólo utiliza información procedente del entorno.

Los subsistemas de salida proporcionan información procedente de los tres (sub)sistemas de entrada. Los principales subsistemas de salida son: el subsistema de productos (que suministra información de los productos o servicios de la empresa), el subsistema de logística (que da información sobre la red de distribución de la empresa), el subsistema de promoción (relacionado con las actividades de publicidad y ventas), el subsistema de precios (que suministra información relacionada con los precios de los productos o servicios) y el subsistema de decisiones estratégicas (que colabora en la definición de estrategias desde el nivel operativa hasta el nivel estratégico).

Sistema de información de producción

El sistema de información de producción tiene como objetivos apoyar al sistema de producción físico, y proporcionar información acerca de las operaciones de producción. Los sistemas de información de producción se pueden clasificar en función del enfoque utilizado para controlar el proceso de producción. Algunos ejemplos son el ROP (sistema de punto de reorden), el MRP (planificación de necesidades de materiales), el MRP II (planificación de recursos de producción), y el JIT (just-in-time).

Tal y como ocurre con todos los sistemas de información funcionales, el sistema de información de producción está formado por subsistemas de entrada y subsistemas de salida.

El sistema de entrada está formado por tres (sub)sistemas de información: el sistema de información contable, el subsistema de ingeniería industrial y el subsistema de inteligencia de producción.

El sistema de información contable (a igual que en el sistema de marketing) es el encargado de recopilar información interna en relación a las operaciones (transacciones) de producción que se realizan dentro de la empresa, y a la información del entorno que describe las transacciones con los proveedores.

El subsistema de ingeniería industrial tiene el objetivo de recabar y estudiar toda la información disponible sobre los sistemas de producción físicos de la empresa. A través de esta información, un ingeniero industrial puede hacer recomendaciones para mejorar el sistema productivo de la empresa.

El subsistema de inteligencia de producción recoge información estratégica de producción con el objetivo de proporcionar información a los supervisores y los directivos sobre la mano de obra, el material proporcionado por los proveedores y la maquinaria.

El sistema de información contable y el subsistema de ingeniería industrial utilizan datos procedentes de fuentes internas de la empresa. Por el contrario, el subsistema de inteligencia de producción y el sistema de información contable utilizan datos que proceden de fuentes externas a la empresa.

El sistema de salida está formado por cuatro subsistemas que representan diversos aspectos del sistema productivo: el subsistema de producción (que estudia el proceso de producción en términos de tiempos), el subsistema de *stocks* (que mide el volumen de materiales necesarios para el proceso productivo, y los productos intermedios y finales del sistema productivo), el subsistema de calidad (que estudia tanto la calidad de los materiales, como del proceso de producción), y el subsistema de costes (que analiza los costes vinculados al proceso de producción).

Sistema de información financiera

Los sistemas de información financiera proporcionan a personas y grupos (*stakeholders*) tanto de dentro como de fuera de la organización información relacionada con los asuntos financieros de la compañía. El sistema de información financiera está formado por tres (sub)sistemas de entrada y tres subsistemas de salida.

Dos de los tres subsistemas de entrada coinciden con los presentados en los apartados anteriores: el sistema de información contable, que suministra la información contable de la empresa (compras, ventas, material, inversiones, créditos, etc.), y el subsistema de inteligencia financiera, que suministra información estratégica. Con este fin, el subsistema recopila información de accionistas y de la comunidad financiera para identificar las mejores fuentes de capital y las más ventajosas inversiones financieras.

El tercero es el subsistema de auditoría interna, que analiza los sistemas conceptuales de la empresa y los registros contables para verificar su exactitud (y por lo tanto, el procesado de los datos). A través de la auditoría interna, es posible evaluar la influencia de las operaciones de la empresa desde una perspectiva financiera.

Los tres subsistemas de entrada son alimentados mediante información procedente de fuentes del entorno de la empresa. Por otro lado, el sistema de información contable y el subsistema de auditoría interna también recopilan información que procede de fuentes internas de la empresa.

El subsistema de salida tiene una fuerte influencia sobre la gestión y el flujo financiero de la empresa a través del subsistema de pronóstico, el subsistema de administración de fondos y el subsistema de control.

El subsistema de proyecciones permite proyectar las actividades, a corto, medio y largo plazo, de la empresa en un entorno económico. Existe una gran cantidad de metodologías cualitativas (por ejemplo, el método Delphi) y cuantitativas (por ejemplo, la regresión múltiple) que permiten generar proyecciones basadas en experiencias del pasado.

Las proyecciones a corto plazo suelen basarse en las proyecciones de ventas para determinar los recursos necesarios (por ejemplo, el MRP). En cambio, el responsable en las proyecciones a largo plazo es la función financiera o los directivos dedicados a la planificación estratégica.

El subsistema de administración de fondos intenta controlar el flujo de dinero a través de una estrategia basada en asegurar que el flujo de ingresos sea mayor que el de gastos, y que esta condición se mantenga lo más estable posible durante todo el año. El subsistema de control proporciona presupuestos operativos para que los directivos puedan regular las operaciones que se realizan durante el año.

Sistema de información de recursos humanos

El sistema de información de recursos humanos permite recopilar y almacenar información relacionada con los recursos humanos, para transformarla y luego distribuirla a los usuarios de la empresa.

Aunque este sistema sigue la misma estructura (subsistemas de entrada y subsistemas de salida) que los anteriores, se observa que el sistema de información de recursos humanos está formado por una mayor variedad de aplicaciones o subsistemas de salida.

Los tres (sub)sistemas de entrada son el sistema de información contable, el subsistema de investigación de recursos humanos y el subsistema de inteligencia de recursos humanos. El primero de ellos reúne datos de carácter personal (nombre, género, dirección etc.) y financiero (salarios, honorarios, impuestos, etc.) sobre los trabajadores de la empresa.

El subsistema de investigación de recursos humanos agrupa información de diversos proyectos en relación a los trabajadores y sus puestos de trabajo. Algunos ejemplos son las evaluaciones de puestos (identificar habilidades y conocimientos necesarios para cada puesto) y los estudios de promoción (identificar personas que puedan ocupar puestos vacantes). El subsistema de inteligencia de recursos humanos recopila información de recursos humanos del entorno (leyes de contratación, competidores, bolsas de trabajo, etc.).

El sistema de información contable y el subsistema de investigación de recursos humanos utilizan fuentes de información internas. Por otra parte, todos los (sub)sistemas de entrada utilizan fuentes de información procedentes del entorno.

Se pueden identificar seis subsistemas de salida en recursos humanos: el subsistema de planificación de fuerza de trabajo (identificar las necesidades de personal en las actividades de la empresa), el subsistema de contratación (contratar nuevo personal para cubrir puestos vacantes), el subsistema de administración del trabajo (evaluación de desempeño, control de puestos, reubicación, competencias, etc.), el subsistema de compensación (remuneración de trabajadores, ya sea económicamente o por otros tipos de incentivos), el subsistema de prestaciones (proporcionar a los trabajadores distintas prestaciones: compra de acciones, reclamaciones, prestaciones, etc.), y el subsistema de informes al entorno (políticas y prácticas laborales de la empresa con el entorno: registros de salud, sustancias tóxicas, etc.).

Sistemas de información para directivos

Los sistemas de información funcionales generan una gran cantidad de información difícil de estudiar y asimilar por los directivos de una compañía. La amplia cantidad de información puede convertirse en una barrera en la toma de decisiones, ya que obliga a los directivos a perder mucho tiempo en destilar y sintetizar toda información. Para resolver el problema existen los sistemas de información para directivos.

Los sistemas de información para directivos son un sistema que proporciona a un directivo información sobre el desempeño global de la empresa. Los sistemas de información para directivos utilizan fuentes de información interna (las salidas de los sistemas de información funcionales) y fuentes del entorno (ya que la información procedente del exterior de la empresa es especialmente importante en los niveles jerárquicos más altos).

Las salidas del sistema de información para directivos suele ofrecerse en forma de gráficos o tabular. En la mayoría de ocasiones, la intención de estos sistemas es ofrecer información cuya lectura sea rápida e intuitiva, ya que no se busca el estudio de casos particulares, sino el funcionamiento global de la compañía. Sin embargo, dichos sistemas también permiten profundizar hasta llegar a la información primaria.

Según Rockart y DeLong (1988), existen varios factores para que un sistema de información para directivos tenga éxito. Entre ellos destacan una relación clara con los objetivos comerciales, control de la resistencia organizativa y control de la difusión y evolución del sistema.

1.3.2. Clasificación en función del servicio ofrecido

Las necesidades de información de una organización son varias y diversas. Esto es debido a que existen distintos niveles jerárquicos con intereses y responsabilidades muy diferentes.

Laudon y Laudon (2004) proponen una clasificación de los sistemas de información en función del nivel organizacional en donde son necesarios. Con este fin, se identifican cuatro niveles organizativos: el nivel estratégico, el nivel administrativo, el nivel del conocimiento y el nivel operativo. Para cubrir las necesidades e intereses de cada uno de los niveles organizativos existen distintos sistemas de información que se analizan a continuación.

Sistemas de procesamiento de transacciones[3] (TPS)

El objetivo de los sistemas de procesamiento de transacciones es capturar y procesar datos sobre las transacciones de negocios que se realizan, diariamente, en la empresa. Las transacciones son hechos o actividades que se llevan a cabo en la empresa, y que le aportan nueva información. Algunos ejemplos de transacciones son los pedidos de un cliente, las fichas de tiempo, las reservas de entradas de un cine, los pagos de una empresa, etc.

En una organización se pueden encontrar distintos sistemas de procesamiento de transacciones en función del área funcional. En el área de ventas, existen los sistemas de seguimiento de pedidos y de procesamiento de pedidos. En recursos humanos destacan los sistemas de compensación y de registro de empleados, mientras que en finanzas se encuentran los sistemas de administración del efectivo.

Las dos áreas funcionales en donde se suelen encontrar más sistemas de procesamiento de transacciones son la de producción y la de contabilidad. En el primer caso, se encuentran los sistemas de control de máquinas, de programación de planta, y de logística de materiales entre otros. En contabilidad aparecen los sistemas de nóminas, de cuentas a pagar, de cuentas por cobrar, etc.

Los sistemas de procesamiento de transacciones tienen procedimientos muy definidos y rutinarios, por lo que permite trabajar con grandes volúmenes de información (en contabilidad, una empresa debe seguir el plan general de contabilidad, por lo que todos los procedimientos están muy definidos).

Debido a que los procedimientos deben estar muy delimitados, los sistemas de procesamiento de transacciones pueden sustituir los procesos manuales por otros basados en ordenadores. En la actualidad, por ejemplo, se pueden encontrar una gran cantidad de programas informáticos (SPT) que permiten la gestión de la contabilidad de una empresa.

Los sistemas de trabajo del conocimiento[4] (WKS) y los sistemas de oficina

Los sistemas de trabajo de conocimiento promueven la creación de nuevo conocimiento y permiten que dicho conocimiento, así como la experiencia adquirida de su creación, se integre en la empresa. Estos sistemas son utilizados principalmente por trabajadores del conocimiento (subgrupo de trabajadores de la información cuyas responsabilidades se basan en conocimiento específico), por lo que están más relacionados con los productos y los servicios que con la gestión de la empresa.

Ejemplos de sistemas de trabajo de conocimientos son las estaciones de trabajo para ingeniería o diseño científico (relacionados con producción o marketing), las estaciones de trabajo para gráficos, y las estaciones de trabajo para gerentes.

Los sistemas de oficina son aplicaciones informáticas que proporcionan un grado perfeccionado de comunicación entre todos los tipos de trabajadores de la información (aquellos trabajadores cuyos puestos están relacionados con la creación, el almacenamiento, el procesado, la distribución, y el uso de información).

Según Laudon y Laudon (2004), los sistemas de oficina típicos manejan y administran documentos a través de procesamiento de texto, digitalización de documentos, programación mediante calendarios electrónicos, y comunicación a través de correo electrónico, correo o videoconferencia.

Estos sistemas permiten incrementar la productividad de los trabajadores de la información apoyando las actividades de coordinación y comunicación de una empresa.

Sistemas de información gerencial[5] (MIS)

Un sistema de información gerencial (o para la gestión) es un sistema de información que proporciona informes orientados a la gestión basados en el procesado de transacciones y operaciones de la organización. Los sistemas de información gerencial proporcionan servicio a nivel administrativo.

---

[3] En inglés: Transactional Processing Systems (TPS)
[4] En inglés: Knowledge Working Systems (WKS)
[5] En inglés: Management Information Systems (MIS)

Los sistemas de información gerencial realizan básicamente dos acciones: (1) resumir las transacciones almacenadas a través de los sistemas de procesamiento de transacciones, y (2) proporcionar dicha información resumida a gerentes de nivel medio, de forma periódica (semana, mensual, e incluso anual). Por este motivo los sistemas de información gerencial sólo proporcionan informes estructurados y poco flexibles, basados en información del pasado de la organización.

En la mayoría de casos, los sistemas de información para la gestión apoyan únicamente servicios internos de la organización. Sin embargo, en algunas ocasiones también pueden afectar a aspectos externos (del entorno).

La figura 1.8 muestra un ejemplo en donde se observa un sistema en donde interactúan un sistema de procesamiento de transacciones y un sistema de información gerencial. En la figura, los rectángulos representan los sistemas de información, los cilindros simbolizan las bases de datos en donde se almacena la información y los muñecos personifican a los individuos que interactúan con el sistema. A continuación se comentan las distintas acciones que se observan en la figura 1.8:

(1) El sistema de procesamiento de transacciones de ventas captura y almacena cada uno de las ventas que introduce un miembro del departamento de ventas.

(2) Un trabajador del departamento de ventas solicita al sistema de procesamiento de transacciones de ventas recuperar la información de una venta que se realizó previamente.

(3) El sistema de información gerencial de ventas proporciona de forma compacta (por ejemplo, un informe de ventas del mes anterior) la información almacenada en el sistema de procesamiento de transacciones.

En algunos sistemas de información gerencial se pueden introducir modelos de negocio (por ejemplo, MRP) para obtener información de gestión operativa (por ejemplo, la planificación de necesidades de material), basados en las transacciones almacenadas previamente.

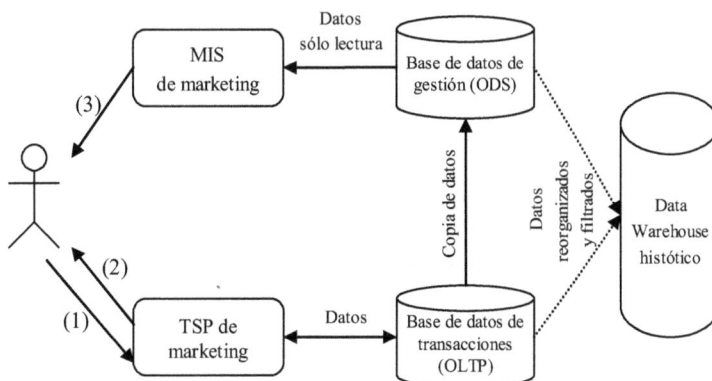

Figura 1.8 Ejemplo de sistema de información gerencial

Algunos ejemplos de sistemas de información gerencial son la administración de ventas, el control de inventarios, la elaboración del presupuesto anual, el análisis de inversión de capital y los análisis de reubicación del personal.

Sistemas de apoyo a la toma de decisiones[6] (DSS)

Un sistema de apoyo a la toma de decisiones es un sistema de información que puede ayudar a identificar oportunidades en la toma de decisiones o proporciona la información necesaria para ayudar a tomar dichas decisiones. Tal y como ocurre con los sistemas de información gerencial, los sistemas de apoyo a la toma de decisiones proporcionan servicio a nivel administrativo.

---

[6] En inglés: Decision Support Systems (DSS)

Los sistemas de apoyo a la toma de decisiones son utilizados para resolver problemas no estructurados (aquellos que no se pueden prever, ni tampoco la información necesaria para resolverlos) o semi-estructurados, a diferencia de los sistemas de información gerencial que sólo se utilizan en la toma de decisiones de situaciones muy estructuradas.

Si se quieren resolver problemas poco estructurados, es necesario que el sistema de información permita y disponga de una gran flexibilidad (para adaptarse a cualquier tipo de situación), así como de un gran número de herramientas de análisis que permitan un estudio analítico profundo. Para conseguir la flexibilidad necesaria para resolver estos problemas, los sistemas de apoyo a las tomas de decisiones debe proporcionar una alta interactividad entre los usuarios y el sistema.

Aunque los sistemas de apoyo a las tomas de decisiones toman los datos de los sistemas de procesamiento de datos y de los sistemas de información gerencial, también utilizan fuentes externas de la empresa que les proporcionan información sobre competidores, clientes, mercados, proveedores, etc.

A partir de los datos relacionados con el funcionamiento de la empresa, el sistema permite simular resultados cambiando las condiciones iniciales. Variando los parámetros iniciales, los directivos pueden simular resultados en base a los acontecimientos presentes y pasados de la organización y del entorno.

Los sistemas de apoyo a la toma de decisiones permiten la evaluación de estrategias para el lanzamiento de nuevos productos, o la evaluación de diversas alternativas en un largo período de tiempo (decisiones poco estructuradas).

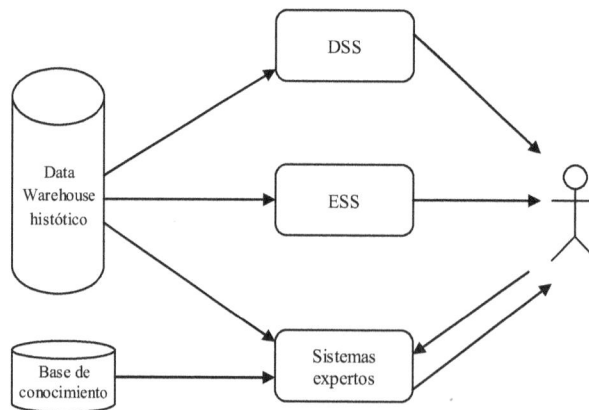

Figura 1.9 Ejemplo de sistemas de alto nivel

Sistemas de apoyo a ejecutivos[7] (ESS)

Los sistemas de apoyo a ejecutivos son sistemas de información al nivel estratégico diseñados para abordar la toma de decisiones no estructuradas relacionadas con las actividades a largo plazo de la dirección general de la empresa.

Estos sistemas utilizan fuentes de información muy diversas. Además de recopilar información procedente de los sistemas de procesamiento de datos, de los sistemas de información gerencial y de los sistemas de apoyo a la toma de decisiones, también utilizan fuentes de información externas como pueden ser noticias económicas, estudios de mercado, evoluciones de bolsa, etc.

Los sistemas de apoyo a ejecutivos filtran, comprimen y dan seguimiento a la información crítica que fluye por la empresa, permitiendo a los ejecutivos de alto nivel tener una visión amplia y exacta de la situación actual de la empresa. Los sistemas de apoyo a ejecutivos se diferencian de los anteriores

---

[7] En inglés: Executive Support Systems (ESS)

sistemas en que no proporciona una aplicación informática fija, sino que proporciona un entorno de trabajo y comunicación entre ejecutivos.

Una de las características más importantes de los sistema de apoyo a ejecutivos es la capacidad de elaborar gráficos representativos de la empresa a partir de un gran número de fuentes de información. Como estos sistemas se pueden utilizarse para cualquier tipo de problema, las aplicaciones informáticos acostumbran a ser muy flexibles.

En temas estratégicos las soluciones no son tan acotadas como los que se encuentran en los sistemas de apoyo a la toma de decisiones, por lo que las metodologías utilizadas son menos analíticas. Estos sistemas permiten responder parcialmente a preguntas relacionadas con la adquisición de nuevas unidades de negocio (compra, fusiones, etc.) o con el estudio del entorno (¿qué estrategias siguen los competidores?).

Algunos ejemplos de sistemas de apoyo a ejecutivos son los que permiten realizar pronósticos sobre la tendencia de las ventas a largo plazo, sobre los presupuestos a largo plazo, o que permiten efectuar un plan operativo a cinco años vista, así como una planificación de personal.

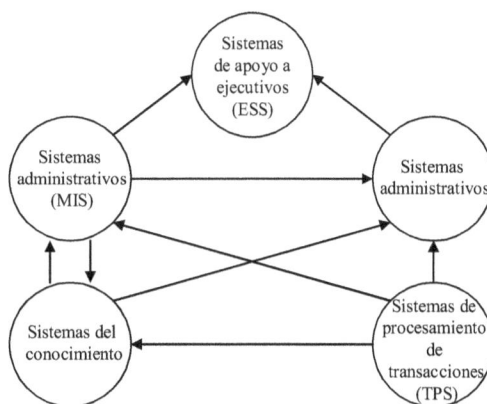

Figura 1.10 Flujos de información entre sistemas de información

La figura 1.10 muestra el flujo de información que existe entre los distintos sistemas de información que forma una empresa. Tal y como se observa, los sistemas de procesamiento de transacciones proporcionan la materia prima para los sistemas de trabajo del conocimiento, los sistemas de información gerencial y los sistemas de apoyo a la toma de decisiones. Por otra parte, los sistemas del conocimiento y los sistemas de información administrativas intercambian información para alcanzar sus objetivos. Mientras que el primero necesita conocer qué tipo de nuevo conocimiento es necesario, según los resultados de los sistemas de información gerencial, éste necesita la nueva información creada y almacenada por el primero.

Los sistemas de apoyo a la toma de decisiones necesitan información del resto de sistemas a nivel operativo y de conocimiento para poder adaptarse a cualquier tipo de decisión a nivel administrativo dentro de la empresa. Para finalizar, los sistemas de apoyo a los ejecutivos requieren la información que proporcionan los sistemas de información de nivel administrativo de la empresa para cumplir con su finalidad.

Ejemplos de sistemas de información en la empresa

La tabla 1.2 muestra un conjunto de ejemplos propuestos por Laudon y Laudon (2004) sobre los distintos sistemas de información que se pueden encontrar en una empresa, desde dos puntos de vista: una perspectiva del servicio que proporciona y una perspectiva del área funcional en donde se utiliza.

Tabla 1. 2 Ejemplos de sistemas de información desde una perspectiva funcional

Pers. del servicio	Perspectiva área funcional			
	Marketing	**Producción**	**Financiera**	**Recursos humanos**
ESS	Pronóstico de tendencia de ventas	Ubicación de nuevas instalaciones	Planificación de utilidades a largo plazo	Planificación de recursos humanos a largo plazo
DSS	Análisis de fijación de precios	Planificación de la producción	Análisis de costes	Análisis de costes de contratos
MIS	Control de ventas	Control de inventarios	Elaboración de presupuestos	Análisis de reubicación
KWS	Análisis de mercado	Diseño asistido por ordenadores	Análisis de cartera	Diseñar trayectorias profesionales
TPS	Procesamiento de pedidos	Control de máquinas	Cuentas por cobrar	Entrenamiento y desarrollo

2. El ciclo de vida de un sistema de información

2.1. Principios a seguir en el desarrollo de un sistema de información

A lo largo del desarrollo de un nuevo sistema de información, el analista de sistemas y el director de proyectos, como responsables de su éxito, deben tener presentes algunos principios generales.

Desde los principios de los setenta, con Benjamín (1971), hasta la actualidad se ha escrito mucha literatura sobre los principios a seguir durante el desarrollo de un sistema de información. A continuación se exponen los principios generales que han sido más relevantes a lo largo de los últimos años (Whitten et al., 2004):

- Implicar a los usuarios del sistema
- Utilizar una estrategia de resolución de problemas
- Establecer fases y actividades
- Documentar durante desarrollo del sistema
- Establecer estándares
- Gestionar los procesos y el proyecto
- Justificar el sistema como una inversión de capital
- No tener miedo de revisar o cancelar algún objetivo
- Dividir los problemas, y resolverlos uno a uno
- Diseñar sistemas con previsión de crecimiento y cambio

En los siguientes apartados se expone y comenta cada uno de los principios expuestos. Es necesario subrayar que dichos principios generales deben ser aplicados a lo largo de todo el desarrollo de un nuevo sistema de información.

2.1.1. Implicar a los usuarios del sistema

En el primer capítulo se ha definido a los usuarios como aquellas personas que utilizan los sistemas de información de una forma regular para recoger, introducir, validar, transformar y almacenar datos e información.

Es bastante habitual en las organizaciones pensar que los tecnólogos (diseñadores, constructores y analistas de sistemas) son los únicos que deben participar en el desarrollo de un sistema, debido a que son los expertos en su análisis y diseño. Esta confusión es muy palpable entre los propietarios de nuevos sistemas y entre sus usuarios.

La causa más común en el fracaso de un sistema de información durante su desarrollo es la falta de implicación por parte de los usuarios, ya que son ellos los que tendrán que trabajar diariamente con el sistema de información, y por lo tanto los que deben de definir las necesidades del sistema.

El sistema de información debe ayudar a solventar los problemas reales que los usuarios se encuentran en su trabajo diario. Un error muy habitual en el desarrollo de sistemas de información es implicar únicamente a los tecnólogos, ya que su objetivo es solucionar problemas desde el punto de vista tecnológico, no desde el punto de vista del negocio.

Los usuarios son los responsables de explicitar qué necesidades se han de implementar, mientras que los tecnólogos son los responsables de encontrar la tecnología más idónea para cumplir las necesidades de los usuarios. La falta de implicación de uno de ellos suele llevar al fracaso en el desarrollo de sistemas.

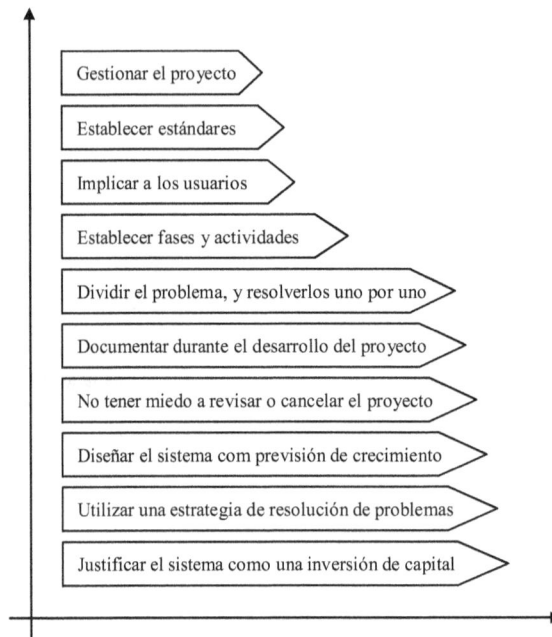

Figura 2.1 Principios en el desarrollo de un sistema de información

Este cambio de mentalidad es muy importante y necesario. Los individuos que deben promover este cambio son los directivos de las organizaciones (que en muchas ocasiones también son los propietarios del sistema). A través de su ejemplo, los usuarios deben entender que su implicación en el proyecto es esencial.

2.1.2. Utilizar una estrategia de resolución de problemas

Los directivos de una organización optan por desarrollar un sistema de información para resolver problemas de negocio, para aprovechar nuevas oportunidades o para introducir nuevas restricciones. Por este motivo se puede considerar que la metodología para el desarrollo de sistemas es un caso particular de la metodología para resolver problemas.

A continuación se expone el método clásico para la resolución de problemas, como esquema de las posibles metodologías para el desarrollo de sistemas que se pueden utilizar:

1. Estudiar y comprender el problema, su contexto y su impacto
2. Definir las necesidades mínimas imprescindibles para adoptar cualquier solución
3. Identificar soluciones potenciales que respondan a las necesidades, y escoger la mejor
4. Diseñar e implementar la solución escogida
5. Observar y evaluar el impacto de la solución y refinarla de forma consecuente

En posteriores secciones de este capítulo, se volverá a tratar el método de resolución de problemas para explicar el ciclo de vida de los sistemas de información.

2.1.3. Establecer fases y actividades

Las metodologías existentes para el desarrollo de sistemas de información están compuestas por fases y actividades, debido a que un proyecto de este tipo necesita de mucho tiempo y trabajo.

Aunque existen muchísimas metodologías distintas, y cada una consta con un número de fases distinto, éstas se pueden agrupar en cuatro grandes categorías (que coinciden con las fases clásicas para el desarrollo de un sistema): análisis de sistemas, diseño de sistemas, implantación de sistemas, y soporte de sistemas.

Las fases para el desarrollo de un sistema de información suelen realizarse de forma secuencial. Sin embargo, en las metodologías más modernas se puede producir una retroalimentación de manera que ciertas fases pueden afectar a fases anteriores (que ya han sido finalizadas), volviendo atrás.

El número de fases en una metodología para el desarrollo de sistemas depende de la visión que tiene cada autor sobre el tema. Algunos ejemplos son Senn (1992), cuya propuesta está formada por seis fases, Kendall (1997), quien formula una metodología con siete fases, y Whitten et al. (2004) cuya metodología está organizada en ocho fases.

Fases	Actividades – Tareas	Enero	Febrero	Marzo	Abril	Mayo	...
Planificación	Entrevistas a directivos						
	Estudio informes estrategia						
	Análisis de viabilidad						
Análisis del sistema actual	Estudio especificaciones actuales						
	Entrevistas usuarios						
	Entrevistas equipo de S.I.						
...							

Figura 2.2 Fases y actividades en un sistema de información

Cada fase de una metodología está dividida en actividades, y éstas en tareas. Esta división de las fases permite secuencializar el cumplimiento de una fase de forma más sencilla. Por otra parte, la definición de actividades y de tareas permite monitorizar el avance del proyecto de forma objetiva y evaluar el cumplimiento del proyecto.

2.1.4. Documentar durante el desarrollo del sistema

La mayoría de ingenieros y tecnólogos en general tienden a realizar la documentación de un sistema de información después de finalizarlo. Este hecho contrasta con lo explicado en la mayoría de carreras universitarias y en los cursos especializados sobre el tema.

Aunque muchos ingenieros señalan que documentar los avances de un proyecto a lo largo de su construcción es muy importante, la gran mayoría no lo realizan, debido a que incrementa de forma bastante importante el tiempo de desarrollo.

La documentación debe ser un producto del trabajo diario de los implicados en el desarrollo del sistema de información. Es interesante documentar el trabajo diario por diversos motivos.

En muchas ocasiones, los participantes en el desarrollo de un sistema de información (en especial los usuarios) dejan de implicarse cuando el sistema comienza a funcionar, por lo que la realización de la documentación se acaba asignando a una única persona.

Algunas consecuencias son que la documentación acaba teniendo algunos sesgos, ya sólo se realiza desde el punto de vista de la persona encargada de dicho trabajo, que en ocasiones ni tan siquiera ha participado en el proyecto. En la mayoría de ocasiones la visión de los usuarios, los individuos realmente importantes en el desarrollo de sistemas, no queda reflejada en dicha documentación.

Las metodologías que contienen una fase de documentación suelen conllevar todos los problemas que se han expuesto hasta el momento. Además se debe tener presente que el desarrollo de un sistema de información es un trabajo largo y muy duro, y que todos los incidentes y hechos son difíciles de recuperar después de finalizar el proyecto. Por lo tanto, es muy importante recopilar los avances del proyecto durante su desarrollo.

2.1.5. Establecer estándares

A lo largo de los últimos años, y tras la proliferación de diversos sistemas informáticos para dar apoyo a las distintas funciones y procesos en un negocio, las organizaciones se han encontrado con varias limitaciones en sus sistemas de información.

La necesidad de compartir la información almacenada entre las distintas áreas funcionales (marketing, compras, producción, etc.) se ha convertido en una de las preocupaciones más importantes para los directivos y los directores de sistemas de información.

Ante esta situación, muchas organizaciones han empezado a implantar sistemas ERP (*Enterprise Resource Planning*), en donde toda la información de la organización es única y esta compartida. Sin embargo, se siguen encontrando sistemas incompatibles con el sistema general de la empresa.

Los directores de sistemas de información deben establecer estándares para la arquitectura de la tecnología de la empresa, de forma que todos los nuevos sistemas de información que se desarrollen para la empresa pueden integrarse en el funcionamiento general de la organización.

Existen muchos niveles de estándares que se deben elegir como son las tecnología de la base de datos, la tecnología de *software*, las interfaces a seguir, etc. Estas elecciones permitirán homogeneizar los sistemas informáticos, y por tanto la formación de los empleados. Además, permite disminuir el número de expertos en tecnología y la movilidad entre empleados.

Por último, y en este caso, el cambio de un sistema de información es menos traumático para los usuarios, puesto que se siguen utilizando los mismos estándares en las interfaces de los sistemas.

2.1.6. Gestionar el proyecto y los procesos

Tal y como se ha comentado previamente, el desarrollo de un sistema de información es un tipo de proyecto que debe seguir una metodología, y por lo tanto que debe de ser gestionado. Es importante tenerlo presente, y no desarrollar un sistema de información sin seguir una planificación detallada.

Según el tipo de organización, así como la evolución que han seguido sus proyectos de sistemas de información, se puede encontrar organizaciones con distintos niveles de estandarización en la gestión de sus proyectos.

Existen diversos niveles de estandarización posibles, desde metodologías poco consistentes (típico en organizaciones en donde se han realizado muy pocos proyectos) hasta metodologías de continua evolución (muy común en organizaciones en donde se realizan una gran cantidad de proyectos), pasando por metodologías compradas a terceras empresas.

2.1.7. Justificar el sistema como una inversión de capital

Un proyecto de sistemas de información necesita una importante cantidad de recursos, ya sean monetarios como de tiempo por parte de los propietarios, de los usuarios, de los diseñadores, de los constructores y del analista de sistemas.

Los directivos son los encargados de asignar y repartir los recursos disponibles entre todos los proyectos que la empresa puede emprender. El desarrollo de un sistema de información es uno entre otros tantos proyectos que la empresa puede decidir llevar a cabo, pero para ello su relación beneficios versus costes debe ser superior al resto de proyectos.

Una de las mayores dificultades con las que se encuentran los ingenieros y tecnólogos es ponerse en la situación de los directivos y de los propietarios de sistemas. La formación a la que son sometidos durante la carrera universitaria o durante los cursos especializados no suele reflejar el punto de vista de los directivos.

Esta dicotomía entre el comportamiento de tecnólogos y directivos ha comportado grandes malentendidos que incluso han llegado a provocar el fracaso en varios casos. Por este motivo, los analistas de sistemas deben aprender a defender y plantear los proyectos de desarrollo de sistemas desde el punto de vista de los directivos.

Los proyectos para el desarrollo de sistemas de información se realizan con el objetivo de solventar uno o más problemas en una empresa. Como ocurre en la mayoría de situaciones, para cada problema suele existir varias opciones. La selección de una opción depende de distintos aspectos varía si es tomada por un directivo o por un tecnólogo. Las decisiones tomadas por los directivos se basan principalmente en los costes, mientras que las decisiones tomadas por los tecnólogos se centran en la tecnología (los usuarios sólo se centran en los beneficios). Por este motivo, es interesante plantear un método estandarizado para estudiar las distintas opciones desde los diversos puntos de vista existentes.

Los análisis de coste-beneficios ofrecen un método para la toma de decisiones ante las diversas opciones con las que un analista de sistemas se puede encontrar. En capítulos posteriores se trata el análisis de costes y beneficios.

2.1.8. Capacidad para cancelar o revisar el proyecto

En principios anteriores se ha comentado que los proyectos para el desarrollo de un sistema de información se tienen que segmentar en fases y actividades. Aparte de los beneficios que ya se han comentado, la planificación de proyectos en fases y actividades ofrece a los responsables del proyecto puntos clave para evaluar el avance del proyecto, y de este modo re-evaluar los beneficios y los costes del proyecto.

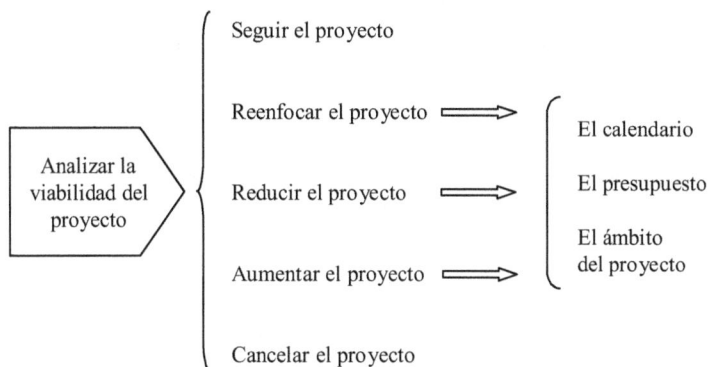

Figura 2.3 Opciones después de un análisis de viabilidad

Las previsiones de beneficios y de costes del proyecto durante la planificación, durante el análisis y durante el diseño cambian a causa de una gran cantidad de imprevistos y cambios que sufre el proyecto. Cuanto más cerca se encuentra el proyecto de su finalización, los análisis de coste-beneficios son más exactos.

Los responsables del proyecto deben decidir en función de los análisis de coste-beneficios que se realizan durante el desarrollo del sistema de información si el proyecto debe seguir, debe cancelarse o debe ser redefinido, ya sea a través del calendario, del presupuesto o del ámbito de actuación.

Si el análisis de coste-beneficio muestra que se tiene que cancelar el proyecto, su responsable no debe dudar en detener el desarrollo del sistema de información aunque en el proyecto se haya invertido mucho tiempo y dinero. Es preferible perder todo el dinero invertido que gastar más dinero todavía en un sistema que no resuelva los problemas iniciales.

En conclusión, es muy importante estudiar los riesgos y los beneficios del sistema de información a lo largo de todo el proyecto.

2.1.9. Dividir los problemas y resolverlos uno a uno

Los ingenieros son formados a lo largo de su carrera universitaria con la idea de dividir los problemas en problemas más pequeños y resolverlos uno por uno. En el caso de los sistemas de información ocurre algo muy similar.

Los sistemas de información son proyectos muy grandes que responden a varios problemas. Debido al tamaño y la complejidad de un proyecto de sistemas de información, es recomendable dividir el sistema en subsistemas, y así hasta los subsistemas de información esenciales.

La construcción de un sistema de información mediante la construcción de subsistemas de información más pequeños y después uniéndolos permite abordar todos los aspectos de un proyecto de una forma más sencilla. Además permite actualizar una parte del sistema, y trabajar de forma conjunta de manera natural.

2.1.10. Diseñar sistemas con previsión de crecimiento y cambio

El crecimiento en el desarrollo de los sistemas de información ha sido exponencial durante las últimas décadas, y continúa siéndolo. Los directivos y los analistas prestan mucha atención al desarrollo de nuevos sistemas de información, pero en muchas ocasiones no tienen presente el mantenimiento de los mismos.

A lo largo de la vida de un sistema de información pueden y suelen aparecer nuevos problemas, nuevos requisitos y nuevos errores de tipo informático. Cuando un sistema no está diseñado con previsión de crecimiento, los programadores y los analistas resuelven los cambios mediante parches y duplicación de código de manera que el coste de mantenimiento crece rápidamente.

En la actualidad, muchos analistas desarrollan nuevos sistemas de información sin tener presente que las necesidades de los usuarios pueden cambiar, o que no se definieron lo suficiente en su momento. Esta forma de trabajar conlleva grandes costes de mantenimiento en el futuro. Así mismo, provoca desmotivación entre los programadores y el analista debido a que deben pasar la mayoría de su tiempo con el mantenimiento del sistema.

El analista debe intentar diseñar sistemas de información flexibles y que sean capaces de adaptarse a las futuras necesidades de los usuarios. Sin embargo, también es posible que la organización y el negocio cambien tanto que el sistema no pueda adaptarse a las nuevas situaciones.

Este principio está muy relacionado con el de documentación. Uno de los aspectos más importantes para poder actualizar y hacer crecer un sistema de información es la calidad de la documentación escrita durante su desarrollo. En el caso de disponer de una documentación del sistema incompleta o poco exacta, la actualización y la introducción de nuevas funciones pueden convertirse en un trabajo inabordable.

2.2. El ciclo de vida de un sistema de información

2.2.1. Desarrollo de sistemas de información

Las necesidades para el desarrollo de un sistema de información varían en función del tipo de problema que se intenta solucionar, el número de personas que se ven afectadas, las áreas del negocio en donde el sistema proporcionará información, la relevancia del nuevo sistema según la estrategia del negocio, etc.

Cada uno de los sistemas de información propuestos hasta el momento se puede desarrollar de distintas maneras. No todos lo sistemas de información que una organización decida introducir deben desarrollarse completamente dentro de la empresa. Si el problema es común dentro del sector, es posible que existan soluciones estandarizadas que ofrezcan una relación beneficios-coste mejor que si se desarrolla internamente.

A continuación se enumeran distintos métodos de construcción de sistemas:
- Desarrollo basado en modelos
- Desarrollo rápido de aplicaciones
- Paquetes de *software* de aplicaciones
- Desarrollo por parte del usuario final
- Subcontratación

Desarrollo basado en modelos

La creación de modelos es el método más común para el desarrollo de sistemas de información. Suele utilizarse cuando el objetivo es desarrollar un sistema de información de tamaño mediano o grande, ya que establece una división muy formal en sus fases lo que permite monitorizar los avances de forma sencilla.

El desarrollo de un sistema mediante la representación de modelos es un método estructurado en fases y en actividades que suelen realizarse de forma secuencial. Aunque las nuevas propuestas para su desarrollo permiten una cierta realimentación entre las fases ya finalizadas, se sigue trabajando de forma secuencial.

La peor desventaja de este método para el desarrollo de sistemas de información es que es muy lento y bastante caro. Esto es debido a que el método suele ser bastante riguroso y acaba produciendo una gran cantidad de documentación.

Desarrollo rápido de aplicaciones (RAD)

El desarrollo rápido de aplicaciones es otro de los métodos existentes para el desarrollo de sistemas de información; se basa en la creación de prototipos. A diferencia del anterior, el desarrollo mediante prototipos está pensado para sistemas de información de tamaño pequeño o mediano.

Un prototipo es un sistema de información funcional a pequeña escala que permite descubrir cuales son las necesidades de los usuarios. El método para el desarrollo rápido de aplicaciones tiene varias ventajas, entre las que destacan su rápido desarrollo y su bajo coste económico.

Los especialistas que utilizan prototipos para el desarrollo de sistemas proponen que los usuarios no acostumbran a conocer de forma explícita qué necesidades tienen, por lo que es muy difícil representar el sistema que se quiere conseguir mediante representaciones gráficas o modelos. Por ello, algunos especialistas justifican que la mejor manera de desarrollar un sistema es a través de prototipos ya que los usuarios pueden ver si el sistema resultante se adapta o no a sus necesidades.

El desarrollo de un prototipo se realiza de forma iterativa. Tras ensamblar una primera versión, los usuarios y los analistas trabajan sobre el prototipo haciéndolo crecer hasta alcanzar con el sistema de información deseado. Normalmente, los prototipos sólo tienen implementado la parte funcional (que afecta directamente al usuario), mientras que la parte de seguridad y de errores informáticos se resuelve posteriormente.

Aunque parezca que el desarrollo rápido de aplicaciones utilizando prototipos es un método con sólo ventajas, existen algunos inconvenientes bastante importantes. La utilización de un prototipo para desarrollar un sistema puede causar una excesiva preocupación por el aspecto del sistema en lugar de por las necesidades auténticas de los usuarios. Es posible que los implicados en el desarrollo de un sistema se centren principalmente en el diseño del sistema (y por consiguiente en la tecnología) en lugar de centrarse en el análisis de los requerimientos y los problemas.

En muchas ocasiones, los sistemas que han sido desarrollados a través de prototipos están acompañados de una documentación de muy baja calidad, lo que conlleva grandes problemas cuando aparecen errores informáticos, o cuando se intenta ampliar el sistema.

Paquete de software de aplicaciones

Una tercera opción ante la necesidad de un nuevo sistema de información es la compra de un paquete de *software* de aplicaciones informáticas. Las necesidades de los usuarios en cada organización son distintas; sin embargo, existen un conjunto de ellas que hacen referencia a procesos estandarizados y que no varían (o varían muy poco) a lo largo del tiempo. En estos casos, se pueden encontrar paquetes con programas informáticos disponibles comercialmente que proporcionan todas las funciones necesarias para cubrir dichas necesidades a un coste bajo.

Algunos ejemplos de aplicaciones estandarizadas son aquellas que hacen referencia a la gestión de nóminas, al control de *stocks* y a la gestión del libro mayor. Una búsqueda por Internet de paquetes de *software* puede proporcionar una idea bastante acertada de la gran cantidad de oferta existente en la actualidad para las organizaciones.

Esta opción elimina la necesidad de desarrollar un nuevo sistema de información, y por consiguiente de gastar una gran cantidad de recursos (personal especializado, tiempo de los usuarios, etc.) en él. El departamento de sistemas de información puede verse reducido, ya que parte del mantenimiento, y sobre todo las actualizaciones, corren a cargo de la empresa proveedora del paquete de *software*.

El peor inconveniente de los paquetes de *software* de aplicaciones es que, a veces, no se adaptan a las necesidades de los usuarios. Si se adopta esta opción, son los usuarios quienes deben adaptarse a la forma de trabajar del sistema, en lugar de que el sistema se adapte a las necesidades específicas de los usuarios. La decisión entre la compra de un paquete de *software* y el desarrollo de un nuevo sistema se realiza a través de un análisis de beneficio-costes.

Por suerte, en la actualidad existen muchos paquetes de *software* que permiten personalizar algunas funciones de manera que se pueden adaptar (dentro de unas limitaciones) a las necesidades de los usuarios. La personalización de los paquetes de *software* de aplicaciones ha llevado a muchas organizaciones a decidirse por esta opción, en lugar de desarrollar su propio sistema de información. No obstante, suelen aparecer problemas con este tipo de paquetes informáticos entre las partes personalizadas y las nuevas versiones.

Existen varios libros que tratan sobre cómo seleccionar un buen paquete de *software* en función de las necesidades y la estructura de una organización. Este tipo de recursos están teniendo una gran acogida principalmente entre las pymes.

Desarrollo por parte del usuario final

Una organización está formada por una gran cantidad de áreas funcionales. Cada área funcional está formada por una gran cantidad de personas, y cada persona tiene una gran cantidad de necesidades en relación a la información y a su trabajo. En muchas ocasiones es imposible desarrollar y/o comprar todos los sistemas de información necesarios para cubrir todas las necesidades de los usuarios de una organización, por lo que se puede acudir al desarrollo por parte del usuario final.

La aparición de los lenguajes de cuarta generación o de gráficos ha colaborado a la aparición de sistemas de información desarrollados por usuarios finales. Estos nuevos lenguajes no necesitan de conocimientos técnicos, simplemente es necesario introducir las necesidades de los usuarios, y el lenguaje de cuarta generación genera y compila el código necesario para su utilización. Microsoft Access es un claro ejemplo de lenguaje de cuarta generación.

Las ventajas principales de este método para el desarrollo de un sistema son que no necesita de especialistas en sistemas de información y que es muy rápido e informal. Además, los costes de desarrollo son muy bajos. Existen ejemplos de sistemas de información desarrollados por usuarios finales que han permitido aumentar la eficiencia del sistema hasta un tres cientos y un cuatrocientos por ciento.

Aunque el desarrollo de un sistema mediante lenguajes de cuarta generación puede aportar muchos beneficios, también tiene asociado grandes peligros, e incluso algunos mayores que en las opciones anteriores. La creación indiscriminada de sistemas de información desarrollados por usuarios finales lleva a duplicidad de información, lo que acaba llevando a confusiones y errores. Estos nuevos sistemas de información no están acompañados de la documentación necesaria, por lo que la ampliación de estos sistemas suele ser muy poco habitual. Así mismo, es posible que el sistema y parte de la información que almacena se pierda si la persona que trabaja con el sistema es trasladado o deja el trabajo.

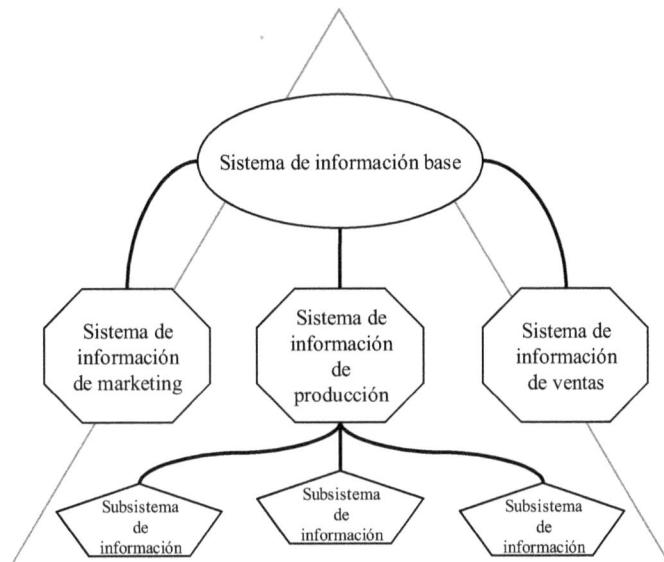

Figura 2.4 Relación entre sistemas de información a distintos niveles

Por otra parte, la mayoría de sistemas desarrollados por usuarios finales no suelen cumplir las normas mínimas (o expresadas por la organización) de calidad y seguridad. La posibilidad de pérdida de información debido a un fallo en el sistema es bastante alta, si la comparamos con cualquiera de las otras opciones.

Estos sistemas de información desarrollados mediante lenguajes de cuarta generación no suelen soportar grandes cantidades de información o procesos muy complejos, por lo que están limitados a necesidades muy acotadas.

Subcontratación

La quinta y última opción en el desarrollo de un sistema de información es la subcontratación. El análisis, diseño e implementación de un sistema de información necesita de una gran cantidad de recursos tanto a nivel económico como a nivel humano. Por este motivo, muchas organizaciones no pueden costearse el desarrollo de un nuevo sistema de información, así como el mantenimiento y las actualizaciones del sistema.

La subcontratación para el desarrollo y el mantenimiento de un sistema de información permite disminuir el tamaño del departamento informático (o de sistemas de información) y convertir una gran cantidad de costes fijos en costes variables. Este cambio permite a las organizaciones que se encuentran en momentos de crisis disminuir sus gastos y adaptarse de forma más sencilla a la nueva situación.

En muchas ocasiones el departamento de sistemas de información no dispone de los recursos necesarios para renovar los conocimientos existentes sobre las nuevas tecnologías que salen al mercado, mientras que las empresas proveedoras de servicios informáticos pueden aprovechar economías de escala (conocimientos, competencias, habilidades, etc.) y proporcionar servicios a precios muy competitivos.

Cuando una empresa subcontrata el desarrollo de un nuevo sistema de información, la empresa debe decidir si el mantenimiento también se subcontratará o si se realizará a través de departamento de sistemas de información de la organización. En función de dicha decisión, se podrán alcanzar unas ventajas u otras.

Tal y como ocurre con las anteriores opciones en el desarrollo de un sistema de información, también existen varias desventajas o inconvenientes en la subcontratación. En caso de optar por ésta, se puede perder el control sobre los sistemas de información, por lo que puede aparecer una dependencia en la empresa sobre el proveedor. Esta dependencia sitúa a la empresa en una situación de desventaja (o de debilidad) ante el proveedor de servicios, y de forma indirecta sobre otras compañías de la competencia.

Una segunda desventaja es la dificultad de conseguir una ventaja competitiva a través de un nuevo sistema de información. La empresa subcontratada puede utilizar el conocimiento adquirido en el desarrollo de un sistema de información (economías de escala) para proyectos de otras empresas del sector, por lo que es tremendamente difícil acabar teniendo un sistema diferenciador que proporcione una ventaja importante.

2.2.2.   El ciclo de vida de los sistemas de información

El ciclo de vida de un sistema de información representa los dos estados por los que un sistema puede pasar: (1) el proceso de desarrollo de un sistema de información, y (2) el uso y el mantenimiento del sistema de información.

El proceso de desarrollo de un sistema es conocido también como el ciclo de vida del desarrollo de un sistema de información. Desde los años setenta y especialmente de los años ochenta dicho ciclo de vida ha llegado a ser muy popular.

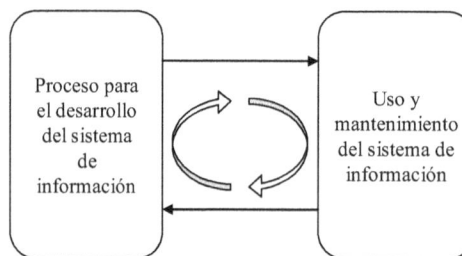

Figura 2.5 Estados en el ciclo de vida de un sistema de información

Etapas en el proceso de desarrollo de sistemas

El proceso para el desarrollo de un sistema de información está formado por cuatro grandes etapas: planificación, análisis, diseño e implementación de un sistema. En un principio, el ciclo de vida para el desarrollo de sistemas (años setenta y ochenta) estaba formado por tres etapas (análisis, diseño e implementación de sistemas), pero en la década de los noventa se introdujo la etapa de planificación o inicio.

Fases en el proceso de desarrollo de sistemas

Las etapas del proceso para el desarrollo de sistemas están formadas por fases. El número de fases de cada etapa, el nombre que reciben y las actividades asociadas a cada fase pueden variar de forma importante según los autores y las organizaciones que los usen. Cada posible conjunto de fases, actividades, métodos, herramientas y *best-practices* forman una metodología diferente. En el apartado 2.2.3, se analizan cuatro metodologías diferentes para el desarrollo de sistemas.

Las fases para el desarrollo de un sistema se deben realizar de forma secuencial; sin embargo, el analista puede volver a alguno de los pasos o fases anteriores. De hecho es muy común regresar a fases finalizadas cuando se está trabajando con otras fases. Esto puede ser debido por diversas causas como la falta de información durante el desarrollo de una fase, o algún cambio que se ha producido en el proyecto.

En este libro se seguirá una metodología para el desarrollo de sistemas formada por siete fases.

- Planificación del sistema
- Análisis del sistema actual
- Análisis de requerimientos
- Diseño lógico
- Diseño físico
- Implementación
- Instalación y pruebas

Tal y como ocurre en la mayoría de metodologías para el desarrollo de sistemas, no es trivial agrupar las fases en las cuatro posibles etapas, ya que algunas fases pertenecen a más de una etapa.

La fase planificación del sistema y parte de la fase análisis del sistema actual corresponden a la etapa de planificación. Por otra parte, el resto de la fase análisis del sistema actual y la fase análisis de requerimientos forman la etapa de análisis de sistemas. Las fases diseño lógico y diseño físico constituyen la etapa de diseño de sistemas. Por último, la etapa de implementación está formada por las fases implementación, instalación y pruebas del sistema seleccionado.

Cada fase está formada por un conjunto de tareas o actividades que se deben realizar de forma secuencial. Sin embargo, y tal como ocurría con las fases, es posible retroceder a tareas o actividades anteriores para conseguir el sistema de información deseado.

Fases	Etapas
Planificación del sistema	Planificación
Análisis del sistema actual	
Análisis de requerimientos	Análisis de sistemas
Diseño lógico	
Diseño físico	Diseño de sistemas
Implementación	Implementación
Instalación y pruebas	

Figura 2.6 Relación entre etapas y fases en el desarrollo de un sistema de información

2.2.3. Otros ejemplos de metodologías para el desarrollo sistemas

A continuación se exponen diversas metodologías muy populares en el análisis y diseño de sistemas de información.

Metodología de James A. Senn (1992)

James Senn (1992) define el ciclo de vida del desarrollo de sistemas como el conjunto de actividades que los analistas, diseñadores y usuarios realizan para desarrollar e implantar un sistema de información.

Ciclo de vida del desarrollo de sistemas (Senn, 1992)
Investigación preliminar
Determinación de los requerimientos del sistema
Diseño del sistema
Desarrollo del *software*
Prueba de los sistemas
Implantación y evaluación

Figura 2.7 Ciclo de vida del desarrollo de sistemas (Senn, 1992)

La metodología que expone Senn está compuesta por seis fases: investigación preliminar, determinación de los requerimientos del sistema, diseño del sistema, desarrollo del *software*, prueba de los sistemas e implantación y evaluación.

Estas fases, así como las actividades y las tareas que las forman, están muy interrelacionadas, por lo que es difícil determinar su orden. Es posible encontrar partes del proyecto en las fases relacionadas con la etapa de análisis, mientras que otras actividades están en las fases relacionadas con la etapa de diseño.

Según Senn, todo proyecto es iniciado por una persona y debe pasar por la fase de investigación preliminar, en la cual se explicita el proyecto, se estudia su factibilidad y, por último, se aprueba su ejecución.

En la determinación de los requerimientos, el analista debe estudiar el negocio, así como todos aquellos elementos que formarán parte en el desarrollo del proyecto desde el punto de vista de los usuarios y del negocio. Con este fin, Senn propone estudiar los procesos de la empresa para poder responder a la siguientes ocho preguntas:

1. ¿Qué es lo que se hace?
2. ¿Cómo se hace?
3. ¿Con qué frecuencia se presenta?
4. ¿Cuánto volumen de transacciones o de decisiones representa?
5. ¿Cuál es el grado de eficiencia con el que se efectúan las tareas?
6. ¿Existe algún problema?
7. Si existe algún problema, ¿de cuánta gravedad?
8. Si existe algún problema, ¿cuál es la causa que lo origina?

Para responder a estas preguntas, los analistas deben conversar con los propietarios y los usuarios del sistema, así como estudiar manuales de operaciones e informes del negocio. De toda esta información, los analistas deben extraer las características que debe tener el nuevo sistema de información.

La siguiente fase es diseñar el sistema de información que cumpla con todos los requerimientos encontrados en la fase anterior. En esta fase, los analistas definen las entradas, las salidas, los cálculos y los procedimientos que se deben seguir. De las entradas y de las salidas se suelen hacer esbozos del aspecto físico que tendrán las interfaces. Por otra parte, los analistas también definen las estructuras de datos y los flujos de información necesarios para alcanzar el sistema de información deseado, mediante diagramas, tablas y símbolos.

Los diseñadores son los responsables de dar a los programadores las especificaciones del *software* completas y claramente definidas.

En la fase de desarrollo del *software*, los responsables deciden la forma de implementar el sistema de información. Es posible que la empresa decida modificar el sistema de información actual, desarrollar un nuevo sistema de información, comprar y/o modificar un producto desarrollado por otra empresa, o subcontratar el desarrollo del *software*. Esta decisión dependerá de varios factores, como son el tamaño y la importancia del proyecto y los recursos disponibles.

Una vez decidido la forma en qué se desarrollará el proyecto, los programadores inician su trabajo implementando el *software* y documentando sus avances y las decisiones tomadas.

La fase de prueba de sistemas permite a los analistas descubrir errores antes de su implantación. Es muy frecuente que las pruebas las realicen personas no vinculadas al desarrollo del sistema, de manera que los resultados de esta fase sean lo más completas e imparciales posibles.

La última fase consiste en implantar el nuevo sistema de información en la empresa, así como impartir la formación necesaria que deben recibir los usuarios para poder aprovechar todas las ventajas que ofrece el nuevo sistema. Existen muchas políticas para implantar un nuevo sistema de información. Estas políticas se tratarán con mayor detalle en el capítulo de implantación de sistemas.

La parte de evaluación consiste en analizar las fortalezas y las debilidades del nuevo sistema una vez el sistema está funcionando. Con este objetivo, Senn propone estudiar el aspecto operacional del sistema, el impacto organizacional, la opinión de los administradores y el desempeño del desarrollo.

Metodología de Kendall y Kendall (1997)

Kendall y Kendall (1997) exponen que el ciclo de vida del desarrollo de sistemas es un enfoque por fases del análisis y diseño que sostiene que los sistemas son desarrollados de mejor manera mediante el uso de un ciclo específico de actividades para el analista y el usuario.

Según Kendall y Kendall, distintas actividades pueden realizarse de forma simultánea, e incluso se pueden repetir. Las fases, así como las actividades que forman cada fase, no se deben considerar como un proceso lineal. Es posible que cada una de las actividades de una fase se interrumpa hasta finalizar otra tarea, por lo que es interesante no considerar las actividades y las fases como pasos independientes y separados.

Ciclo de vida del desarrollo de sistemas (Kendall y Kendall, 1997)
Identificación de problemas, oportunidades y objetivos
Determinación de los requerimientos de información
Análisis de las necesidades del sistema
Diseño del sistema recomendado
Desarrollo y documentación del *software*
Prueba y mantenimiento del sistema
Implementación y evaluación del *hardware*

Figura 2.8 Ciclo de vida del desarrollo de sistemas (Kendall y Kendall, 1997)

Kendall y Kendall divide el ciclo de vida del desarrollo de sistemas en siete fases: identificación de problemas, oportunidades y objetivos, determinación de los requerimientos de información, análisis de las necesidades del sistema, diseño del sistema recomendado, desarrollo y documentación del *software*, prueba y mantenimiento del sistema, e implementación y evaluación del *hardware*.

En principio se observa que las metodologías expuestas por Senn y por Kendall y Kendall son muy similares, aunque con algunas variaciones que se comentan a lo largo de los siguientes párrafos.

La fase de identificación de problemas, oportunidades y objetivos es una de las más críticas en el desarrollo de sistemas, ya que una incorrecta definición de los problemas que existen o de los objetivos a conseguir puede dar como resultado un sistema de información (con el gasto de todos los recursos involucrados en ello) que no resuelva el problema que lo inició. Esta fase es definida de forma muy similar a la expuesta por Senn en la sección anterior.

En la fase de determinación de los requerimientos de información, el analista debe estudiar la organización para comprender qué información necesitan los usuarios para realizar sus trabajos. Existen varias formas para conseguir este hito, aunque siempre es necesaria la intervención de los usuarios finales del sistema. El estudio de dicha información permite al analista hacerse una imagen de la organización y de sus objetivos.

Según Kendall y Kendall, también es importante que el analista conozca los detalles sobre las funciones actuales del sistema: qué personas están involucradas, la actividad del negocio, el ambiente en donde se lleva a cabo el trabajo, en qué momento se realiza cada trabajo, y de qué manera se desarrollan los procedimientos actuales.

Gracias a estas investigaciones, el analista puede comprender el por qué de las funciones del negocio y tener información completa sobre las personas, los objetivos, los datos y los procedimientos involucrados.

En la fase de análisis de las necesidades del sistema, Kendall y Kendall exponen que el objetivo es identificar y explicitar todos los flujos de datos relacionados con las funciones del negocio. A partir de estos diagramas estructurados, el analista debe identificar y explicitar todos los datos que el sistema debe almacenar y con los que el sistema tendrá que trabajar.

Por otra parte, el analista debe analizar y estudiar las decisiones (estructuradas, semi-estructuradas, y no estructuradas) que el sistema tendrá que realizar. Para ello, el analista puede utilizar herramientas como el lenguaje estructurado, las tablas de decisión y los árboles de decisión.

Como resultado de estos estudios, el analista propone diversas recomendaciones para el diseño del sistema. El objetivo de esta fase no es diseñar el nuevo sistema, sino acotar el alcance del proyecto y los objetivos del nuevo sistema a través de las anteriores recomendaciones. Es importante recordar que no existe una única solución para cada problema, por lo que las recomendaciones sólo sirven para orientar el tipo de solución que se quiere diseñar.

En la cuarta fase del ciclo de vida del desarrollo de sistemas, el analista realiza el diseño lógico de las entradas, las salidas y las operaciones internas que debe realizar el sistema para cumplir con las necesidades detectadas en las fases anteriores. Otro objetivo de esta fase es el diseño de las bases de datos y de la interfaz entre el sistema de información y los usuarios. Por último, el analista debe diseñar procedimientos de control y respaldo al sistema para su protección ante fallos.

Si estudiamos las metodologías propuestas por Senn y por Kendall y Kendall, se observa que las fases son muy similares, pero no idénticas. Después de describir las anteriores fases, puede verse que las fases análisis de las necesidades del sistema y diseño del sistema recomendado de Kendall y Kendall equivalen a la fase llamada diseño del sistema propuesta por Senn.

En la fase de desarrollo y documentación del *software* los programadores deben trasladar el diseño lógico proporcionado por los analistas a un sistema informático de verdad. Por otra parte, los programadores también deben trabajar con los usuarios en el desarrollo de la documentación para el *software*. No se tiene que confundir esta documentación (que es un manual de ayuda para los usuarios) con la documentación del proyecto que debe realizarse y almacenarse durante todo el proyecto, tal y como se expuso en los principios para el desarrollo de un sistema.

La siguiente fase (pruebas y mantenimiento) tiene como objetivo identificar errores antes de su implementación, ya que es mucho más costoso reparar un error o fallo cuando el sistema está funcionando de forma regular que durante su desarrollo. Además, y según Kendall y Kendall, el proceso de mantenimiento se debe iniciar en esta fase, en lugar de después de la fase de implementación (tal y como propone Senn).

La fase de implementación y evaluación del sistema es la última del ciclo de vida del desarrollo de sistemas. Kendall y Kendall exponen que la evaluación del sistema debe realizarse en distintos momentos durante el proyecto y no sólo al final.

La implementación del sistema también consta del entrenamiento y de la formación a los usuarios que manejarán el sistema. Es posible encontrar organizaciones en donde la formación y entrenamiento de sus trabajadores lo realice un proveedor externo de servicios; sin embargo, el responsable de esta formación es el analista de sistemas, ya que es él quién conoce los cambios que han sufrido los puestos de trabajo y por lo tanto sus procedimientos.

Metodología de Whitten, Bentley y Dittman (2004)

Los autores Whitten, Bentley y Dittman (2004) definen una metodología para el desarrollo de sistemas como un proceso de desarrollo estandarizado que define un conjunto de actividades, métodos, recomendaciones, valoraciones y herramientas automatizadas que los desarrolladores y directores de proyectos deben seguir para desarrollar y mejorar de forma continuada los sistemas de información.

Whitten et al. proponen una metodología llamada FAST (*Framework for the Application of Systems Thinking*) y que está formada por siete fases: definición de proyecto, análisis de problemas, análisis de necesidades, diseño lógico, análisis de decisión, diseño físico e integración, construcción y pruebas, y entrega e instalación.

La mayoría de autores describen la etapa de análisis de sistemas como el estudio de la empresa y del sistema actual de información, así como de las necesidades y de los objetivos del proyecto que se intenta desarrollar. Por otro lado, este grupo de autores (que son la mayoría) describen la etapa de diseño de sistemas como la evaluación de alternativas y el diseño tanto lógico (funcionamiento) como físico (informático) del nuevo sistema de información.

Whitten et al. rompen con esta definición de las etapas de análisis y diseño de sistemas de información, pues las delimitan en función de aspectos tecnológicos. Según estos autores, la etapa análisis de sistemas de información está formada por todas aquellas fases del ciclo de vida del desarrollo de sistemas que se centran en los problemas del negocio y de sus necesidades, y que, por lo tanto, son totalmente independientes de la tecnología que se usa para implementar la solución.

Ciclo de vida del desarrollo de sistemas (Whitten, Bentley y Dittman, 2004)
Definición de proyecto
Análisis de problemas
Análisis de necesidades
Diseño lógico
Análisis de decisión
Diseño físico e integración
Construcción y pruebas
Entrega e instalación

Figura 2.9 Ciclo de vida del desarrollo de sistemas (Whitten, Bentley y Dittman, 2004)

Según Whitten et al. la etapa diseño de sistemas consiste en detallar las especificaciones técnicas (informáticas) de la solución resultante de la etapa de análisis de sistemas. Es importante observar que en donde el análisis de sistemas enfatizaba el problema del negocio, el diseño de sistemas enfatiza los aspectos técnicos o de implementación del sistema.

La fase de definición del proyecto equivale a las fases de investigación preliminar de Senn y de identificación de problemas, oportunidades y objetivos de Kendall y Kendall. Según Whiten et al. es muy importante describir los problemas, las oportunidades, las directrices, las limitaciones, el alcance, las necesidades de alto nivel y la visión general del proyecto antes de iniciarlo. En esta fase es donde los propietarios del sistema deben involucrarse más, ya que el proyecto para el desarrollo de un sistema se realizará en función de lo decidido en esta fase, y al final serán estos mismos propietarios quienes tendrán que dar su aprobación final antes de la implementación.

La fase de análisis de problemas estudia el sistema existente y analiza los problemas que iniciaron el proyecto. Esto es debido a que en muchas ocasiones los problemas que provocaron el desarrollo del proyecto no son los auténticos problemas que se deben solucionar. En numerosas situaciones, los problemas visibles son simplemente efecto de problemas mucho más graves y que son de difícil detección. Es por este motivo que esta fase es tan importante, ya que el objetivo final de un proyecto de este tipo es resolver los problemas graves y no los superficiales.

Después de finalizar esta fase de estudio, el analista debe preguntarse si los beneficios de resolver este problema son superiores a los costes de construir un nuevo sistema que resuelva el problema. Para ello es necesario realizar un estudio de viabilidad, el cual ayudará a decidir si seguir con el proyecto, reenfocarlo, reducirlo, aumentarlo, o cancelarlo.

El análisis de requerimientos es la tercera fase de la metodología propuesta por Whitten et al., su objetivo es encontrar qué tiene que hacer el sistema, y no cómo debe hacerlo. El objetivo de la fase de análisis de requerimientos es definir y priorizar las necesidades del negocio.

En esta fase, el analista de sistemas y los usuarios de sistemas deben mostrar qué necesidades o requerimientos funcionales y no funcionales debe tener la solución final. Una forma de diferenciar aquellos requerimientos que son básicos o esenciales del resto es preguntarse si cada requerimiento contribuye o no a alcanzar uno de los objetivos previstos en las fases anteriores.

La fase del diseño lógico consiste en traducir las necesidades de negocio de los usuarios en un modelo de sistema que represente sólo los requerimientos de negocio y no posibles diseños o implementaciones técnicas de estas necesidades. A esta fase también se la conoce como *diseño esencial* o *diseño conceptual*.

Según Whitten et al., es necesario representar tres tipos de modelos de negocio para un correcto diseño del sistema. El primero representa las necesidades de información del sistema, el segundo modelo refleja las necesidades de los procesos de negocio (o acciones) que el sistema debe implementar, mientras que el tercer modelo hace referencia a las necesidades de interacción entre el sistema y el usuario.

A partir de los modelos de datos, de procesos de negocio y de las interfaces que resultan de la fase de diseño lógico, el analista de sistemas debe identificar las posibles soluciones, analizar cada una de las soluciones candidatas a través de un análisis de viabilidad, y recomendar una de ellas para su diseño. A este conjunto de actividades se le denomina *fase de análisis de decisión*.

Algunas preguntas que se deben a responder durante la fase de análisis de decisión son: qué porcentaje del sistema debe ser automatizado mediante tecnologías de la información, si es preferible comprar un *software* o desarrollarlo en la propia empresa, si el sistema necesita ser visible desde el exterior de la empresa, o qué tecnologías de la información pueden ser útiles para el sistema que se está construyendo.

La herramienta más extendida en la selección de una solución es el análisis de viabilidad, ya que consta de aspectos tecnológicos, operacionales, económicos, de calendario y de riesgo.

El objetivo en la fase de diseño físico es la traducción de las necesidades de negocio de los usuarios en un modelo de sistemas que representa la implementación técnica de los requerimientos de negocio de los usuarios. En otras palabras, el propósito del diseño físico es averiguar cómo la tecnología será usada para implementar el sistema. Al diseño físico también se le denomina diseño técnico o tecnológico.

Existen dos opciones para el diseño físico de un sistema: a través de un diseño basado en especificaciones (es decir, modelizar el sistema entero para posteriormente construirlo) o mediante prototipos (es decir, empezar con una pequeña aplicación incompleta pero funcional, y diseñarla de forma incremental).

La fase de construcción y pruebas se basa en trasladar las especificaciones técnicas de la fase anterior en un sistema real. El objetivo de la fase de construcción y de pruebas es construir y comprobar que un sistema cumple con todos los requerimientos del negocio y con todas las especificaciones tecnológicas, e implementar las interfaces entre los sistemas existentes y el nuevo sistema.

La última fase es la instalación y entrega del sistema. Para finalizar, es necesario llevar el sistema al lugar en donde se va a utilizar. Además, y tal como ocurría en las metodologías anteriores, es necesario realizar una formación individual para todas aquellas personas que deben interactuar con el sistema

Metodología de George, Batra, Valacich, y Hoffer (2004)

George, Batra, Valacich, y Hoffer (2004) estudian el análisis y desarrollo de sistemas a través de un enfoque orientado a objetos. Esta aproximación al desarrollo de sistemas tiene algunas características destacables. Las etapas clásicas en el desarrollo de un sistema (planificación, análisis, diseño e implementación de sistemas) no se realizan de forma secuencial, sino de forma iterativa e incremental.

Las típicas fases en el desarrollo de sistemas orientados a objetos son: comienzo, elaboración, construcción y transición.

La fase de inicio incluye actividades como definir el alcance del proyecto, determinar la viabilidad del proyecto, comprender las necesidades de los usuarios y preparar un plan para el desarrollo del *software*. En la fase de elaboración, se desarrollan los requisitos detallados del usuario y la arquitectura[1] del proyecto.

Las actividades típicas en el análisis y el desarrollo de sistemas constituyen la parte más importante de la fase de construcción según una visión orientada a objetos. En esta fase es en la que se gastan una mayor cantidad de recursos y tiempo. Por último, en la fase de transición, el sistema es instalado y los usuarios son formados para el uso del nuevo sistema.

---

[1] La arquitectura del sistema contiene una visión del producto, una demostración ejecutable de las partes más críticas, un glosario detallado con un manual preliminar para usuario, un plan de construcción detallado y una estimación revisada de los gastos estimados.

Ciclo de vida del desarrollo de sistemas (George, Batra, Valacich, y Hoffer, 2004)
Comienzo o Inicio
Elaboración
Construcción
Transición

Figura 2.10 Ciclo de vida del desarrollo de sistemas (George, Batra, Valacich, y Hoffer, 2004)

La siguiente figura representa la relación entre las fases en el desarrollo orientado a objetos de un sistema, y las etapas clásicas del desarrollo de sistemas.

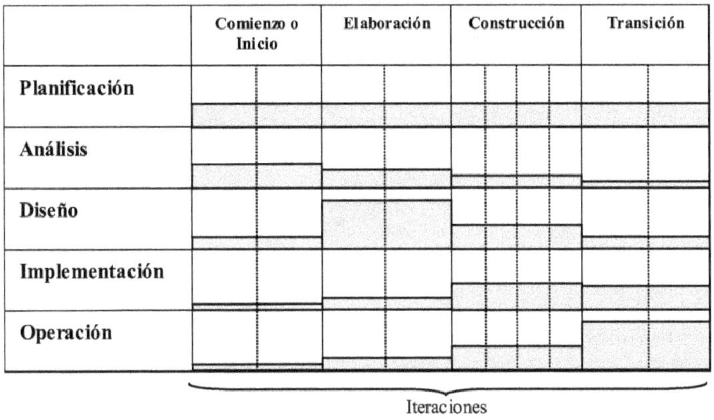

Figura 2.11 Desarrollo iterativo

En este tipo de metodologías basadas en objetos, la terminología puede variar en relación a lo visto hasta el momento. Las fases representan períodos de tiempo, cuyo final está vinculado a un hito. Por el contrario, lo que se había definido como fases en las distintas metodologías anteriores (análisis de requerimientos, diseño lógico, etc.) se denominan *flujos de trabajo*.

De lo expuesto se extrae que una fase está formada por varios flujos de trabajo. Además, cada fase puede estar dividida en iteraciones. Una iteración es un período de tiempo menor que un hito dentro de una fase, que generalmente tiene una duración entre dos y ocho semanas.

La fase de inicio o comienzo está formada generalmente por una única iteración, en donde se determina el alcance y la viabilidad del proyecto. La fase de elaboración puede tener una o dos iteraciones, y normalmente se considera la más importante de las cuatro fases. La fase de construcción está formada por una gran cantidad de flujos de trabajo, que pueden tener así mismo diversas iteraciones (las necesidades de los usuarios pueden variar a lo largo del proyecto). Por último, la fase de transición puede tener una o dos iteraciones.

3. Planificación de sistemas de información

3.1. El inicio de un proyecto de información

3.1.1. Planificación estratégica de sistemas de información

La planificación estratégica de sistemas de información intenta identificar y establecer prioridades acerca de las tecnologías y las aplicaciones susceptibles de reportar un máximo beneficio a la empresa (Whiten et al; 2004). En otras palabras, un plan estratégico de sistemas de información indica la dirección correcta en el desarrollo de los sistemas de información, el modo de proceder, los criterios de selección, los mecanismos de evaluación, etc.

Las decisiones sobre qué hacer en el futuro con los sistemas de información en las organizaciones ha pasado por cuatro etapas. La primera coincide con la aparición de la informática en las organizaciones durante la década de los setenta. En este punto, las aplicaciones informáticos afectaban principalmente a los departamentos de contabilidad y de facturación, por su fácil implementación. Durante esta etapa siempre se desarrollaba un nuevo sistema de información cuando un departamento lo solicitaba, por lo que no existía plan estratégico de sistemas de información.

La segunda etapa se caracterizaba por el aumento indiscriminado de peticiones por parte de los usuarios. Además de solicitar cada vez más aplicaciones informáticas, los problemas eran cada vez más complejos. Debido a las limitaciones en recursos por parte de los departamentos de sistemas de información, era necesario definir criterios de selección y priorización. Sin embargo, estos criterios no eran coherentes con los objetivos estratégicos de la empresa, sino con el poder de los usuarios que lo habían solicitado o con el atractivo del proyecto.

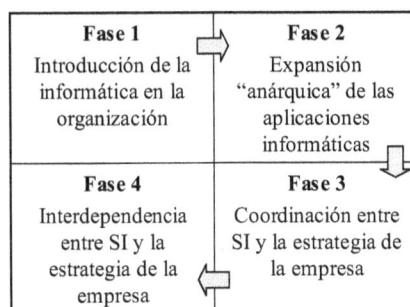

Figura 3.1 Evolución de la planificación estratégica de sistemas

La asignación de recursos para el desarrollo de proyectos en función de los objetivos estratégicos de la organización es la característica principal de la tercera etapa. Los altos directivos de la organización definen criterios para identificar y priorizar dichos proyectos para el desarrollo de sistemas de información según los objetivos de la organización. Es por este motivo que se le denomina *plan estratégico de sistemas de información*, en función de la estrategia de la organización. Otro aspecto que se introduce en esta etapa es la definición de una infraestructura común para todos los desarrollos de sistemas de información.

La cuarta etapa es conocida como la interdependencia estratégica de la empresa con los sistemas de información. Para conseguirlo, los responsables de la organización deben integrar las posibilidades de los

SI con la estrategia de la empresa en el momento de su formulación, y no después, tal y como ocurría en la tercera etapa. Esta tarea es muy difícil de conseguir tal y como muestra el reducido número de organizaciones que se encuentran en esta situación, ya que es necesaria una cultura organizativa sensible al potencial de la tecnología.

Para alcanzar la cuarta etapa es necesario pasar previamente por la tercera, debido a la necesidad de inculcar una cultura que permita implementar una metodología activa, es decir, una metodología en donde la definición de objetivos estratégicos tenga en cuenta las posibilidades de las tecnologías de la información.

La mayoría de organizaciones se encuentran en la tercera etapa. Por ello a continuación se propone el proceso (y sus fases) para el desarrollo de un plan estratégico de sistemas a partir de la estrategia de negocio. La cuarta etapa está fuertemente vinculada con la dirección estratégica, por lo que en este libro no se trata.

Fases en el desarrollo de un plan estratégico de sistemas de información

Andreu et al. (1996) proponen un proceso formado por cuatro fases para el desarrollo de un plan estratégico de sistemas de información que se base en los objetivos de la organización: creación del equipo de trabajo, descripción de la situación actual, elaboración del plan de SI/TI y programación de actividades.

En la primera fase, se crean los equipos de trabajo que participarán en el desarrollo del plan estratégico de sistemas de información. En esta situación se crean tres grupos de personas: el comité de tecnologías y sistemas de información, el equipo de trabajo y el grupo base.

El *comité de tecnologías y sistemas de información* está formado por el máximo responsable de la empresa, los responsables de las distintas áreas funcionales y el director de SI. Las funciones de este comité son la supervisión del proyecto de planificación, explicitar el compromiso de la organización con el plan estratégico de sistemas de información, proporcionar criterios estratégicos para fijar las prioridades y asignar recursos y, por último, aprobar el plan estratégico de sistemas de información desarrollado.

El *equipo de trabajo* está formado por personal de sistemas de información y personal de los departamentos usuarios especialmente dedicados al proyecto de planificación. El trabajo operativo encaminado a elaborar el plan estratégico de sistemas de información es la tarea principal de este grupo, que es dirigido por el director de sistemas de información y por el director operativo del proyecto.

El tercer y último grupo es el *grupo base* que está formado por el subdirector general a cargo de sistemas de información, el director de sistemas de información, el director operativo del proyecto, y eventualmente por consultores externos. Las responsabilidades de este grupo son facilitar la negociación entre usuarios, asegurar la consistencia de los desarrollos y supervisar el equipo de trabajo con gran asiduidad.

El objetivo de la segunda fase es describir la situación actual de la organización y de los sistemas de información actuales. Con este fin, el equipo de trabajo debe identificar las principales funciones y procesos de negocio dentro de la organización, y describir y criticar los sistemas de información existentes (sus procesos y sus estructuras de datos).

La tercera fase consiste en elaborar el plan estratégico de sistemas de información. La primera tarea de esa fase es documentar las necesidades de información de cada unidad funcional y de cada uno de los procesos de negocio descritos anteriormente. El siguiente paso es establecer unos criterios basados en los objetivos estratégicos del negocio para aplicar prioridades a las necesidades encontradas, y así poder definir políticas en el desarrollo de sistemas de información. Por último, el grupo de trabajo con la aprobación del comité de tecnologías y sistemas de información debe definir propuestas de actuación según las necesidades y los criterios definidos.

La última fase es la programación de actividades, en donde se explicitará una lista de proyectos de sistemas de información a desarrollar, así como un calendario específico para el corto plazo y acciones para el medio y largo plazo.

Documentar un plan estratégico de sistemas de información

Laudon y Laudon (2004) proponen un conjunto de contenidos que debe tener un plan estratégico de sistemas de información, tal y como queda reflejado en la figura 3.2.

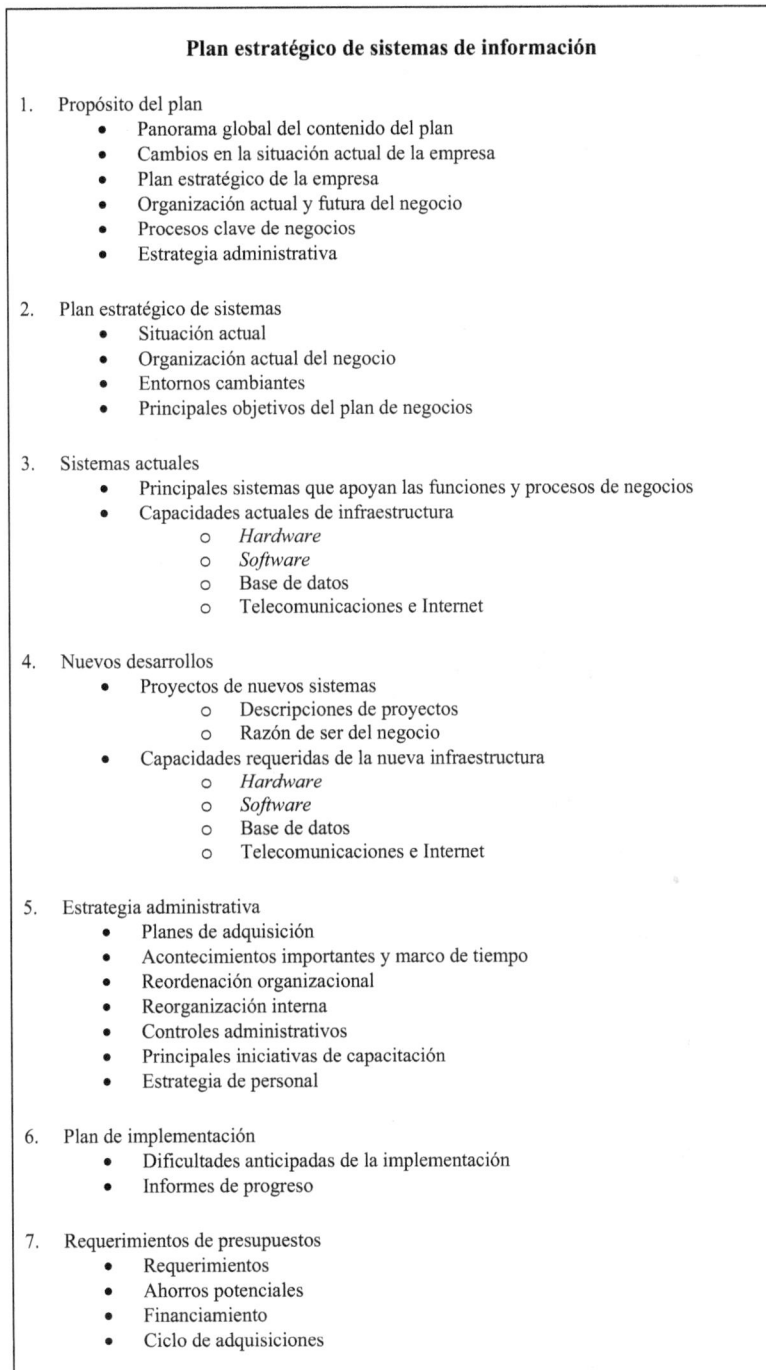

Plan estratégico de sistemas de información

1. Propósito del plan
   - Panorama global del contenido del plan
   - Cambios en la situación actual de la empresa
   - Plan estratégico de la empresa
   - Organización actual y futura del negocio
   - Procesos clave de negocios
   - Estrategia administrativa

2. Plan estratégico de sistemas
   - Situación actual
   - Organización actual del negocio
   - Entornos cambiantes
   - Principales objetivos del plan de negocios

3. Sistemas actuales
   - Principales sistemas que apoyan las funciones y procesos de negocios
   - Capacidades actuales de infraestructura
     - *Hardware*
     - *Software*
     - Base de datos
     - Telecomunicaciones e Internet

4. Nuevos desarrollos
   - Proyectos de nuevos sistemas
     - Descripciones de proyectos
     - Razón de ser del negocio
   - Capacidades requeridas de la nueva infraestructura
     - *Hardware*
     - *Software*
     - Base de datos
     - Telecomunicaciones e Internet

5. Estrategia administrativa
   - Planes de adquisición
   - Acontecimientos importantes y marco de tiempo
   - Reordenación organizacional
   - Reorganización interna
   - Controles administrativos
   - Principales iniciativas de capacitación
   - Estrategia de personal

6. Plan de implementación
   - Dificultades anticipadas de la implementación
   - Informes de progreso

7. Requerimientos de presupuestos
   - Requerimientos
   - Ahorros potenciales
   - Financiamiento
   - Ciclo de adquisiciones

Figura 3.2 Estructura de un plan estratégico de sistemas de información

3.1.2.   Causas de solicitud para el desarrollo de un sistema de información

Según Senn (1992) y Whitten et al. (2004), las solicitudes para el desarrollo de un sistema de información pueden iniciarse por uno de los siguientes tres motivos:

Resolver un problema

Un problema es una situación no deseable que impide a la organización alcanzar completamente sus objetivos. Existen diversas técnicas o formas para la detección de problemas.

Kendall y Kendall (1997) proponen realizar tres acciones para identificar posibles problemas en la organización.

- Revisar los *outputs* a través de criterios de desempeño. Este tipo de problema queda reflejado si se realizan demasiados errores, el trabajo terminado se efectúa lentamente, el trabajo está hecho de forma incorrecta o el trabajo está finalizado de manera incompleta.

- Observar el comportamiento de los empleados. Por ejemplo, si existe un alto ausentismo, una alta insatisfacción en el trabajo o una alta rotación en el personal.

- Escuchar la retroalimentación externa a través de las quejas y las sugerencias de mejoras de los clientes y los proveedores, o mediante las pérdidas de ventas o la disminución de las ventas.

James Wetherbe (1988) propone una estructura para la clasificación de problemas, oportunidades y normas. Esta estructura llamada PIECES, por las iniciales de sus categorías, permite escanear de forma secuencial diversos tipos de problemas.

Las categorías de problemas son:

P (*performance*):	Necesidad de mejorar el rendimiento
I (*information*):	Necesidad de mejorar la información (y los datos)
E (*economics*):	Necesidad de economía (control de costes o de beneficios)
C (*control*):	Necesidad de aumentar el control o la seguridad
E (*efficiency*):	Necesidad de mejorar la eficiencia de las personas y los procesos
S (*service*):	Necesidad de mejorar el servicio a los clientes, proveedores, socios, empleados, etc

Aprovechar una oportunidad

Una mejora es toda posibilidad de mejorar la organización, incluso en ausencia de problemas específicos. A continuación se enumera una clasificación de posibles mejoras en los sistemas de información según Kendall y Kendall:

- Acelerar un proceso
- Agilizar un proceso mediante la eliminación de pasos innecesarios o duplicados
- Combinar procesos
- Reducir errores de entrada por medio de cambios en las formas de trabajar
- Reducir salidas redundantes
- Mejorar la integración de sistemas y subsistemas
- Mejorar la satisfacción del trabajador con el sistema
- Mejorar la facilidad de interacción de los clientes, proveedores y vendedores, con el sistema

Normas

En ocasiones, surgen nuevos requisitos por la dirección, las instituciones gubernamentales o cualquier otra influencia externa. Con el tiempo, la mayoría de normas se transforman en problemas en las organizaciones, si no se actúa con rapidez.

3.1.3. Métodos para la selección de proyectos

En la actualidad se genera una gran cantidad de solicitudes para el desarrollo o la actualización de sistemas de información. Sin embargo, los recursos de una empresa son limitados, lo que implica que no todas las solicitudes se pueden llevar a cabo. Por ello, es necesario priorizar las solicitudes.

Los métodos más comunes para el proceso de selección y revisión de proyectos se basan en la utilización de comités (Senn; 1992).

Método del comité directivo (o junta de selección de proyectos e inversiones)

Los comités directivos están formados por directivos importantes de distintos departamentos que se caracterizan por no ser expertos en tecnologías de la información; sin embargo, tienen una gran influencia y poder en sus departamentos correspondientes.

Un comité directivo suele estar compuesto entre siete y diez personas y está integrado por los siguientes grupos de personas:

- Miembros de alto nivel administrativo, como puede ser el vicepresidente ejecutivo o el vicepresidente de producción
- Gerentes departamentales
- Gerentes técnicos, como el coordinador de control de calidad y el gerente de I+D
- Personal del departamento de sistemas de información, como el jefe de analistas y el gerente de sistemas de información

La participación de directivos importantes en la selección y priorización de proyectos tiene grandes ventajas. Para empezar, el comité directivo proporciona una perspectiva global en la selección de proyectos, además de aportar mucho respeto dentro de la organización.

Por otra parte, los proyectos de desarrollo de sistemas de información se consideran como inversiones, por lo que es necesario realizar estudios de viabilidad económica. En estos casos, los proyectos se evalúan en función de costes, beneficios y factibilidad de realización.

Método del comité de sistemas de información

El comité de sistemas de información está compuesto por gerentes de sistemas de información y analistas de sistemas. En este caso, el comité de sistemas de información es el responsable de decidir qué proyectos se llevan a cabo y qué proyectos se rechazan.

Este tipo de método para la selección de proyectos es muy utilizado cuando la mayoría de solicitudes hacen referencia a servicios rutinarios o de mantenimiento.

En las ocasiones en donde la aceptación de un proyecto puede afectar a la política de la empresa o a decisiones a largo plazo se puede incluir en el comité de sistemas de información gerentes o directivos de alto nivel. Sin embargo, esto puede provocar algunos problemas en el futuro sobre qué proyectos deben ser estudiados por el comité de sistemas de información, y qué proyectos deben ser analizados por un comité de directivos.

Método del comité de grupos de usuarios

En algunas organizaciones, las decisiones sobre los sistemas de información que tienen que utilizar los usuarios se deja en sus manos. Los departamentos de forma independiente constituyen sus propios comités para la selección y priorización de sus proyectos. La ventaja principal de este tipo de método es que el equipo de desarrollo de sistemas de información tiene una menor carga de trabajo y puede centrarse en tareas de desarrollo y mantenimiento de sistemas de información.

Por el contrario, este método tiene dos grandes inconvenientes. Tal y como se ha comentado, cada departamento tiene su propio comité de grupos de usuarios, por lo que es posible que se estén duplicando esfuerzos para alcanzar un mismo objetivo. Además, los usuarios que forman el comité de grupos de usuarios van rotando, por lo que los criterios en la elección y priorización de proyectos pueden cambiar a lo largo del tiempo.

Métodos híbridos

En muchas organizaciones se aplica una metodología hibrida basada en la combinación de las anteriores. En función del tipo de proyecto, de su alcance, de su presupuesto y de su importancia, es evaluado por un comité o por otro. De esta manera no se sobrecarga de trabajo al comité directivo con pequeños proyectos que sólo afectan a un grupo reducido de usuarios, ni tampoco se responsabiliza a usuarios de las decisiones sobre proyectos que pueden afectar a aspectos estratégicos y de largo plazo.

Criterios generales para la selección de un proyecto por parte de un comité

De forma independiente al método o al proceso de selección y revisión de proyectos, todo comité debe poseer un conjunto de criterios. El número de criterios y el peso de cada uno de los criterios dependen de los comités y de los objetivos estratégicos de cada organización y de cada departamento. Sin embargo, varios autores proponen clasificaciones o criterios a seguir en la selección de un proyecto.

Una clasificación de criterios para la selección de proyectos es el realizado por Kendall y Kendall:

- Nivel de respaldo por parte de los directivos y gerentes de la organización
- Temporización adecuada para comprometerse con el proyecto
- Posibilidad de conseguir las mejoras en relación a los objetivos de la organización
- En nivel de viabilidad del proyecto en términos de recursos para los analistas de sistemas y la organización
- La importancia del proyecto comparándolo con otras formas en que la organización pueda invertir los recursos

3.2. Actividades en la fase de planificación del proyecto

La fase de planificación de proyectos tiene como metas identificar los objetivos de la inversión (el qué), así como especificar los pasos a seguir para alcanzar dichos objetivos (el cómo).

En capítulos anteriores, se ha comentado que las distintas fases para el desarrollo de un sistema de información están formadas por actividades o tareas. En este caso, la fase de planificación está compuesta por sietes actividades:

- Seleccionar los participantes en el desarrollo de un sistema
- Definir objetivos y el alcance del proyecto
- Definición de actividades
- Asignar recursos
- Planificar un calendario
- Diseñar criterios de evaluación
- Estudiar la viabilidad del proyecto

Existen diversas técnicas para la planificación de sistemas de información. Algunas consisten en reunir a los responsables de la planificación periódicamente (semanal o cada tres días) durante uno o dos meses. Esta opción es utilizada por muchas organizaciones, debido a que los responsables de la planificación del proyecto tienen otras responsabilidades dentro de la empresa y no pueden abandonarlas por mucho tiempo.

Sin embargo, existen otras técnicas que proporcionan mejores resultados, como son las basadas en grupos de trabajo intensivo o *workshops*. En este caso, la fase de planificación suele durar entre uno y tres días, y es desarrollada por un conjunto de personas en donde están representados los intereses de todas las personas involucradas en el desarrollo del sistema (propietarios, usuarios, diseñadores, constructores y analistas de sistemas).

Durante el período de tiempo en el que se desarrolla la fase de planificación de un sistema de información, el grupo de personas responsables de la planificación participa de forma activa con el objetivo de encontrar consenso en los objetivos y en los recursos (dinero, tiempo, personas, etc.) necesarios para el desarrollo del sistema de información.

En los siguientes apartados, se exponen y estudian las actividades que forman la fase de planificación.

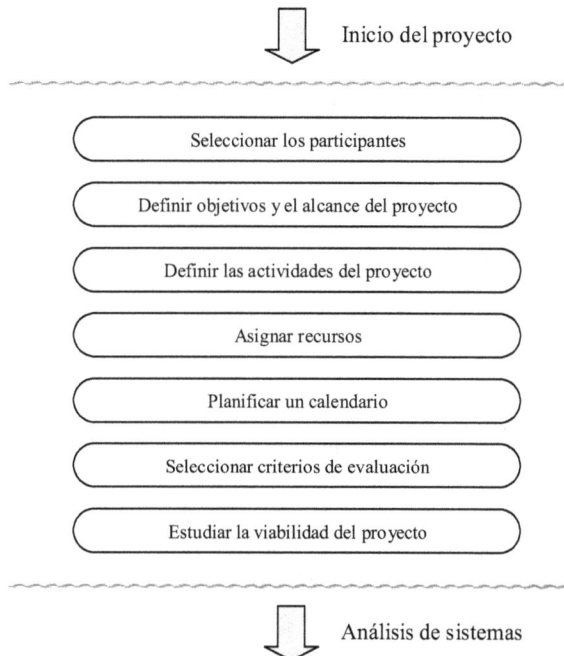

Figura 3.3 Actividades en la fase de planificación de un proyecto

3.2.1.   Seleccionar de los participantes en el desarrollo de un sistema

La primera actividad en la fase de planificación de un proyecto de sistemas de información es seleccionar qué personas van a ser los responsables de su planificación. A este grupo de personas se le llama *equipo de planificación del proyecto*.

Tal y como se ha mencionado previamente, el equipo de planificación del proyecto debe estar formado por individuos que representen todos los intereses en el proyecto, por lo que es necesario que participen parte de los propietarios del sistema (como por ejemplo el director general o el vicepresidente de la organización), los usuarios del sistema de información (quienes deben especificar las necesidades del sistema), los diseñadores (quienes tienen como objetivo dar respuesta a las necesidades de los usuarios) y los constructores (quienes deben construir e implantar el nuevo sistema).

La selección de los usuarios del sistema suele realizarse a través de los directores de departamento cuyas unidades están involucradas en la utilización del sistema de información. Por el contrario, el analista, el diseñador y el constructor de sistemas son seleccionados por el director del departamento de sistemas de información.

Deben participar como propietarios de sistemas aquellos directivos o personas que tengan la capacidad de asignar recursos al desarrollo del proyecto. Así mismo, los propietarios del sistema que participan en la planificación de un proyecto son los últimos responsables en dar el visto bueno al desarrollo del proyecto, con el gasto de recursos que eso conlleva.

3.2.2.   Definición de objetivos y el alcance del proyecto

Una incorrecta definición de objetivos suele convertirse en una de las principales causas de fracaso en el desarrollo de un sistema de información. Es necesario que el equipo de planificación del proyecto llegue a un consenso en relación a los objetivos antes de pasar a cualquier otra actividad.

Con *objetivo* se intenta expresar qué se quiere resolver con el sistema de información, por qué es importante resolver este problema y qué es lo que se requiere para resolver este problema.

Con *alcance* se pretende delimitar el tamaño del proyecto. Las áreas funcionales que se verán involucradas, el tipo de usuarios que va a tener el sistema de información, las comunicaciones con el entorno son algunas preguntas que se tienen que responder para poder acotar el tamaño del proyecto.

En esta actividad se intenta buscar y explicitar el objetivo u objetivos del desarrollo de un proyecto de sistemas de información, pero también es necesario estudiar y evaluar algunas limitaciones y restricciones que suelen aparecer en este tipo de proyectos. Como todo proyecto e inversión, existen algunas limitaciones o restricciones que se tienen que tener presentes antes de iniciar un proyecto, como son los recursos disponibles para su ejecución. En este primer paso de la planificación sólo será necesario estudiar e indicar las restricciones que afectan a dos recursos específicos: el económico y el temporal.

El equipo de planificación del proyecto debe responder a las siguientes preguntas para poder continuar con la planificación del proyecto.

* ¿Qué plazo de tiempo deberá estar en funcionamiento el sistema de información?
* ¿Qué coste económico debe tener el desarrollo y el mantenimiento del sistema de información?

En muchas ocasiones, tanto el tiempo para la construcción de un sistema de información como el presupuesto para su desarrollo están marcados y definidos desde un principio. Estas restricciones afectarán a los resultados de las siguientes actividades de la planificación.

Los resultados de esta actividad deben explicitarse en un pequeño documento de una a dos páginas, con los objetivos, las motivaciones y las restricciones del proyecto.

3.2.3.   Definir actividades y tareas

La siguiente actividad en la planificación de un proyecto es definir las actividades y las tareas a realizar para el desarrollo correcto del sistema de información

Un proyecto para el desarrollo de sistemas de información está formada por cuatro etapas (planificación, análisis, diseño e implementación) o por varias fases (en nuestro caso habrá siete fases). Cada fase está compuesta por distintas actividades, y cada una de ellas por tareas. El objetivo de esta actividad es construir un diagrama o un esquema en donde aparezcan todas las fases, actividades y tareas a realizar para desarrollar el sistema de información.

Las fases, actividades y tareas de un proyecto de sistemas de información pueden representarse de varias maneras. Además existen una gran cantidad de programas informáticos que nos permiten representarlas de formas muy diversas. Las dos formas más comunes son el esquema (ver a continuación) o la figura jerárquica (Fig. 3.4).

```
1.  Fase 1 del proyecto
    1.1.  Actividad 1 de la Fase 1
          1.1.1.    Tarea 1 de la Actividad 1 de la Fase 1
          1.1.2.    Tarea 2 de la Actividad 1 de la Fase 1
    1.2.  Actividad 2 de la Fase 1
    1.3.  Actividad 3 de la Fase 1
2.  Fase 2 del proyecto
    (…)
```

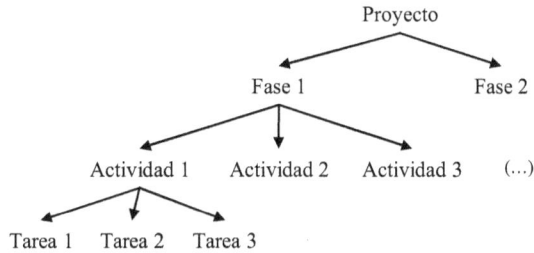

Figura 3.4 Fases, actividades y tareas distribuidas en forma de árbol

Este libro ofrece una estructura formada por fases, actividades y tareas; sin embargo, cada autor y cada organización puede tener definidas un número distinto de fases (tal y como se comentó en capítulos anteriores de este libro), un número distinto de actividades para cada fase y un número distinto de tareas para cada actividad.

El lector puede utilizar en un principio la estructura que ofrece este libro y después modificarla en función de sus necesidades y de la situación en donde se encuentre.

3.2.4.   Planificar un calendario

La planificación de un calendario es una tarea bastante más compleja de lo que pueda parecer en un principio. Antes de formalizar un calendario de tareas para el proyecto, es necesario realizar un estudio para estimar el tiempo necesario para cada tarea y las dependencias entre las tareas.

Estimar el tiempo de una tarea

Como suele ocurrir en muchas ocasiones, el equipo de planificación del proyecto puede optar por varias opciones a la hora de estimar el tiempo de cada una de las tareas. A continuación se exponen tres métodos para la estimación del tiempo de una tarea.

El primer método es equiparar el tiempo de una tarea al tiempo más probable (TMP) que será necesaria para finalizar la tarea (teniendo en cuenta los problemas más habituales que puedan surgir durante su realización). Una segunda técnica es calcular la media entre el tiempo óptimo (TO) y el tiempo pésimo (TP) de una tarea. El tiempo óptimo es el tiempo mínimo necesario para realizar una tarea si no se producen interrupciones o retrasos, mientras que el tiempo pésimo es el tiempo necesario para finalizar la tarea si todo sale mal.

El tercer método se basa en la experiencia y consiste en calcular la duración esperada (DE) a través de la siguiente fórmula:

$$DE = \frac{TO + (4 \cdot TMP) + TP}{6}$$

Existen otros métodos para la estimación de tiempo de una tarea. En este caso, el equipo de planificación del proyecto puede modificar la fórmula anterior en función de los datos históricos de su organización.

Encontrar dependencias entre tareas

En cualquier proyecto formado por actividades y tareas puede encontrarse distintos tipos de dependencias entre ellas. La dependencia más habitual se produce cuando una tarea no puede iniciarse antes de que otra finalice. Por ejemplo, y a nivel de etapas, es necesario finalizar la etapa de planificación de sistemas antes de comenzar la etapa de análisis de sistemas. En total existen cuatro tipos de dependencias:

- Acabar para empezar (A-E): Una tarea tiene que finalizar para que otra pueda empezar.
- Empezar para empezar (E-E): El inicio de una tarea se produce cuando otra tarea es iniciada.

- Acabar para acabar (A-A): Dos tareas deben acabar al mismo tiempo.
- Empezar para acabar (E-A): El inicio de una tarea provoca la finalización de otra tarea.

En este punto es recomendable crear una tabla en donde aparezcan todas las tareas del proyecto, así como toda la información recopilada hasta el momento de cada tarea. La tabla debe tener como filas todas las tareas, mientras que en las columnas aparece toda la información relacionada con las tareas: un identificador, una descripción, la duración esperada, las tareas con las que existe una dependencia, y el tipo de esta dependencia (que puede ser A-E, E-E, A-A, y E-A).

La siguiente tabla muestra un ejemplo de tabla resumen de un proyecto formado por cinco tareas:

Tabla 3.1 Dependencia entre tareas

Identificador de tarea	Descripción de tarea	Duración esperada	Tareas con dependencia	Tipo de dependencia
A	La tarea A	5	-	-
B	La tarea B	3	A	(A-E)
C	La tarea C	6	A	(A-E)
D	La tarea D	4	C	(E-E)
E	La tarea E	5	B	(A-E)
F	La tarea F	4	C	(A-E)
			E	(A-E)
G	La tarea G	6	F	(E-E)

Diseñar un calendario

Por último, se diseña un calendario para el proyecto. Las dos herramientas más populares en la elaboración de un calendario son los gráficos PERT (*Project Evaluationand Review Technique*) y los gráficos Gantt (creados en 1917 por Henry L. Gantt). Ambas herramientas se basan en un enfoque gráfico que permite trabajar de forma intuitiva con las tareas y con un calendario asociado.

Los gráficos Gantt consisten en un diagrama de barras en donde cada barra representa una tarea del proyecto y en donde el eje horizontal simboliza el tiempo.

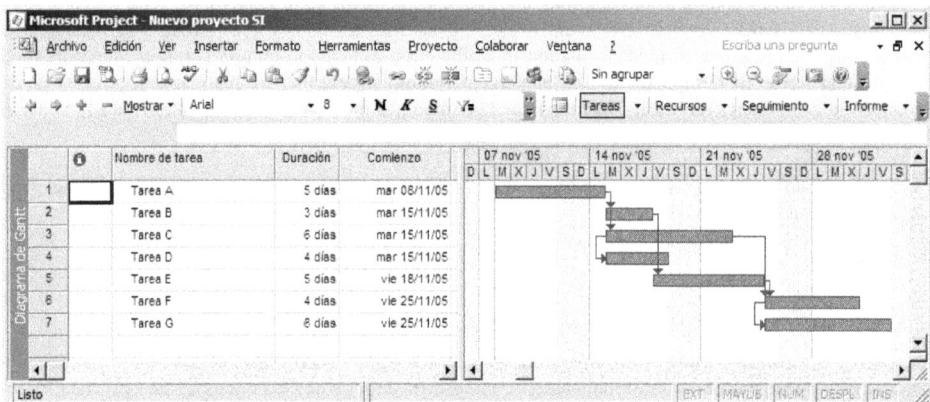

Figura 3.5 Ejemplo gráfico Gantt

Los gráficos Gantt permiten visualizar el encadenamiento (dependencias) de tareas a través de flechas tal y como muestra la figura 3.5. De forma similar, el diagrama Gantt también permite ver el solapamiento entre tareas, tal y como ocurre con las tareas B, C y D del ejemplo anterior.

Durante el desarrollo del proyecto, el diagrama Gantt permite evaluar el avance del proyecto de forma visual. En este caso, las barras asociadas a tareas que ya han sido finalizadas se trazan con un color más oscuro, mientras que las barras asociadas a tareas sin finalizar se siguen representando con un color más claro. Una línea vertical muestra la fecha actual. Si el proyecto avance tal y como estaba previsto, todas las barras situadas a la izquierda de la línea de fecha actual deben de estar de color oscuro (es decir, finalizadas), mientras que las barras situadas a la derecha deben tener un color claro (es decir, sin finalizar).

Sin embargo, la realidad nos dice que las previsiones no siempre se cumplen, por lo es posible encontrarse con tres situaciones que quedan reflejadas en la figura 3.6.

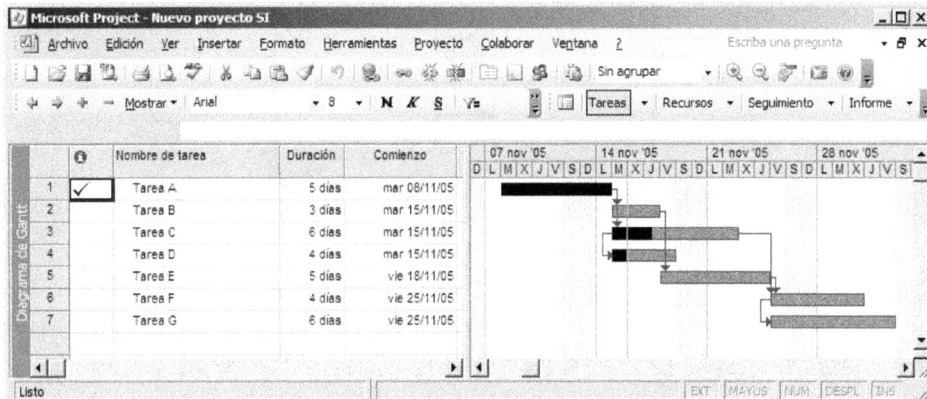

Figura 3.6 Ejemplo de gráfico Gantt con avances y retrasos

1. Retraso: En la gráfica Gannt se puede observar que la tarea B tiene un retraso, ya que a fecha de hoy no se ha realizado todo lo previsto.
2. Avance: A diferencia del caso anterior, la tarea C tiene un avance, ya que a fecha de hoy se ha realizado más de lo previsto en un inicio.
3. Según lo previsto: Por último, la tarea D sigue las previsiones hechas durante la fase de planificación, por la que no hay ni avances ni retrasos.

En el caso de un retraso, el responsable del proyecto debe actuar e intentar eliminar los retrasos, ya que estos retrasos suelen afectar al inicio de otras tareas. La consecuencia final es que la acumulación de pequeños retrasos puede alargar excesivamente el tiempo estimado para la finalización del proyecto.

3.2.5. Asignar recursos

Las actividades de asignar recursos y planificar un calendario son autodependientes, ya que en función de los recursos que tengamos el calendario deberá tener una temporización u otra, y en función de las tareas y sus relaciones se necesitarán unos recursos u otros. Por lo tanto, estas dos actividades se deben realizar de forma cíclica hasta alcanzar una asignación de recursos y un calendario adecuados a las necesidades del proyecto.

Según Whitten et al., existen cinco tipos de recursos:

- Personas, que incluye a todos aquellos individuos que participan en el proyecto ya sean propietarios, usuarios, diseñadores, constructores, analistas de sistemas o agentes externos.
- Servicios, que incluye todos los servicios que son necesarios para el desarrollo del sistema de información, como puede ser una revisión de calidad.
- Equipamiento, que incluye todas las infraestructuras y tecnología necesarias para el desarrollo del sistema de información.
- Suministros y materiales, que puede incluir papel, bolígrafos, lápices, tinta, libretas, etc.
- Dinero, que consiste en traducir todo lo anterior a unidades monetarias. En este caso, el euro.

La disponibilidad de los recursos puede variar el calendario del proyecto. Por ejemplo, si las tareas B y C de la figura 3.5 necesitan al único analista de sistemas que tiene el proyecto, no podrán realizarse en paralelo y se tendrá que alterar el calendario establecido en la actividad anterior.

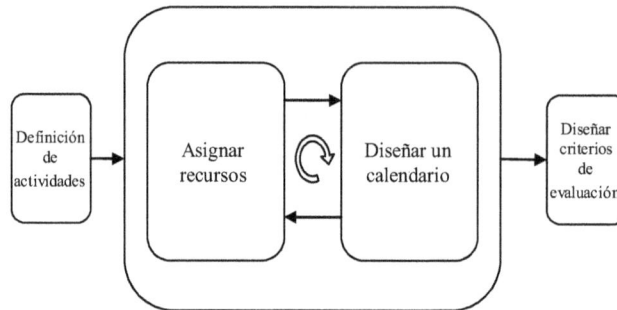

Figura 3.7 Retroalimentación entre actividades de la fase de planificación

Los recursos más críticos en el desarrollo del calendario del proyecto son las personas y la disponibilidad de las infraestructuras de la empresa (habitaciones, salas, ordenadores, impresoras, etc.).

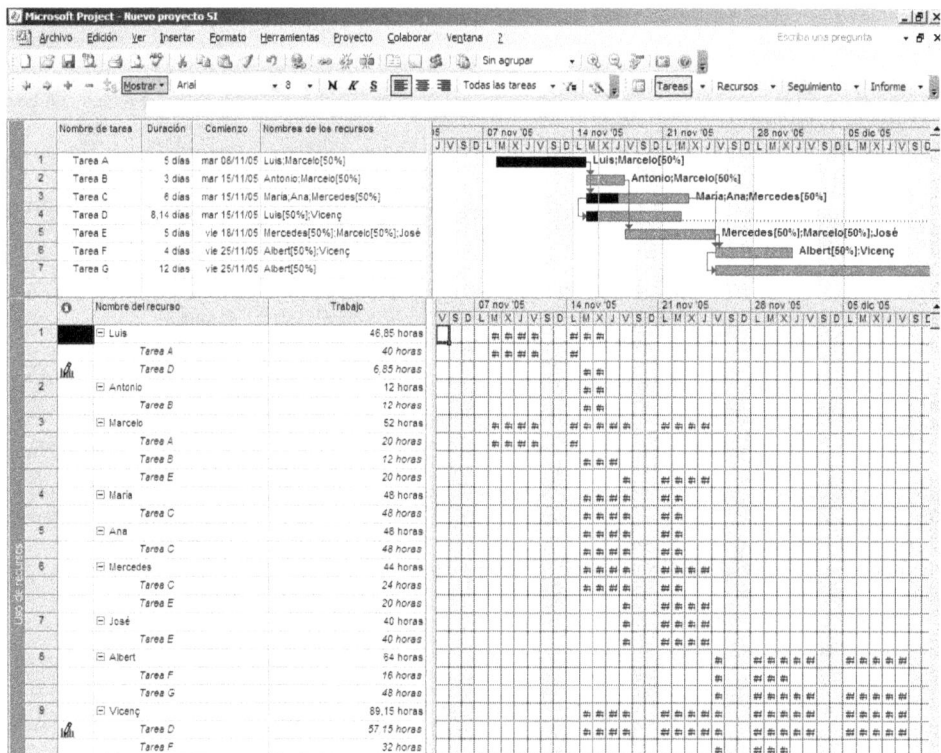

Figura 3.8 Ejemplo de grafico Gantt con recursos

En la actualidad se utilizan gráficos Gannt para representar el calendario de las tareas y el calendario de recursos, y más particularmente el de personas. En la figura 3.8, hay un ejemplo. En la parte superior aparece el típico gráfico Gannt, mientras que en la parte inferior están representados todas las personas involucradas en el desarrollo del proyecto y el número de días u horas (en función de la escala temporal) que cada persona debe de trabajar en el proyecto. Por último, en la última línea queda reflejado el número total de días-persona que se dedica en cada período de tiempo.

3.2.6. Diseñar criterios de evaluación

Antes de iniciar las etapas de análisis, diseño e implementación de un sistema de información, el equipo de planificación del proyecto debe establecer los criterios de evaluación del proyecto. Esta actividad suele descuidarse en la mayoría de ocasiones, pero es de gran importancia. Es en este momento cuando los responsables del proyecto deben pensar cómo se evaluará el éxito del proyecto. En caso de no definir los criterios anteriores al inicio del proyecto, no se podrá evaluar de forma objetiva si se han alcanzado los objetivos previstos desde su inicio.

Los criterios de evaluación pueden clasificarse en cuatro grupos: costes, calendario, calidad y operatividad. Para cada uno de estos grupos, el equipo de planificación del proyecto debe decidir cómo evaluarlos y, consecuentemente, qué rango de valores son aceptables para considerar que el proyecto ha tenido éxito. En el caso de los costes y del calendario, el equipo de planificación del proyecto tiene que decidir el presupuesto máximo del proyecto y el tiempo máximo para el desarrollo del proyecto respectivamente.

En el caso de la calidad y de la operatividad, además de indicar los valores mínimos de estos dos parámetros, también se tendrá que llegar a un consenso en cómo van a ser valorados. Decidir la forma de evaluar un proyecto durante la planificación es de gran importancia, ya que siempre es posible al finalizar un proyecto encontrar una manera de evaluarlo de forma que proporcione una valoración positiva, pero sin alcanzar los objetivos reales del proyecto.

Los criterios resultantes de esta actividad no deben ser alterados durante el resto del proyecto.

3.2.7. Estudio de la viabilidad del proyecto

Un proyecto para el desarrollo de un sistema de información es una gran inversión de tiempo, dinero y personas, por lo que es necesario estudiar su viabilidad a lo largo de todo el proyecto.

La viabilidad de un proyecto de este tipo es la medida del beneficio obtenido en una organización a través del desarrollo de un sistema de información. No existe una única forma de realizar un análisis de viabilidad, sino que cada autor y organización tiene sus propios métodos. No obstante, es posible clasificar los diversos factores que afectan a la viabilidad de un proyecto en seis categorías:

- Viabilidad económica
- Viabilidad operacional
- Viabilidad técnica
- Viabilidad de fechas
- Viabilidad legal y contractual
- Viabilidad política

Tal y como se ha comentado, el análisis de viabilidad debe llevarse a cabo a lo largo de todo el ciclo de vida del desarrollo del sistema. Según Whitten et al., el análisis de viabilidad debe aplicarse en las fases de planificación del proyecto, de análisis del problema, de análisis de decisión y de diseño físico e integración. Además, autores como Andreu, Ricart y Valor (1996) también proponen estudiar la viabilidad una vez finalizado el proyecto. De esta forma, se pueden extraer conclusiones y un aprendizaje para futuros proyectos de desarrollo de sistemas.

El análisis de viabilidad en cada una de las fases propuestas no tiene que contener las seis categorías. La viabilidad técnica sólo se realiza a partir de aquellas fases en donde la tecnología es considerada (en este caso sería a partir de la fase de diseño físico). Por el contrario, la viabilidad económica debe realizar en todos los análisis de viabilidad que se efectúen. Otro ejemplo es la viabilidad política que sólo suele estudiarse en las primeras fases del desarrollo del sistema.

Conforme el análisis de viabilidad se realice de forma más próxima a la finalización del proyecto, los resultados obtenidos se asemejarán más a la realidad. En un principio (en las fases de planificación), el análisis de viabilidad proporciona información muy poco fiable, ya que todos los cálculos y estudios se realicen de forma especulativa. En estos análisis, los beneficios que puede aportar el nuevo sistema son calculados de forma bastante precisa (ya que se sabe qué se quiere solventar), sin embargo los costes totales suelen estar infravalorados (ya que todavía no se conoce cómo se va a solventar el problema). Por el contrario, cuando el proyecto de desarrollo del sistema está cerca de su fin o cuando el proyecto ya ha sido finalizado, el coste total del proyecto es calculado con mucha precisión.

Aunque el análisis de viabilidad en las primeras fases del desarrollo de un sistema no sea muy exacto, proporciona la suficiente información como para poder decidir si está justificado estudiar el desarrollo de este sistema para el problema que se quiere solucionar o la oportunidad que se quiere aprovechar.

En función del lugar en donde se efectúa el análisis de viabilidad, las posibles conclusiones o resultados pueden variar. De forma generalista, después de un análisis de viabilidad el responsable puede optar por estas tres opciones:

- Continuar el proyecto sin modificar su planificación
- Modificar el ámbito, el presupuesto y/o el calendario del proyecto
- Cancelar el proyecto

El análisis de viabilidad también permite seleccionar entre diversas opciones en el desarrollo del sistema. Por ejemplo, en la fase de diseño físico, el análisis de viabilidad permite comparar diversas opciones tecnológicas y seleccionar una entre todas ellas.

3.3. Análisis de viabilidad

En este punto, se estudian los distintos factores que afectan al análisis de viabilidad en función de las siguientes seis categorías: viabilidad económica, viabilidad operacional, viabilidad técnica, viabilidad de fechas, viabilidad legal y contractual, y viabilidad política.

3.3.1.   Viabilidad económica

El análisis o estudio de la viabilidad se asocia únicamente a la viabilidad económica en muchas organizaciones, sin embargo sólo es un parte de ella. El objetivo de la viabilidad económica es identificar los beneficios y costes financieros asociados con el desarrollo del proyecto. Para ello, suele realizar un análisis de costes y beneficios.

Determinar los costes de un proyecto de sistemas

Los costes en un proyecto de sistemas de información se pueden clasificar en costes tangibles y costes intangibles. Los costes tangibles hacen referencia a todos aquellos que son fácilmente medibles en unidades monetarias, como son los sueldos de los trabajadores, el *hardware* comprado o alquilado y el coste eléctrico. Por otra parte, los costes intangibles son aquellos que no pueden medirse a través de unidades monetarias, como es la pérdida de confianza de un cliente y la moral de los trabajadores.

Otra forma de clasificar los costes de un proyecto de sistemas es separándolos en función de si hacen referencia al desarrollo y puesta en marcha del sistema de información o de si están asociados al funcionamiento diario del sistema.

Los costes asociados al inicio, desarrollo y puesta en marcha del sistema (o costes de desarrollo) están formados principalmente por el propio desarrollo del sistema, la compra de nuevo *hardware* y *software*, la formación de los usuarios y de los técnicos, la preparación del cambio y la conversión de sistemas y datos.

Los costes asociados al funcionamiento diario del sistema (costes de operación) están formados principalmente por el mantenimiento del *software* de las aplicaciones informáticas, la ampliación de las bases de datos, el incremento de las comunicaciones y el suministro de consumibles como el papel, los formularios, la tinta, etc.

Los costes de operación se pueden clasificar en costes fijos y costes variables. Los costes fijos son aquellos que se producen de forma independiente a la cantidad de producción o servicios realizados por la organización. Algunos ejemplos de costes fijos son los salarios de los trabajadores o el pago por las licencias de los ordenadores. Tanto si se utiliza mucho el sistema de información como si se utiliza poco, estos gastos serán los mismos.

Por el contrario, los costes variables son aquellos que dependen de ciertos factores de utilización como son los suministros y los costes de electricidad. En caso de infrautilizar el sistema de información, la organización tendrá que gastar menos en papel, formularios y cartuchos de tinta, mientras que si la organización utiliza de forma intensiva el sistema de información, los gastos por consumibles aumentarán rápidamente.

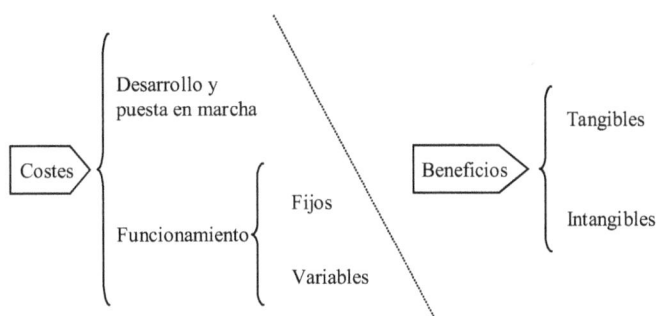

Figura 3.9 Clasificación de costes y beneficios

Determinar los beneficios de un proyecto de sistemas

Tal y como ocurría con los costes, los beneficios pueden clasificarse en tangibles e intangibles. Los beneficios tangibles son aquellos fácilmente cuantificables y medibles en unidades monetarias. Este tipo de beneficios pueden reflejarse en algunas de las siguientes acciones: reducción o eliminación de costes, disminución de errores, incremento de la flexibilidad, aumento en la velocidad de alguna actividad, mejora en el sistema de planificación y control, abrir nuevos mercados y aumentar las oportunidades de ventas.

Los beneficios intangibles son aquellos asociados a una mejora, pero que son de muy difícil cuantificación, si no imposible. Los beneficios intangibles pueden incluir un incremento en la flexibilidad organizativa, un aumento en la moral de los trabajadores, una mejora en el aprendizaje organizativo, poder recuperar información de forma más rápida, etc.

Autores como Whitten et al. y Senn formulan que todos los costes, así como todos los beneficios, pueden cuantificarse. La diferencia entre beneficios y costes tangibles e intangibles es que los primeros se calculan de forma muy sencilla, mientras que el resto son más difíciles de calcular.

El valor del dinero en el tiempo

Existen varias técnicas para efectuar un análisis de costes y beneficios, y la mayoría utilizan el concepto del valor del dinero en el tiempo. Un euro hoy vale más que un euro mañana, debido a que hoy una persona puede invertir el euro y mañana tendrá el euro más los intereses correspondientes a un día. De forma análoga podemos trasladar el ejemplo a una cantidad de dinero mayor y a un período de tiempo más grande.

El análisis de costes y beneficios suele afectar a diversos años consecutivos, por lo que es una buena idea traducir todos los costes y beneficios de los años posteriores a los costes y beneficios a euros actuales. Al fin y al cabo, el desarrollo de un sistema de información suele considerarse como una inversión económica.

Para calcular el valor actual de una cantidad de dinero se utiliza la siguiente fórmula:

$$PV_n = PF \frac{1}{(1+i)^n}$$

en donde:

PV_n es el valor actual de una cantidad de dinero (PF) en n años si el tipo de interés es i.

Por ejemplo, si sabemos que dentro de tres años son necesarios 10.000 €, el lector puede preguntarse qué cantidad de dinero necesitará ahora (su valor actual) si el tipo de interés es del 10%.

$$PV_3 = 10.000 \frac{1}{(1+0'1)^3} = 7.513'15$$

Por lo tanto, si el lector quiere tener 10.000 € dentro de tres años, es necesario que en la actualidad disponga de 7.513'15 €. En otras palabras, si hoy se invierten 7.513'15 €, el lector recuperará 10.000 € dentro de tres años. De lo que se deduce que es preferible tener un euro ahora que un euro mañana.

A continuación se exponen dos técnicas para evaluar la viabilidad económica (análisis costes y beneficios) de un proyecto de desarrollo de sistemas de información:

- Análisis de amortización
- Rentabilidad de las inversiones

Análisis de amortización

El análisis de amortización es una técnica muy popular y bastante sencilla de utilizar que permite averiguar si un proyecto es capaz de cubrir los costes mediante sus beneficios y cuándo lo conseguirá. El tiempo desde el inicio del proyecto hasta que los costes y los beneficios se igualen se llama *período de amortización*.

Tabla 3.2 Análisis de amortización de un proyecto

Proyecto ABC Análisis de amortización					
	Año 0	Año 1	Año 2	Año 3	Año 4
Beneficio económico neto	0,00 €	35.000,00 €	40.000,00 €	45.000,00 €	45.000,00 €
Tasa de descuento	1,0000	0,8772	0,7695	0,6750	0,5921
Valor actual de beneficios	0,00 €	30.702,00 €	30.780,00 €	30.375,00 €	26.644,50 €
Beneficio total acumulado	0,00 €	30.702,00 €	61.482,00 €	91.857,00 €	118.501,50 €
Costes de desarrollo	75.000,00 €				
Costes de operación	0,00 €	10.000,00 €	10.000,00 €	15.000,00 €	15.000,00 €
Tasa de descuento	1,0000	0,8772	0,7695	0,6750	0,5921
Valor actual de costes	75.000,00 €	8.772,00 €	7.695,00 €	10.125,00 €	8.881,50 €
Coste total acumulado	75.000,00 €	83.772,00 €	91.467,00 €	101.592,00 €	110.473,50 €
(Beneficios - Costes) totales	-75.000,00 €	-53.070,00 €	-29.985,00 €	-9.735,00 €	8.028,00 €

Para utilizar el análisis de amortización son necesarios tres datos: los costes y los beneficios anuales, y la tasa de descuento para ajustar los costes y los beneficios al valor actual del dinero. La tasa de descuento es un valor similar a la tasa de intereses de los bancos y refleja el coste de oportunidad de invertir en otro proyecto u inversión (es posible que salga económica rentable invertir en bonos o acciones que desarrollar un nuevo sistema de información). Este valor puede estar definido por el resto de proyectos e inversiones que tiene la empresa, o por un nivel mínimo de rentabilidad que determina la organización.

La tabla 3.2 muestra un ejemplo de análisis de amortización en donde la tasa de descuento que se ha escogido es del 14%.

Según los resultados del análisis de amortización, los costes totales superan a los beneficios totales durante los primeros tres años. Sin embargo, a partir del cuarto año la inversión en el proyecto de sistemas de información empieza a ser rentable.

La figura 3.10 muestra cómo evolucionan los costes totales acumulados y los beneficios totales acumulados. Entre el tercer y cuarto año los beneficios totales del proyecto alcanzan a los costes totales, por lo que el período de amortización estará entre estas dos fechas.

Mediante extrapolación se encuentra que el período de amortización es de 4'5 años, tal como refleja la figura 3.10.

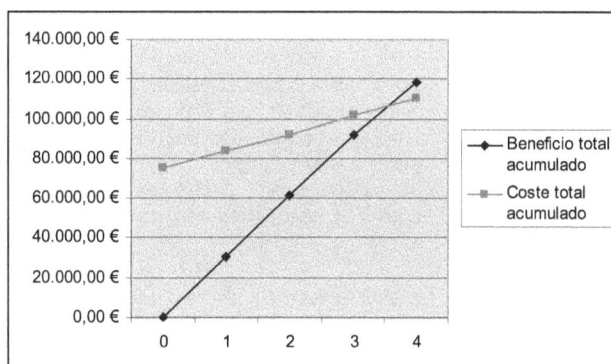

Figura 3.10 Período de amortización de un proyecto

La decisión sobre si la inversión en el desarrollo de un sistema de información es buena dependerá de lo que la organización decida sobre el mínimo período de amortización de un proyecto, y el incremento de los beneficios menos costes del proyecto a partir de ese año.

En caso de realizar todos los cálculos sin ajustar los beneficios y los costes al valor actual del dinero se habría obtenido un período de amortización de sólo 2'66 años. Un valor mucho más optimista que el obtenido ajustando valores. Por lo tanto, no ajustar las cantidades económicas puede contraer resultados demasiado optimista si se comparan con la realidad.

Análisis de rentabilidad de las inversiones (ROI)

La segunda técnica evalúa la relación entre todos los beneficios que obtiene una empresa en la inversión de un proyecto de sistemas de información y todos sus costes invertidos. Esta técnica sirve para comparar la rentabilidad, a lo largo de su tiempo de vida, de las diferentes alternativas de soluciones o de proyectos.

El ROI se calcula de la siguiente manera:

$$\text{ROI} = \frac{\text{Beneficios totales ajustados - Costes totales ajustados}}{\text{Costes totales ajustados}}$$

En caso del ejemplo anterior, el ciclo de vida del proyecto era de cuatro años, por lo que tendría una rentabilidad en su tiempo de vida del 7'27%, o una rentabilidad anual del 7'27 % / 4 años = 1'82 %.

$$ROI = \frac{118.501,50 \ € - 110.473,50 \ €}{110.473,50 \ €} = 0'0727$$

En caso de realizar todos los cálculos sin ajustar los beneficios y los costes al valor actual del dinero se habría obtenido una rentabilidad en su tiempo de vida del 32%. Un valor mucho más optimista que el obtenido ajustando valores.

3.3.2. Viabilidad operacional

La viabilidad operacional u operativa es el proceso de examinar la concordancia entre los resultados del proyecto y los objetivos marcados. Es decir, la viabilidad operacional estudia si las necesidades de los usuarios finales han sido satisfechas con el nuevo sistema de información.

La viabilidad operativa puede desglosarse en dos partes:

- El estudio sobre si merece la pena resolver un problema o si funcionará la solución propuesta
- La opinión de los usuarios sobre el problema y sobre la solución propuesta

Algunas preguntas que pueden proporcionar ayuda a la hora de estudiar la viabilidad operacional son las siguientes (George et al; 2004): ¿Existe apoyo suficiente para el proyecto por parte de la organización, tanto propietarios como usuarios? ¿Los métodos que actualmente se emplean en la empresa son aceptados por los usuarios? ¿El sistema propuesto puede causar perjuicios? ¿Alguno de los usuarios estará en peor situación que el resto? ¿Se perderá control en alguna parte de la organización? ¿Los clientes se verán afectados de forma desfavorable? ¿El sistema de información afectará al trabajo o a la producción de otras partes de la organización?

Tal y como se observa, responder a las preguntas anteriores no es sencillo de conseguir por lo que determinar la viabilidad operacional requiere de imaginación creativa por parte de los responsables del proyecto. Esto es debido a que los aspectos operativos son de difícil definición y evaluación. Sin embargo, algunos autores (Whiten et al; 2004) proponen seguir la estructura PIECES que plantea examinar diversos aspectos sobre las necesidades de los usuarios.

La estructura PIECES ofrece una lista de ítems a estudiar clasificados en relación con las prestaciones, con la información, con la economía, con el control, con la eficacia y con los servicios del sistema de información. La estructura PIECES se expone con mayor profundidad en el capítulo sobre análisis de sistemas de información.

3.3.3. Viabilidad técnica

La viabilidad técnica tiene como objetivo estudiar si la organización es capaz de construir el sistema de información propuesto. Por lo tanto, sólo se podrá realizar un estudio de viabilidad técnica cuando se tengan que resolver o evaluar cuestiones técnicas (fases de diseño e implementación).

Los aspectos técnicos que se evalúan en un estudio de viabilidad técnica se incluyen en las siguientes preguntas (Senn; 1992): ¿Existe o se puede adquirir la tecnología necesaria para realizar el proyecto propuesto? ¿El equipo propuesto tiene la capacidad técnica para soportar todos los datos requeridos para usar el nuevo sistema? ¿El sistema propuesto ofrecerá respuestas adecuadas a las peticiones sin importar el número y ubicación de los usuarios? ¿Podrá creer con facilidad el sistema de información en el futuro? ¿Existen garantías técnicas de exactitud, fiabilidad, facilidad de acceso y seguridad de los datos?

Según Applegate y McFarlan (1999), existen cuatro grandes factores de riesgos técnicos en el desarrollo de un sistema: el tamaño del proyecto, la estructura del proyecto, el grupo de desarrollo y el grupo de usuarios.

El tamaño del proyecto no está asociado únicamente al número de personas que participan en el desarrollo del sistema de información, sino también a la duración del proyecto y al número de departamentos u organizaciones que están interviniendo.

La estructura del proyecto queda reflejada por el tipo y la cantidad de cambios que se producen en la organización por el sistema de información, por si el sistema es nuevo o es una actualización, y por los propietarios del sistema.

La familiaridad de los desarrolladores con el entorno de desarrollo, el *hardware* propuesto y las áreas de la empresa en donde se está desarrollando el sistema son aspectos que reflejan el grupo de desarrollo.

Por último, los riesgos asociados al grupo de usuarios quedan reflejados en la familiaridad de los usuarios con el tipo de sistemas que se está implantando, el área de la empresa en donde se está trabajando y el proceso en el desarrollo de sistemas de información.

3.3.4. Viabilidad de fechas

La viabilidad de fechas tiene como objetivo estudiar si las previsiones iniciales en relación al calendario de las tareas a realizar se mantienen o han sufrido un retraso o un avance. En el caso de haberse producido un retraso o un avance, es necesario estudiar los motivos para no incurrir en nuevas variaciones durante el resto del proyecto. En estos casos, el responsable del proyecto debe actualizar el nuevo calendario del proyecto.

Exceptuando los proyectos que tienen una fecha final de entrega inalterable, es preferible entregar un sistema de información tarde pero que funcione y que cumpla todos los objetivos planteados al inicio del proyecto.

3.3.5. Viabilidad legal y contractual

La viabilidad legal y contractual consiste en estudiar cualquier ramificación legal y contractual debido a la construcción del sistema de información. Ejemplos típicos de aspectos a estudiar en la viabilidad legal y contractual son las marcas, los temas relacionados con capital intelectual, las regulaciones en distintos países, los reportes financieros y las obligaciones contractuales.

3.3.6. Viabilidad política

La viabilidad política evalúa cómo afecta el sistema de información a la estructura social y política de la organización. Los sistemas de información pueden afectar a la distribución de la información dentro de la organización, y por lo tanto de la distribución del poder. Este hecho puede provocar ramificaciones políticas porque ciertos centros de poder pueden verse afectados.

Los trabajadores o directivos que observen que el desarrollo de un nuevo sistema de información puede bloquear o perjudicar su situación actual o los objetivos que tenía previstos impondrán una actitud en contra del desarrollo del sistema.

3.3.7. Evaluar propuestas de sistemas de información a través de análisis de viabilidad

En algunos momentos durante el desarrollo de un sistema de información, se debe seleccionar entre diversas propuestas de sistemas de información. Existen una gran cantidad de técnicas para esta labor entre las que destaca la matriz de análisis de viabilidad.

La matriz de análisis de viabilidad es una matriz que contiene las distintas soluciones candidatas entre las que el analista de sistemas debe elegir en sus columnas. Por el contrario, las filas reflejan los distintos estudios de viabilidad de cada una de las soluciones candidatas.

Como los resultados de los estudios de viabilidad no tienen la misma importancia en la elección de una solución, se necesita ponderar la importancia de cada una de ellas. Esta decisión tiene que ser tomada por los propietarios y en menor medida por los usuarios del sistema, durante la planificación del sistema.

El ejemplo de la tabla 3.3 muestra una matriz de análisis de viabilidad en donde todos los estudios de viabilidad tienen pesos distintos.

Tabla 3.3 Estructura para un análisis de viabilidad

Criterios de viabilidad	Peso	Propuesta 1	Propuesta 2	...	Propuesta n
Económica		Comentarios sobre los resultados de la viabilidad económica		...	
	50%	Valoración: 80	Valoración: 90	...	Valoración: 70
Operacional		Comentarios sobre la viabilidad operacional		...	
	20%	Valoración: 50	Valoración: 40	...	Valoración: 30
Técnica		Comentarios sobre la viabilidad técnica		...	
	10%	Valoración: 90	Valoración: 60	...	Valoración: 90
De fechas		Comentarios sobre la viabilidad de fechas		...	
	5%	Valoración: 80	Valoración: 70	...	Valoración: 60
Legal y contractual		Comentarios sobre la viabilidad legal y contractual		...	
	10%	Valoración: 60	Valoración: 70	...	Valoración: 80
Política		Comentarios sobre la viabilidad política		...	
	5%	Valoración: 90	Valoración: 90	...	Valoración: 10
Resultados	100%	Valoración: 73'5	Valoración: 74	...	Valoración: 61'5

4. Análisis de sistemas de información

4.1. Introducción del análisis de sistemas de información

El diccionario de la Real Academia Española define análisis como "la distinción y separación de las partes de un todo hasta llegar a conocer sus principios o elementos", mientras que define diseño como "concepción original de un objeto destinado a la producción". El análisis y diseño son dos etapas que habitualmente aparecen unidas en la resolución de problemas.

El análisis de sistemas se centra en qué se tiene que hacer, mientras que el diseño de sistemas se centra en cómo se tiene que realizar. En otras palabras, el diseño de sistemas estudia cómo resolver las necesidades y los problemas que han aparecido durante la fase de análisis de sistemas.

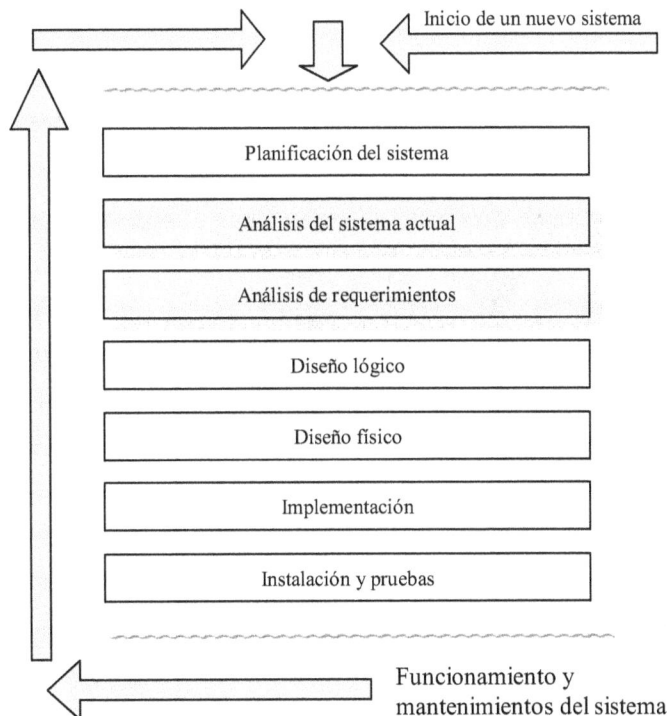

Figura 4.1 Fases en el análisis de sistemas

Durante el análisis de sistemas no se tratan aspectos tecnológicos, sino que se centra en aspectos de negocio, más concretamente en los problemas, las necesidades y los objetivos de los propietarios y de los usuarios de sistemas. Los diseñadores y los constructores no suelen participar a lo largo de esta etapa.

El análisis de sistemas incluye dos fases: el análisis del sistema actual y el análisis de requerimientos o necesidades. El desarrollo de un nuevo sistema de información está fuertemente ligado a los objetivos y a las necesidades del negocio, por lo que es necesario estudiar, en un primer punto, la empresa y posteriormente el sistema de información que existe en la actualidad.

De forma complementaria, el objetivo de la segunda fase es identificar las necesidades de los usuarios del sistema desde el punto de vista de negocio para que en fases posteriores se diseñe un sistema de información que se adecue a las necesidades reales del negocio y de los usuarios.

4.2. Análisis del sistema actual

La primera fase del análisis de sistemas de información es el análisis del sistema actual. Antes de comenzar a diseñar un nuevo sistema de información, el analista de sistemas debe conocer y comprender la situación actual de la organización y del sistema de información. De esta manera, el analista puede estudiar con mayor conocimiento de causa los problemas y las oportunidades que han surgido en la organización, y las auténticas necesidades que finalmente va a tener el negocio.

Para estudiar la situación actual, el analista de sistemas debe recopilar la suficiente información para comprender en profundidad el momento actual. Para empezar, el estudio de la organización como un sistema permite averiguar cuáles son los objetivos y las metas de la organización. También permite estudiar cómo se organiza y se estructura la organización y cómo interactúan sus partes para alcanzar los objetivos.

Posteriormente, se analiza el sistema de información actual. Este estudio aporta información de cómo se realiza el trabajo, así como de las necesidades básicas de información y comunicación de la organización. Después de conocer cómo funciona la organización y el sistema de información actual, el analista de sistemas debe estudiar qué problemas y oportunidades existen en la organización. En todos los casos es necesario estudiar la situación actual en profundidad para poder analizar los auténticos problemas de la organización y de su sistema de información, y no solamente aquellos problemas superficiales que suelen ser los identificados por los usuarios.

Por último, el analista debe especificar de forma inequívoca cuáles son los objetivos específicos del nuevo sistema de información según el funcionamiento actual de la organización, cómo se trabaja actualmente con el sistema de información y según los problemas y oportunidades que se han encontrado a lo largo de esta fase.

Figura 4.2 Actividades en el análisis del sistema actual

Para conseguir alcanzar todas estas metas, la fase de análisis del sistema actual está formada por cuatro actividades:

- Analizar la estructura y el funcionamiento de la organización
- Analizar el sistema de información actual
- Analizar los problemas y las oportunidades
- Establecer los objetivos del nuevo sistema de información

A continuación, se analiza cada una de las actividades que forman la fase de análisis del sistema actual.

4.2.1. Analizar la estructura y el funcionamiento de la organización

Para estudiar, analizar y diseñar de forma adecuada un sistema de información que pueda responder a las necesidades de un negocio, es obligatorio estudiar previamente cómo funciona la organización.

Según Kendall y Kendall (1997), el estudio de una organización con el fin de desarrollar un sistema de información se centra en tres aspectos: la cultura organizacional, el diseño organizativo y los niveles administrativos.

La cultura organizacional

Antes de iniciar una investigación sobre la estructura y el funcionamiento de una organización, el analista de sistemas debe conocer diversos aspectos sobre la cultura organizacional de la empresa.

La cultura organizacional en una empresa representa los valores, las aspiraciones, los principios fundamentales y las prioridades de una organización. En la mayoría de organizaciones la cultura organizacional queda reflejada y explicitada a través de la definición de la misión, de la visión, de las metas, y de los valores de la organización.

Una definición sencilla y escueta de la misión de una organización podría ser la siguiente: la razón de ser de la organización. Sin embargo, esta escueta definición puede comportar algunos problemas de matización, por lo que se propone la siguiente definición de misión de una organización: una declaración duradera de objetivos que distinguen a una organización de otras similares.

Algunos ejemplos de misión de organizaciones son:

- IKEA: "Ofrecer una amplia gama de productos para la decoración del hogar, funcionales, de buen diseño y a precios asequibles para la mayoría de las personas. Personas que quieren mejorar su hogar y crearse un mejor día a día. Nuestros productos no entrañan ningún riesgo para los clientes ni para el medio ambiente."
- Coca-Cola: "La empresa Coca-Cola existe para beneficiar y refrescar a toda persona que sea tocada por nuestro negocio."
- Microsoft: "Permitir a la gente y a los trabajadores de todo el mundo aprovechar todo su potencial."

La visión de una organización es vista como la imagen compartida de lo que las personas que forman una empresa quieren que llegue a ser, proporciona un propósito intencionado para su orientación futura (Karl Albrech, 1994). Por otra parte, Jay Conger (1994) define la visión de una organización como la imagen mental que representa un estado futuro deseable, ideal, o un sueño de gran alcance. A diferencia de la misión de la organización, en muchas ocasiones no se encuentra explicitada la visión de las empresas.

- IKEA: "En Ikea queremos mejorar el día a día de la mayoría de las personas, ofreciendo artículos de diseño y funcionales para el hogar a unos precios muy asequibles. Queremos seguir creciendo y realmente llegar a la mayoría de las personas de todo el mundo."

Según el pensamiento económico actual, el principal objetivo o meta de una organización es maximizar las ganancias de los accionistas o de los propietarios de la organización. Sin embargo, también existen metas secundarias que son las que acaban permitiendo alcanzar el objetivo principal.

Algunas metas secundarias pueden estar relacionadas con la participación de la empresa en el mercado, con la innovación, con la productividad, con los recursos físicos y financieros, con el desempeño y el desarrollo del gerente, con el desempeño y la actitud del trabajador, y con la responsabilidad social.

Los valores de una empresa muestran las pautas y las creencias a seguir en cualquier desempeño o acción que se produzca desde la organización. Algunos ejemplos son los siguientes:

- IKEA: "Algunos valores que hacen referencia a aspectos medioambientales, de la sociedad y de acción social de IKEA son los siguientes:"
  - o "Uso racional de los recursos"
  - o "Proveedores que cumplen normas medioambientales"
  - o "Gestión de la materia prima"
  - o "Apoyo del proyecto Global Forest Watch"
  - o "No utiliza mano de obra infantil ni mano de obra barata"
  - o "Exige a sus proveedores condiciones óptimas de trabajo en todos los países"
  - o "Colabora con Unicef y Save the children"

- CODETEL. "Los valores que propone CODETEL son superación continua, espíritu de equipo, respeto mutuo, vocación de servicio, integridad y responsabilidad."

Los niveles administrativos o jerárquicos de decisión

Las organizaciones se pueden dividir en tres niveles en función de las responsabilidades de sus trabajadores. Tal y como se ha expuesto en capítulos anteriores, las organizaciones tienen un nivel estratégico, un nivel medio y un nivel operativo.

El objetivo final de cada uno de estos grupos es el mismo: el objetivo final de la organización. Sin embargo, las metas y las responsabilidades en cada uno de los tres niveles son distintas.

El trabajo del nivel de operaciones es el más fácil de estudiar, ya que todas las decisiones usan reglas establecidas que ofrecen respuestas deterministas. Es por este motivo que el estudio de las necesidades de las personas situadas al nivel de operaciones es muy sencillo y rápido. En la mayoría de ocasiones los procesos de negocio del nivel de operaciones están muy estructurados y documentados por la misma organización, por lo que la recopilación de información a este nivel es muy fiable y rápida.

El nivel de administración media se caracteriza por tomar decisiones a corto plazo en relación a la planificación y al control de los recursos de la organización. A diferencia de las decisiones del nivel de operaciones, no siempre existen reglas preestablecidas para la toma de decisiones de este tipo, por lo que en ciertas situaciones se produce una gran incerteza en los resultados. Las decisiones del nivel administrativo medio suelen combinar los resultados de reglas preestablecidas con otras técnicas más aleatorias, como sucede en la predicción de recursos necesarios en el futuro.

El tercero hace referencia a las decisiones a nivel estratégico. Es decir, aquellas decisiones que afectan a la organización a medio y largo plazo y que proporcionan las pautas para las decisiones de los otros dos niveles. Las decisiones a nivel estratégico se caracterizan por ser muy poco estructuradas. A nivel operacional, dos personas que se encuentren en la misma situación tomarán la misma decisión. A nivel administrativo medio, dos personas que se encuentren en la misma situación suelen acabar tomando decisiones similares. Pero a nivel estratégico, dos personas que se encuentren en la misma situación pueden tomar decisiones opuestas, y considerarse que las dos son correctas.

Estudiar la organización en estos tres niveles es muy importante en el desarrollo de un sistema de información, ya que las necesidades de información, procesos y comunicación en cada uno de ellos son muy distintas. A nivel operacional, las necesidades de información suelen ser en su mayoría de naturaleza interna y muy repetitiva. Además, existe una gran dependencia de la información presente para el trabajo diario, por lo que suele ofrecerse a tiempo real.

A semejanza de los usuarios del nivel de operaciones, los administradores de nivel medio necesitan básicamente información interna de la organización. Sin embargo, las necesidades de los administradores de nivel medio se centran en información histórica para poder realizar previsiones a corto plazo. Normalmente, las decisiones de este nivel no suelen ser tan repetitivas como las del primero.

Por último, las necesidades de información a nivel estratégico difieren mucho de las de nivel operacional y de las de nivel medio. Los administradores de nivel estratégico necesitan básicamente grandes cantidades de información procedentes del entorno sobre las tendencias de los mercados, los movimientos de los competidores, etc. La información que solicitan los administradores de nivel estratégico se caracteriza por ser predictiva para poder crear escenarios.

El diseño organizativo

La visión de la organización como sistema permite estudiar su estructura a partir de subsistemas. Las organizaciones están formadas por unidades más pequeñas, como pueden ser departamentos, divisiones, secciones y plantas. Cada una de estas unidades tiene una meta distinta, sin embargo su objetivo final es el mismo que el de la organización.

Los departamentos, las divisiones o cualquier otra unidad creada por la segmentación de una organización utilizan distintas fuentes de información y generan diferentes subproductos. Sin embargo, cada una de estas unidades está interconectada con el resto, convirtiéndose en interdependientes. Por ejemplo, si el departamento de producción modifica el desarrollo de un producto, los departamentos de compras y de marketing se verán afectados, ya que tendrán que comprar materiales diferentes y vender un producto con características distintas respectivamente.

De lo extraído hasta el momento, se observa que el estudio de la organización a partir de una visión de sistemas permite no sólo analizar la estructura de la organización, sino también de su funcionamiento y de las relaciones o interacciones que se producen entre los subsistemas.

Hasta el momento se ha comentado que la organización como sistema puede descomponerse en subsistemas, los cuales pueden comunicarse o interactuar entre ellos. No obstante, no se ha especificado nada sobre la forma o estructura de los subsistemas. Sin duda, uno de los problemas de difícil solución es establecer las fronteras de los subsistemas. En ocasiones es difícil de averiguar si parte de un sistema pertenece a un subsistema u otro. Así mismo, la frontera entre el sistema global y su entorno también es importante de estudiar.

Tomando la organización como un sistema abierto formado por varios subsistemas, se pueden utilizar diversas metodologías para estudiar la estructura y el funcionamiento interno de la organización, y las relaciones existentes entre la organización y el entorno.

La cadena de valor es una herramienta práctica que permite analizar la estructura interna de las organizaciones para determinar y evaluar el conjunto de factores que forman las fortalezas y debilidades de una empresa. En función de los resultados obtenidos, el sistema de información tendrá que centrarse en aquellos aspectos o factores que proporcionan fortalezas a la organización.

La cadena de valor consiste en la disgregación de la empresa en las actividades básicas que hace falta llevar a cabo para poder vender un producto o servicio. El objetivo de aplicar la cadena de valor en una organización es averiguar qué actividades son aquellas que aportan mayor valor añadido al producto o al servicio que se está ofreciendo al cliente.

La cadena de valor se puede representar a través de dos modelos diferentes. La primera es la propuesta McKinsey & Company, y la segunda es la expuesta por Michael Porter. La diferencia entre ambas es que la cadena de valor de Porter (1987) propone una clasificación de actividades más elaborada que la propuesta por McKinsey & Company.

La cadena de valor de una empresa puede ser complementada por la cadena de valor de las empresas con las que tiene relaciones contractuales, formando lo que Porter denomina el sistema de valor. El sistema de valor de una empresa representa su cadena de valor y la cadena de valor de sus proveedores y clientes. Además, el sistema de valor muestra las relaciones existentes entre las actividades básicas de las distintas cadenas de valor que se representan.

A través del estudio de la cadena de valor y del sistema de valor de Porter, los directivos deben ser capaces de identificar las fuentes de una ventaja competitiva para la empresa y qué actividades o partes de la empresa son las que contribuyen de forma más significativa a conseguirla. Las fuentes de ventaja competitiva se pueden encontrar en las actividades básicas, en las relaciones entre las actividades básicas de una cadena de valor o en las relaciones entre actividades básicas de un sistema de valor.

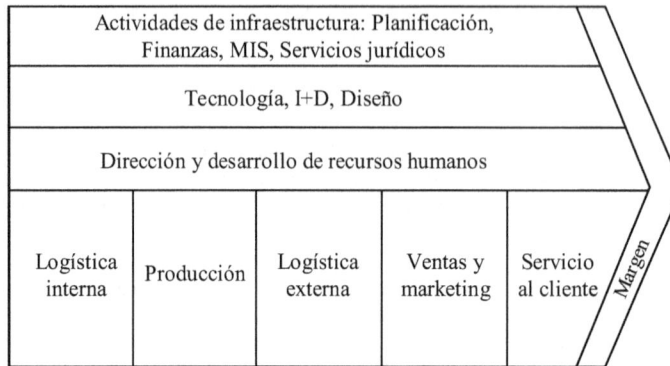

Figura 4.3 Cadena de valor de Porter

Las actividades básicas según el modelo de cadena de valor de Porter se clasifican en dos grupos:

- Actividades primarias, que se caracterizan por formar parte de proceso productivo básico de la empresa desde el punto de vista físico, así como de la venta y atención al cliente postventa.
- Actividades de soporte o secundarias, que se caracterizan por dar soporte a las actividades primarias, y porque permiten el funcionamiento normal de la empresa.

Para estudiar las relaciones entre el entorno y la organización, también existen diversas metodologías entre las que destacan las cinco fuerzas de Porter. Esta metodología permite investigar la competencia y la rentabilidad a través de cinco variables estructurales, permitiendo identificar oportunidades y amenazas que se encuentran en un sector.

Uno de lo motivos para el inicio de un proyecto para el desarrollo de un sistema de información es aprovechar las oportunidades que aparecen en un mercado (ver siguiente apartado). Un análisis basado en las cinco fuerzas de Porter permite identificar las oportunidades que ofrece el mercado, así como aquellos elementos que tienen que tenerse en cuenta para beneficiarse de la oportunidad. De esta forma, el sistema de información se adecuará mejor a las oportunidades que ofrece el mercado.

Las cinco fuerzas de Porter son:

- Los competidores existentes
- Los competidores potenciales
- Los productos sustitutivos
- El poder de negociación de los proveedores
- El poder de negociación de los clientes

Las oportunidades en un mercado o sector dependen de varias variables relacionadas con los competidores existentes en la actualidad. Algunas de estas variables son: concentración de competidores, diversidad de competidores, diferenciación del producto, exceso de capacidad, barreras de salida y condiciones de los costes.

Los competidores potenciales hacen referencia a la posibilidad de que empresas que actualmente no pertenecen al sector entren a competir debido al tipo de recursos que son necesarios para entrar al sector. Algunas variables para evaluar esta fuerza son: economías de escala, ventajas en coste, necesidad de capital, diferenciación de producto, acceso a canal distribución, barreras administrativas o legales y posibles represalias

Los productos sustitutivos son aquellos que satisfacen las mismas necesidades de un cliente mediante un producto diferente. Por ejemplo, el bolígrafo se ha convertido en un producto sustitutivo de la pluma de escribir. Algunas variables para estudiar los productos sustitutivos son: propensión de los compradores a la sustitución, y relación precio/prestación de los sustitutos.

El poder de negociación de los proveedores y de los clientes hace referencia a la capacidad de unos y de otros a forzar una negociación con la empresa para conseguir mejores condiciones. Cuando existen pocos clientes, el poder de negociación de la empresa es baja, ya que sino puede perder a los pocos clientes potenciales que existen. En cambio, si la cantidad de clientes es muy grande, la empresa puede negociar con más poder, ya que siempre puede ir a buscar nuevos clientes. De forma análoga se puede explicar el poder de negociación de los proveedores.

Algunas características que conviene estudiar para averiguar el grado de poder de los clientes y proveedores son: coste del producto versus coste total, diferenciación del producto, competencia entre compradores o suministradores, tamaño y concentración de los compradores en relación a los consumidores, tamaño y concentración de los suministradores en relación a los proveedores, costes de sustitución de los compradores o suministradores, información de los compradores o suministradores, posibilidad de integración hacia atrás o hacia delante.

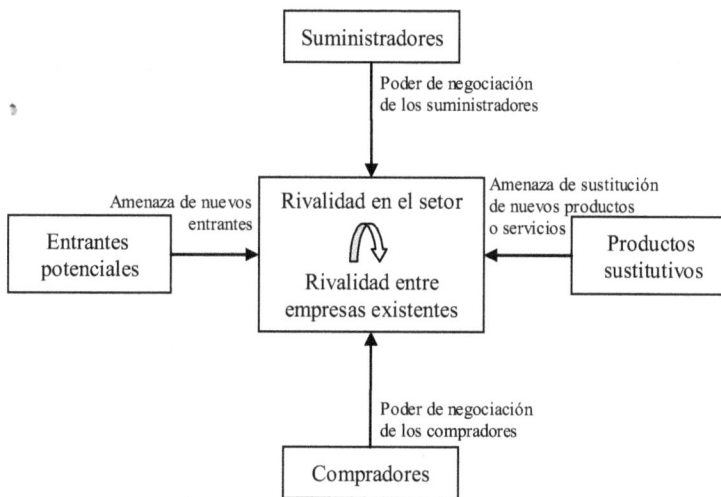

Figura 4.4 Cinco fuerzas de Porter

Resultado final

Una vez finalizada esta fase, el analista de sistema debe conocer y comprender los objetivos de la organización, la estructura de la organización desde distintos puntos de vista (trabajadores, directivos, clientes, etc.) y el funcionamiento de la misma, de forma que sea capaz de diseñar un sistema de información que se adapte a la organización y no al revés.

4.2.2. Analizar el sistema de información actual

La siguiente actividad intenta estudiar y analizar el sistema de información que se está utilizando en la actualidad con el objetivo de averiguar cómo se trabaja a través del sistema, y de este modo poder detectar problemas y anomalías.

Analizar el actual sistema de información es una actividad que en muy pocas situaciones se puede omitir. En la mayoría de ocasiones se debe conocer en un cierto grado el actual sistema de información. En función del tipo de proyecto (no es lo mismo desarrollar un sistema de información totalmente nuevo que añadir funciones al actual sistema de información), será necesario analizar el actual sistema de información con mayor o menor detalle. En algunas ocasiones es suficiente la simple comprensión del actual sistema, mientras que en otras ocasiones es necesario llegar hasta el último detalle y especificación del sistema.

Incluso cuando no existe un sistema de información, es necesario completar el análisis del sistema de información actual. Tal y como se comenta en el primer capítulo, no sólo existen sistemas de información basados en tecnologías de la información. También es de gran importancia estudiar aquellos procesos manuales que se verán afectados por el desarrollo del proyecto, así como toda la información que se almacena de forma manual en la actualidad.

Existen muchas formas de representar un sistema de información: lenguaje estándar, pseudocódigo, lenguaje estructurado en inglés o español, etc. Sin embargo, la forma más común para representar un sistema de información es el modelado (o modelización).

Modelización de sistemas

La modelización es la acción de realizar una o más representaciones gráficas de cualquier sistema. En otras palabras, la modelización es la representación de modelos. Un modelo es una representación estructurada de un sistema o de algún elemento constituyente del mismo. Los modelos suelen estar compuestos de tres partes bien diferenciadas: un componente gráfico (DER, DFD, OO), un componente de definición (diccionario de datos) y un componente de especificación detallada (mini-especificaciones).

El componente gráfico es la parte más importante de los modelos, y puede representar cualquier "cosa" de un sistema. Existen varias formas de clasificar los modelos (y sus representaciones gráficas), pero la más utilizada es aquella que distingue los modelos que simbolizan aspectos estructurales de un sistema de aquellos modelos que exponen aspectos comportamentales.

Algunos ejemplos de representación gráfica de sistemas son los diagramas de flujo de datos (o DFD), los diagramas de datos de entidad-relación (o DER), los diagramas de clase-objetos y los diagramas de estados.

El segundo elemento de un modelo es el componente de definición, que habitualmente queda reflejado en el diccionario de datos. El diccionario de datos es la recopilación de los nombres y de las descripciones de todos los elementos utilizados en el componente gráfico (o en el diagrama) del modelo. De esta forma se puede eliminar redundancias y homogeneizar todos los modelos de un proyecto.

Además, el diccionario de datos permite validar y confirmar que el componente gráfico es completo y preciso, y proporciona un punto de partida para el diseño de entradas y salidas del nuevo sistema. También permite determinar de forma precisa qué datos es necesario almacenar en el sistema durante el desarrollo de otros modelos.

Los elementos definidos en un diccionario de datos son los flujos de datos, los almacenes de datos, los procesos, los terminadores, los registros y los elementos (que forman parte de los flujos de datos y de los almacenes), las entidades de datos, las relaciones y las asociaciones, y los atributos

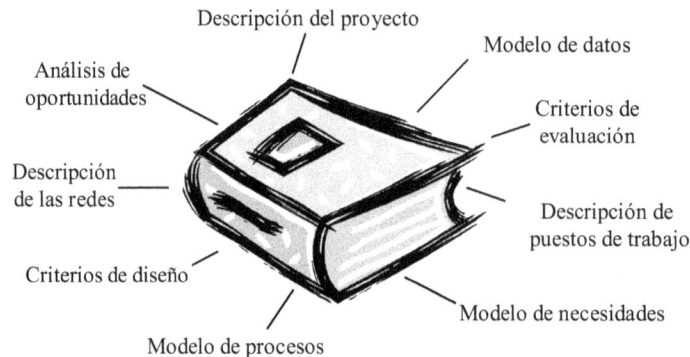

Figura 4.5 Diccionario de proyectos

En la actualidad, los diccionarios de datos automatizados vinculan los elementos de un diagrama con sus descripciones en el diccionario de datos, de manera que si se modifica la información del componente gráfico, queda modificado de forma automática en el componente de definición.

Por último está el componente especificación, que hace una descripción detallada de aquellos elementos (procesos o datos) de más bajo nivel y que no pueden descomponerse en otros. En algunas ocasiones se considera que el componente especificación está incluido en el componente de definición, dejando el modelo formado por sólo dos componentes: el gráfico y el de definición.

La recopilación de los diagramas, de los nombres, de las descripciones, de las especificaciones, de las aplicaciones y de todos los subproductos del desarrollo de un sistema se almacenan en el diccionario de proyectos. El diccionario de proyectos puede ser un archivo informático, un archivador manual o una carpeta en donde esté todo lo relacionado con el desarrollo del sistema de información. El diccionario de proyectos debe ayudar al analista de sistemas a hacer un seguimiento del desarrollo del sistema de información.

Modelo físico y lógico del sistema actual

Los modelos necesarios para representar el sistema de información de una organización pueden agruparse en lógicos y físicos. El modelo físico del actual sistema de información muestra cómo están implementados las funciones, los procesos y el almacenaje de datos en la actualidad, ya sea de forma automática o manual, mientras que un modelo lógico del actual sistema de información representa las funciones esenciales y los datos esenciales de negocio del sistema y elimina los aspectos físicos, y por tanto tecnológicos, o no esenciales del mismo

El siguiente paso, tras conseguir el modelo físico del actual sistema de información es encontrar el modelo lógico del sistema. Para conseguirlo es necesario eliminar todas las características físicas del modelo físico de más bajo nivel, además de agrupar los procesos físicos en procesos lógicos.

Para conseguir un modelo lógico es necesario que el analista de sistemas sea capaz de diferenciar los elementos esenciales para el negocio de aquellos aspectos relacionados con la tecnología. Los procesos esenciales son aquellos que caracterizan la operativa del negocio, mientras que los datos esenciales son el conjunto de datos necesarios para dar soporte a las actividades o procesos esenciales.

En general, los procesos o los datos no esenciales atienden a:

- Procedimientos o normas establecidas por la organización
- Políticas de empresa
- Deficiencias del trabajo
- Elementos redundantes
- Limitaciones geográficas
- Tecnología utilizada

El objetivo del modelo lógico del sistema actual es identificar los procesos y los datos esenciales, de manera que el resto de procesos y datos queden eliminados. Por lo tanto, el modelo físico del sistema actual estará formado por los elementos del modelo lógico del actual sistema más procesos y datos no esenciales pero necesarios para la implementación del sistema.

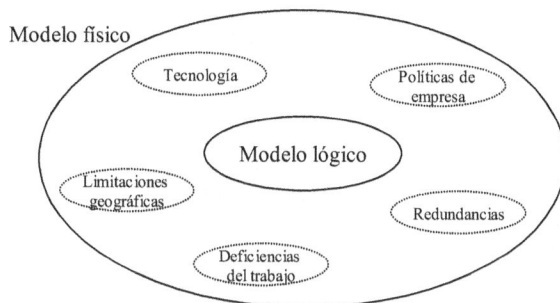

Figura 4.6 Relación entre modelo lógico y modelo físico

Modelo de datos y de procesos

De forma indirecta, se ha introducido qué dos elementos son esenciales para representar o modelar un sistema de información: los datos y los procesos o funciones que interactúan con los usuarios. Por lo tanto, el analista de sistemas deberá desarrollar modelos de datos y modelos de procesos.

El modelo de datos se utiliza para estructurar y documentar los datos esenciales de negocio y las relaciones entre ellos (en el modelo lógico), y para estructurar y documentar todos los datos necesarios para poder implementar el modelo lógica a través de tecnología (modelo físico).

El modelo de procesos trata de representar los aspectos relacionados con el comportamiento de la organización y del sistema. Es decir, los procesos de empresa desde el punto de vista de los propietarios y de los usuarios de sistemas en el modelo lógico, y los procesos tecnológicos desde los puntos de vista de los diseñadores y constructores de sistemas en el modelo físico.

Tabla 4.1 Relación entre modelos lógicos y físicos con modelos de datos y procesos

	Modelo lógico	**Modelo físico**
Modelo de datos	Representación de la estructura y las relaciones de los datos esenciales del negocio	Representación de la estructura y las relaciones de los datos para la implementación del modelo lógico de datos
Modelo de procesos	Representación de los procesos y los flujos de datos esenciales para el funcionamiento del negocio	Representación de los procesos y los flujos de datos necesarios para implementar el modelo lógico de procesos

Los modelos de datos y los modelos de procesos se desarrollarán con más detalle en capítulos posteriores.

En la actualidad, muchos analistas proponen que el análisis de la situación actual del sistema de información no debe llevar mucho tiempo. Se propone que sólo es necesario representar de forma esquemática el funcionamiento lógico de la situación actual sin llegar al detalle, ya que si no se puede perder mucho tiempo y los beneficios en relación al coste de su realización serían muy bajos.

4.2.3.   Analizar los problemas, las oportunidades y las normas

Después de analizar la organización y su actual sistema de información, el analista de sistemas está preparado para analizar los problemas, las oportunidades o las normas que impulsaron el desarrollo del nuevo sistema de información. En este punto es cuando el analista de sistemas debe comprobar si el problema o la oportunidad que justificaron el proyecto son lo suficientemente importantes para continuar con el desarrollo del sistema de información.

En la mayoría de ocasiones los problemas que generan solicitudes para el desarrollo de sistemas de información sólo son superficiales, por lo que el analista de sistemas debe averiguar cuál es el auténtico problema. Es por este motivo, que en las actividades anteriores de esta fase, el analista de sistemas ha tenido que investigar la estructura y el funcionamiento de la organización, y el sistema de información que se está utilizando en la actualidad (Para poder resolver un problema, primero es necesario conocerlo).

Algunos signos específicos (Kendall y Kendall, 1997) de que existen problemas son la aparición de demasiados errores, los trabajos que se terminan lentamente, los trabajos que se hacen de forma incorrecta, el trabajo que se hace de forma incompleta, un alto ausentismo, una alta insatisfacción en el trabajo, una alta rotación del personal, las quejas, las sugerencias de mejora y la pérdida de ventas.

Existen varias formas de analizar los problemas de una organización. James Wetherbe (1988) propone un marco para analizarlos. La estructura presentada por Wetherbe se denomina PIECES, por la clasificación de problema y oportunidades que propone:

- Necesidad de mejorar las Prestaciones
- Necesidad de mejorar la Información (o los datos)
- Necesidad de mejorar el control Económico y de costes
- Necesidad de mejorar el Control y la seguridad
- Necesidad de mejorar la Eficacia de las personas y las máquinas
- Necesidad de mejorar el Servicio a los clientes, los colaboradores, los empleados, etc.

Los problemas y las oportunidades pueden estar relacionados con más de una categoría al mismo tiempo, por lo que la clasificación PIECES se convierte en una herramienta realista y bastante potente para estudiar los problemas y las oportunidades. La estructura PIECES permite evaluar los hechos que han iniciado el proyecto de sistemas de información en función de sus impactos sobre la organización. La figura 4.7 muestra una subclasificación de posibles problemas y oportunidades que suelen aparecer en las organizaciones.

Las oportunidades son situaciones que el analista de sistemas considera que pueden ser mejoradas a través del sistema de información. Gracias al uso de nuevas tecnologías, es posible que el negocio gane una ventaja competitiva o que ponga un estándar en el mercado.

Tal y como ocurre con los problemas, existen muchas posibilidades de mejora (Kendall y Kendall, 1997), como la aceleración de un proceso, la agilización de un proceso mediante la eliminación de pasos innecesarios, la combinación de procesos, la reducción de errores en la entada, la reducción de salidas redundantes, la mejora en la integración de sistemas y subsistemas, la mejora en la satisfacción del trabajador con el sistema, y la mejora en la facilidad de interacción entre los clientes, los proveedores y los vendedores y el sistema.

Según Whitten et al. (2004), una vez identificados los auténticos problemas y oportunidades, es conveniente clasificarlos en función de la urgencia, la visibilidad, los beneficios, la prioridad y las posibles soluciones.

La clasificación en función de urgencia deberá permitir al analista de sistemas priorizar los problemas y las oportunidades en base al intervalo de tiempo en que debería resolverse. En las organizaciones, los recursos disponibles son limitados por lo que seguramente será imposible resolver todos los problemas y aprovechar todas las oportunidades al mismo tiempo.

La visibilidad hace referencia a cómo son percibidos los problemas y las oportunidades por parte de los propietarios del sistema. A igual que en el caso anterior, es posible priorizar los problemas y las oportunidades en función de la visibilidad por parte de los propietarios.

El tercer criterio de clasificación son los beneficios que aportará solucionar el problema o aprovechar la oportunidad. Este criterio puede quedar representado por el incremento de beneficios o por la disminución de costes en función de la situación que se esté estudiando.

La prioridad es el siguiente criterio. Basándose en los anteriores criterios, el analista de sistemas debe ser capaz de priorizar los problemas y las oportunidades. Además de priorizar los posibles problemas y oportunidades, también es necesario diferenciar entre los problemas que son necesarios de solucionar de forma inmediata y el resto de ellos.

Por último, los problemas y las oportunidades pueden clasificarse en función del tipo de soluciones que se pueden aplicar. En este caso los problemas y las oportunidades se pueden clasificar como: (1) dejar la situación tal y como está, (2) corrección rápida, (3) hacer una mejora en el sistema de información actual, y (4) desarrollar un nuevo sistema de información.

En algunas ocasiones, la mejor solución para un problema u oportunidad que se había identificado al inicio del proyecto es dejarlo tal y como está. Algunas razones para ello son que en realidad no existía ningún problema, el problema no era tan importante como parecía en un principio, el coste de la solución es muy elevado para los beneficios que se pueden extraer o que los propietarios del sistema no están involucrados con el tipo de solución.

PRESTACIONES. Problemas, oportunidades y normas

A. Productividad: cantidad de trabajo realizado en un cierto periodo de tiempo.

B. Tiempo de respuesta: tiempo medio transcurrido entre una transacción o solicitud y la respuesta a dicha transacción o solicitud.

INFORMACIÓN (y datos). Problemas, oportunidades y normas

A. Salidas

    1. Falta de alguna información

    2. Falta de la información necesaria

    3. Falta de información relevante

    4. Demasiada información, «sobrecarga de información»

    5. Información en un formato no útil

    6. Información no exacta

    7. Información difícil de producir

    8. Información en un momento no adecuado para su uso posterior

B. Entradas

    1. Datos no capturados

    2. Datos no capturados en el momento adecuado, que impide que sean útiles

    3. Datos no capturados con precisión, contienen errores

    4. Datos difíciles de capturar

    5. Datos capturados de forma redundante, algunos datos capturados más de una vez

    6. Demasiados datos capturados

    7. Capturados datos incorrectos

C. Datos almacenados

    1. Datos almacenados de forma redundante en múltiples archivos y/o bases de datos

    2. Datos almacenados no exactos

    3. Datos no seguros ante accidentes o sabotajes

    4. Datos no bien organizados

    5. Datos no flexibles, no es fácil satisfacer nuevas necesidades de información a partir de los datos almacenados

    6. Datos no accesibles

ECONOMÍA. Problemas, oportunidades y normas

A. Costes no conocidos

B. Imposible seguimiento de costes desde la fuente

C. Costes demasiado elevados

CONTROL (y seguridad). Problemas, oportunidades y normas

A. Seguridad o control demasiado bajo

    1. Datos de entrada no editados adecuadamente

    2. Sabotaje cometido (o susceptible de ser cometido) contra los datos

        a. Fraude

        b. Malversación

    3. Violación de principios éticos en datos o información; se refiere a los datos o información suministrados a personas no autorizadas

    4. Datos almacenados de forma redundante presentan inconsistencias en diferentes archivos o bases de datos

    5. Regulaciones o directrices de privacidad de los datos son o pueden ser incumplidas

    6. Errores de proceso (por personas, máquinas o programas)

    7. Errores en la toma de decisiones

B. Exceso de controles o seguridad

    1. La excesiva burocracia ralentiza el sistema

    2. Los controles causan molestias a los clientes o empleados

    3. Los excesivos controles provocan retrasos en el proceso

EFICACIA. Problemas, oportunidades y normas

A. Desperdicio de tiempo de personas, máquinas u ordenadores

    1. Datos introducidos o copiados de forma redundante

2. Datos procesados de forma redundante
3. Información generada de forma redundante
B. Desperdicio de materiales y suministros por las personas, máquinas u ordenadores
C. El esfuerzo requerido por las tareas es excesivo
D. Los materiales requeridos por las tareas son excesivos

SERVICIOS. Problemas, oportunidades y normas
A. El sistema produce resultados inexactos
B. El sistema produce resultados incoherentes
C. El sistema produce resultados no fiables
D. El sistema no es fácil de aprender
E. El sistema no es fácil de usar
F. El sistema es incómodo de usar
G. El sistema es inflexible ante situaciones nuevas o excepcionales
H. El sistema es inflexible ante los cambios
I. El sistema es incompatible con otros sistemas
J. El sistema no está coordinado con otros sistemas

Figura 4.7 Estructura PIECES

El analista de sistemas debe analizar cada problema u oportunidad preguntándose:

- ¿Cuáles son las causas del problema?
- ¿Cuáles son los efectos negativos del problema o de no aprovechar una oportunidad?
- ¿El efecto propone otro problema?

4.2.4. Establecer los objetivos del nuevo sistema

Después de haber identificado los problemas u oportunidades a solucionar, el analista de sistemas debe establecer cómo se evaluará el éxito del proyecto. La manera más sencilla de evaluar el éxito de un proyecto es a través de los objetivos de mejora que se establecen antes del diseño del sistema de información.

En la planificación de un proyecto de sistemas de información se habían establecido unos objetivos genéricos basados en los problemas y en las oportunidades que habían originado la solicitud inicial del proyecto. Sin embargo, y tras analizar con profundidad estos problemas y oportunidades, es posible que hayan cambiado o se sepa más sobre ellos, por lo que el analista de sistemas debe establecer unos nuevos criterios para valorar el éxito del proyecto.

A diferencia de los primeros objetivos que servían como guía en los primeros pasos del desarrollo de un sistema de información, los criterios que se establecen en esta actividad son utilizados para medir el éxito, por lo que dichos objetivos deben ser precisos y medibles.

Los objetivos deben estar enunciados de forma que se puede evaluar de forma inequívoca. Objetivos como reducir el tiempo de acceso a la información del almacén, reducir el número de fallos a la hora de introducir un pedido, o crear una lista de absentismo son pésimos ejemplos en la definición de un objetivo. En estos casos, el analista y los propietarios del sistema no son capaces de evaluar si el proyecto de sistemas ha alcanzado los objetivos establecidos, ya que en ningún momento se ha definido que se entiende por una reducción de tiempo de espero aceptable. En este caso, un descenso del 0'1% se puede considerar una descenso en el tiempo de espero, sin embargo los propietarios de un sistema considerarían que el proyecto no ha tenido éxito.

Algunos buenos ejemplos de objetivos de mejora en un proyecto de sistemas de información son los siguientes:
- Reducir el tiempo de acceso a la información del almacén en un 20% o aumentar el número de consultas al almacén central en un 20%.
- Disminuir el número de fallos a la hora de introducir un pedido en un 40%.
- Disminuir el absentismo laboral en un 20% el primer año, y un 30% el segundo año.

Además, los objetivos deben representar una mejora en los procesos y en las funciones del negocio. Los objetivos no deben reflejar mejoras tecnológicas del sistema de información, sino mejoras en el funcionamiento del negocio. Por ejemplo, guardar la información de los clientes de forma relacional para crear una base de datos un treinta por ciento más compacta sería un objetivo que incumpliría la regla anterior, ya que eso no afecta al funcionamiento de la empresa. Se podría expresar el mismo criterio proponiendo como objetivo permitir acceder a las distintas cuentas de los clientes desde un mismo punto, o reducir el tiempo de acceso a las cuentas de un cliente en un veinte por ciento. Este objetivo sí que hace referencia a las actividades vinculadas directamente con el negocio.

De la misma forma que existen objetivos en el desarrollo de un proyecto también pueden aparecer restricciones. Una restricción es cualquier limitación que afecta al desarrollo de un sistema de información. Las restricciones más habituales se clasifican en cuatro grupos.

Existen restricciones relacionadas con las fechas. En este caso, el proyecto suele tener una fecha de finalización marcada desde el inicio y hay que desarrollar el proyecto teniendo presente dicha fecha. La restricción más habitual es la vinculada con el presupuesto. En muchas organizaciones, existen límites económicos para cada tipo de proyecto. La tercera restricción hace referencia a la tecnología, ya sea porque la empresa quiere que todos sus sistemas funcionen bajo un mismo estándar o porque no es posible acceder a cierto tipo de tecnología. Por último, existen restricciones que delimitan la manera de implementar los procesos. Por ejemplo, un sistema de información contable debe seguir las normas que dicta el Plan General de Contabilidad.

Como resultado de esta fase, el analista de sistemas debería explicitar una matriz de problema/oportunidad/objetivo/restricción en donde queda resumido todo lo analizado durante las anteriores actividades.

En la primera columna de la matriz, el analista de sistema debe resumir todos los problemas y oportunidades que han sido encontrados en la actividad de analizar los problemas, las oportunidades y las normas. Para cada problema, se deben enumerar las causas y efectos que ha tenido en el negocio. La siguiente columna debe mostrar los objetivos establecidos para cada problema que ha sido definido en la actividad establecer los objetivos del nuevo sistema. Por último, y de forma opcional, el analista puede mostrar qué restricciones existen en la resolución del problema o de la oportunidad

Tabla 4.2 Matriz de problema/oportunidad/objetivo/restricción

Problema/Oportunidad	Causas y/o efectos	Objetivos del sistema	Limitaciones
1. Descripción del primer problema y de las oportunidades relacionadas con él.	Causas: Descripción del primer problema Efectos: Consecuencias del primer problema	Enumerar los objetivos del nuevo sistema que intenta resolver el primer problema.	Limitaciones para el desarrollo del sistema. Por ejemplo, restricciones de tiempo, de presupuesto, etc.
1. Descripción del segundo problema y de las oportunidades relacionadas con él.	Causas: Descripción del segundo problema Efectos: Consecuencias del segundo problema	Enumerar los objetivos del nuevo sistema que intenta resolver el segundo problema.	Limitaciones para el desarrollo del sistema

4.3. Análisis de requerimientos

El análisis de requerimientos está formado por tres actividades. Aunque en este apartado se explican de forma separada, el analista debe trabajar con ellas como si fuese sólo una. La determinación de requerimientos es previa a su estructuración, pero en la mayoría de ocasiones el analista de sistemas identifica nuevos requerimientos durante la estructuración, por lo que debe volver a la actividad anterior. Este bucle, incluyendo la priorización de requerimientos, es muy habitual en el análisis de requerimientos.

La fase de análisis de requerimientos está formada por las siguientes actividades:

- Identificar las necesidades del sistema.
- Priorizar y seleccionar las necesidades.
- Estructurar las necesidades del sistema.

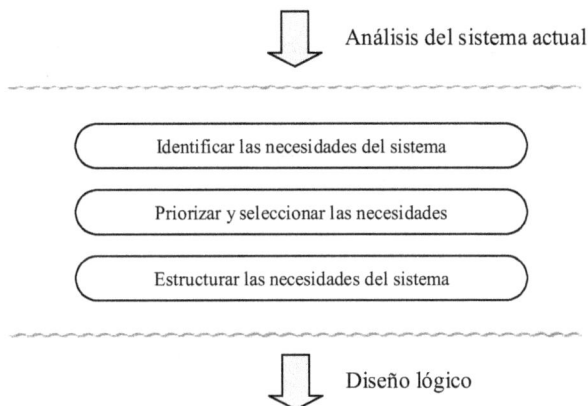

Figura 4.8 Actividades de la fase de análisis de requerimientos

Antes de analizar las tres actividades que forman la fase actual, es necesario definir qué es un requerimiento. Un requerimiento describe lo que se supone que un sistema debe hacer, y no cómo debería hacerlo. Las necesidades o los requerimientos deben ser vistos como lo que lo usuarios del sistema necesitan que el sistema haga. Los requerimientos se centran en los procesos que el sistema de información debe hacer, pero también es posible que muestren los elementos que el sistema debe almacenar.

4.3.1. Identificar las necesidades del sistema

En esta actividad, el analista de sistemas debe averiguar cómo el sistema debe funcionar. Con este objetivo, el analista debe recopilar toda la información que pueda sobre las necesidades de los usuarios y los propietarios, y que pueda ayudarle a responder a esa pregunta. La identificación de requerimientos es un trabajo duro, ya que el analista de sistemas debe recopilar información de muchas y distintas fuentes, además de encontrarse de forma habitual con problemas tanto técnicos como sociales para conseguirla.

Debido a la dificultad para recopilar toda la información necesaria para identificar los requerimientos del sistema, George et al. (2004) proponen un conjunto de características que debe tener un analista de sistemas para poder alcanzar la metas de esta fase. Entre ellas están la impertinencia (es decir, cuestionarlo todo), la imparcialidad, la capacidad de asumir que cualquier cosa es posible, el estar atento a los detalles y el ser flexible, ya que la visión de cada usuario sobre el sistema es diferente.

Métodos de recopilación de información

Existen diversas maneras de recopilar la información necesaria para poder identificar los requerimientos. Los métodos más tradicionales consisten en las entrevistas, los cuestionarios o formularios, la observación de los trabajadores y la documentación escrita de la organización.

Las entrevistas individuales con los trabajadores consisten en averiguar de cada trabajador cómo trabaja con el sistema de información actual y qué necesidades tendrá en el futuro en relación al sistema de información.

Los cuestionarios permiten recopilar información de una gran cantidad de empleados en un tiempo muy reducido. Sin embargo, se pierde la capacidad de dirigir las preguntas en función de la persona.

La observación directa sobre los trabajadores es otro de los métodos más habituales para recoger información de la empresa. La observación permite estudiar cómo la información y los datos son tratados y qué información y qué datos son necesarios en cada puesto de trabajo.

El estudio de documentos de la empresa, como pueden ser informes, valoraciones, solicitudes de pedidos, reglas y directrices y la política de empresa ofrecen ejemplos concretos de cómo se usan los datos y la información en la organización.

Aparte de los métodos tradicionales para la recopilación de información, existen nuevas técnicas con este mismo fin. Más concretamente, el método de planificación de requerimientos conjunta (a partir de ahora JRP[1]) y el uso de prototipos se están volviendo muy populares.

El JRP es una técnica que enfatiza el desarrollo participativo entre los propietarios, los usuarios, los diseñadores y los constructores. El JRP permite recopilar información de forma conjunta entre las personas claves que están implicadas en el desarrollo de un sistema.

Debido a que durante las sesiones de JRP participan de forma conjunta personas representativas de todos los grupos relacionadas con el proyecto, el analista de sistemas pueden estudiar en qué cosas están de acuerdo y en qué partes hay conflictos.

Las sesiones JRP están formadas por sesiones de mínimo cuatro horas, y se pueden alargar hasta una semana. Además, las sesiones se caracterizan por estar muy estructuradas y por conseguir resultados de forma rápida y eficiente.

Entre las ventajas principales del uso de JRP, destaca que los propietarios o directivos y los usuarios del sistema deben involucrarse activamente en el desarrollo del sistema. Además, el uso de JRP permite reducir drásticamente el tiempo necesario para finalizar con éxito las fases que forman parte de las etapas de análisis y diseño de sistemas de información.

El uso de prototipos es una técnica iterativa en que los usuarios y el analista de sistemas construyen un sistema de información básico basado en los comentarios de los usuarios. Los prototipos suelen omitir ciertas funciones, especialmente de seguridad y control.

Como toda técnica para recopilación de información, el uso de prototipos tiene ventajas y desventajas. Uno de los principales problemas en la identificación de requerimientos es que muchos propietarios y usuarios de sistemas no saben qué necesidades auténticas tienen. Los prototipos permiten averiguar de forma visual qué necesidades existen, ya que muchos usuarios no son capaces de explicitar qué requerimientos necesitan hasta que los ven.

Sin embargo, el uso de prototipos también puede tener algunas desventajas, como la aparición de preocupaciones prematuras sobre el aspecto de la aplicación, o que el analista y los usuarios del sistemas se centren demasiado en el diseño en lugar del análisis de requerimientos.

Tipología de requerimientos

Los analistas de sistemas pueden clasificar los requerimientos identificados en dos grandes grupos: los requerimientos funcionales y los requerimientos no funcionales.

Los requerimientos funcionales hacen referencia a la descripción de las actividades y servicios que un sistema debe proveer. Normalmente este tipo de requerimientos están vinculados con las entradas, las salidas, los procesos y los datos a almacenar en el sistema.

Por otra parte, los requerimientos no funcionales describen otras prestaciones, características y limitaciones que debe tener el sistema para alcanzar el éxito. Los requerimientos no funcionales engloban

---

[1] JRP: *Joint Requirements Planning*. También es posible encontrar en la literatura el diseño de aplicaciones conjunta (JAD: *Joint Application Design*), que es un caso general del JRP.

características como rendimiento, facilidad de uso, presupuestos, tiempo de entrega, documentación, seguridad y auditorías internas.

Por la definición de requerimientos funcionales y no funcionales, se observa que debe existir una cierta relación entre los objetivos del proyecto y los requerimientos encontrados.

4.3.2. Priorizar y seleccionar las necesidades

Después de identificar los requerimientos en la actividad anterior, el analista de sistemas debe priorizarlos, ya que no todos los requerimientos son igualmente importantes para la organización. Existen varios métodos para priorizar los requerimientos, como son los basadas en versiones. Sin embargo, todos se basan en las mismas premisas.

Para comenzar, el analista de sistemas debe diferenciar entre tres tipos de requerimientos:

- Requerimientos esenciales para la organización. En este grupo, el analista de sistemas debe incluir todos los requerimientos que deben estar obligatoriamente en el sistema desde el punto de vista de las necesidades de la organización. Los requerimientos esenciales no pueden priorizarse ni ordenarse, ya que todos son necesarios (obligatorios) para el correcto funcionamiento del sistema.
- Requerimientos deseables para la organización. Las necesidades de este tipo no son esenciales para el funcionamiento de la organización, sin embargo su implementación proporcionaría a la organización ventajas muy deseables. En este caso, los requerimientos sí que pueden ser priorizados en función del beneficio que puedan aportar a la organización.
- Requerimientos opcionales. Engloban el resto de necesidades de los usuarios y de la organización. Los requerimientos opcionales pueden beneficiar en cierta medida a una parte de los usuarios, o sólo a uno. Sin embargo, su no implementación afecta de forma muy leve al funcionamiento y al rendimiento de la organización. A igual que antes, los requerimientos opcionales también pueden ser priorizados.

Un método para diferencias los requerimientos esenciales del resto de requerimientos es intentar ordenarlos por importancia. Aquellos que no puedan ser ordenados o priorizados son requerimientos esenciales, y los que permitan ser priorizados son o bien requerimientos deseables, o bien requerimientos opcionales.

Es muy importante realizar una clasificación de requerimientos correcta, ya que en la mayoría de ocasiones el desarrollo de un sistema está bajo restricciones temporales y económicas y no se puede diseñar e implementar todos los tipos de requisitos identificados en la actividad anterior.

El analista de sistemas sabe que independientemente del presupuesto y de la fecha de entrega, el sistema de información debe cumplir con todos los requerimientos esenciales encontrados en esta actividad. En caso de no poder implementarlo todos, el sistema será un fracaso y la mejor solución será modificar el ámbito o el tamaño del proyecto o incluso cancelarlo.

En caso de disponer un presupuesto holgado o de suficiente tiempo, el analista de sistemas sabe qué requerimientos deben diseñarse e implementarse con mayor prioridad. De la misma forma, si se produce un recorte en el presupuesto y un avance en la fecha de finalización del proyecto, el analista de sistemas también puede tomar una decisión de forma objetiva.

La priorización de los requerimientos es un trabajo que afecta básicamente a los propietarios y a los usuarios del sistema, bajo la supervisión del analista de sistemas. Aunque en la literatura existen varios métodos para priorizar requerimientos, la realidad muestra que una buena clasificación y priorización viene en la mayoría de ocasiones de la experiencia.

4.3.3. Estructurar las necesidades del sistema

La última actividad de la etapa de análisis de sistemas es la estructuración de los requisitos funcionales. El objetivo de esta actividad es exponer los requisitos de forma comprensible a los usuarios y a los propietarios para que puedan verificarlos y aprobarlos.

Hasta las décadas de los ochenta y noventa, los requerimientos del proyecto para el desarrollo de un sistema de información se representaban a través de modelos de datos y procesos. Estos modelos son muy comprensibles para los diseñadores y los constructores de sistemas; sin embargo, los usuarios de sistemas no eran capaces de percibir su significado. Este malentendido sobre el sistema entre diseñadores y usuarios conducía a errores en la definición de objetivos y requerimientos, que posteriormente llevaban a la cancelación del proyecto o a un aumento de costes y de tiempo de finalización.

Por este motivo se crearon técnicas de desarrollo basadas en el usuario. Estas técnicas se basan en comprender las necesidades de los usuarios y de los propietarios de sistemas, y las razones por las que el sistema debe desarrollarse. Es decir, las técnicas de desarrollo de sistemas se centran en lo que los usuarios de sistemas quieren y no en cómo se tienen que implementar.

Para estructurar los requerimientos de forma que sean comprensibles tanto para los propietarios y usuarios del sistema como para los diseñadores y analistas de sistemas se han creado técnicas de modelado, sin embargo el que ha alcanzado una mayor popularidad entre los analistas es el modelado de casos de uso.

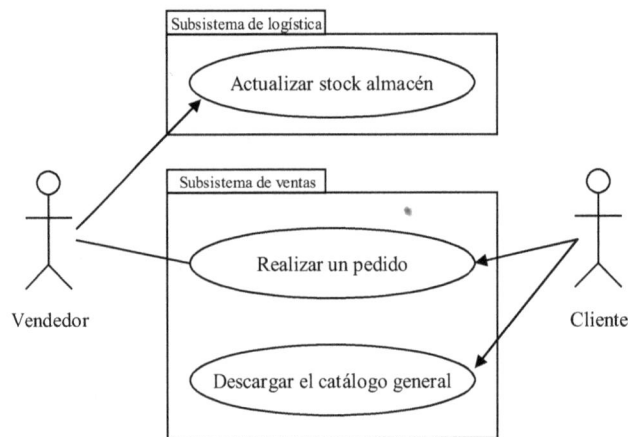

Figura 4.9 Ejemplo simple de un modelo de casos de uso

La técnica de modelado de casos de uso fue creada por el Dr. Jacobson, y empezó a ganar popularidad a partir de principios de la década de los noventa. El modelado de casos de uso se basa en un proceso iterativo en el que propietarios, usuarios y el analista de sistemas describen el funcionamiento del sistema sin tener en cuenta cómo se implementará. Además, se observó que era una herramienta muy útil para la comunicación entre usuarios.

La técnica de modelado de casos de uso consta de un proceso para modelar las funciones de un sistema en términos de tres elementos básicos:

- Eventos de negocio
- La persona o dispositivo que inicia los eventos
- La respuesta del sistema a estos eventos

El modelado de casos de uso permite evaluar el nivel de identificación, asignación, seguimiento y las actividades de desarrollo del sistema de gestión, especialmente en el desarrollo incremental e iterativo.

Además de proporcionar un marco de trabajo para el desarrollo de un sistema de información entre propietarios, usuarios, y analistas de sistema, el modelado de casos de uso ayuda a elaborar los modelos de datos y los modelos de procesos que los diseñadores y constructores de sistemas necesitarán para implementar la solución.

Los modelados creados bajo la técnica de casos de uso establecen las bases para crear la documentación del desarrollo del proyecto y para la elaboración de los manuales de ayuda del usuario.

Actualmente, el diseño de la interfaz entre el sistema de información y los usuarios del sistema se desarrolla en base a las especificaciones funcionales de entrada y salida que ofrecen los modelos de caso de uso. De esta forma, el analista de sistemas puede evaluar si el resultado del diseño de interfaces cumple con todos los requerimientos que el usuario había solicitado.

En el capítulo 7 de este libro, se tratan con mayor detalle las técnicas necesarias para elaborar un modelo de casos de uso que represente los requerimientos del sistema. Además, se describen las ventajas y desventajas del uso de modelos de casos de uso en el desarrollo de un sistema de información.

5. Diseño de sistemas de información

5.1. Introducción al diseño de sistemas de información

En las fases que forman el análisis de sistemas, los propietarios y los usuarios de sistemas han definido qué requerimientos funcionales y no funcionales debe cumplir el nuevo sistema.

A partir de aquí, el analista y el diseñador de sistemas, con la colaboración de los usuarios, deben diseñar una solución que convierta los requerimientos encontrados en las fases del análisis de sistemas en un sistema de información real.

El análisis de sistemas se centraba en qué se tiene que hacer, es decir, en los requerimientos del sistema desde el punto de vista de los usuarios, mientras que el diseño de sistemas se centra en cómo se tiene que realizar. Por lo tanto, en la etapa de diseño se investigará qué datos es necesario almacenar y cómo se van a almacenar, qué procesos se van a implementar y cómo se van a implementar, y qué interfaces se quieren diseñar y cómo se van a diseñar.

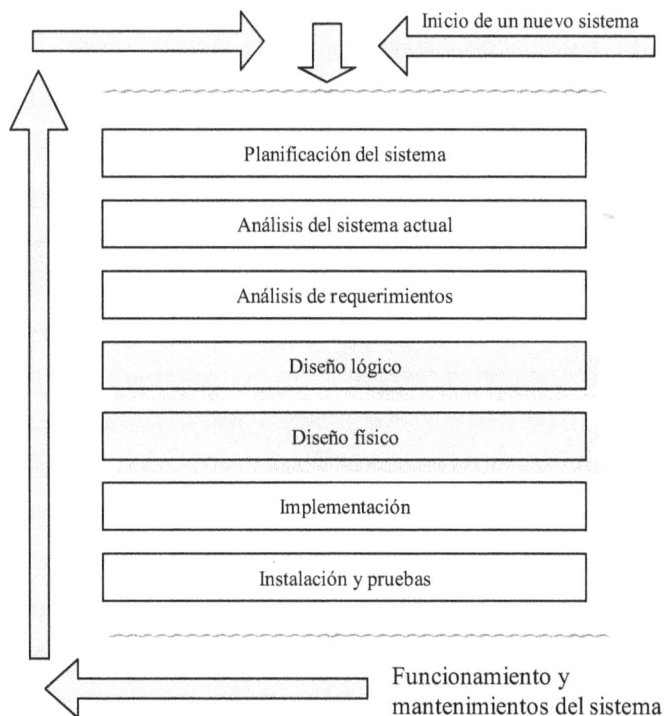

Inicio de un nuevo sistema

Planificación del sistema

Análisis del sistema actual

Análisis de requerimientos

Diseño lógico

Diseño físico

Implementación

Instalación y pruebas

Funcionamiento y mantenimientos del sistema

Figura 5.1 Fases en el diseño de sistemas

Para alcanzar estos objetivos, la etapa de diseño de sistemas está compuesta de dos fases complementarias.

- Diseño lógico del nuevo sistema
- Diseño físico del nuevo sistema

La fase de diseño lógico del nuevo sistema y la fase de diseño físico del nuevo sistema se deben realizar de forma secuencial. La fase relacionada con el diseño físico no puede empezar hasta que el diseño lógico esté finalizado.

Las dos fases de la etapa de diseño de sistemas tienen semejanzas y diferencias. Ambas fases tienen el propósito de encontrar una solución que cumpla los requerimientos de los usuarios. Además, las soluciones propuestas por ambas fases quedan reflejadas a través de diversos modelos que se estudian en este capítulo.

Sin embargo, mientras que el modelo lógico del nuevo sistema se centra en qué funciones lógicas deben implementarse en el sistema sin tener en cuenta ningún tipo de tecnología, el modelo físico describe qué tecnología se va a utilizar para implementar la solución propuesta en el modelo lógico, además de la manera como se va a aplicar.

Los modelos lógicos del nuevo sistema representan las funciones lógicas y la información en que se descompone el nuevo sistema, determinando qué debe hacerse para cumplir con los requerimientos encontrados previamente, pero no cómo va a implementarse a través de tecnología.

Por otra parte, los modelos físicos del nuevo sistema representan las funciones del nuevo sistema y cómo se van a llevar a cabo en una plataforma tecnológica específica de *hardware* y de *software*.

Durante el diseño lógico del nuevo sistema de información no se tratan aspectos tecnológicos, sino que se centra en cómo conseguir responder a los requerimientos del sistema que han sido plasmados en un modelo de casos de uso. En cambio, durante el diseño físico del nuevo sistema se tratan principalmente aspectos tecnológicos para implementar el sistema de información especificado en la fase anterior. Por este motivo no se puede empezar con el diseño físico del nuevo sistema hasta que el modelo lógico esté finalizado.

Tabla 5.1 Relación entre modelos lógicos y físicos con modelos de datos y procesos

	Modelo lógico	**Modelo físico**
Modelo de datos	Representación de la estructura y las relaciones de los datos esenciales del negocio	Representación de la estructura y las relaciones de los datos para la implementación del modelo lógico de datos
Modelo de procesos	Representación de los procesos y los flujos de datos esenciales para el funcionamiento del negocio	Representación de los procesos y los flujos de datos necesarios para implementar el modelo lógico de procesos

5.2. Diseño lógico del sistema

El diseño lógico del nuevo sistema consiste en desarrollar modelos lógicos que describan la esencia del sistema, lo que tiene que hacer independientemente del modo en que se implante físicamente.

Existen varios motivos para realizar un diseño lógico del nuevo sistema antes de diseñar la solución tecnológica definitiva. Según la literatura de sistemas de información, diseñar un sistema teniendo presente la tecnología con la que se quiere implantar comporta, en la mayoría de situaciones, caer en los mismos errores que en el pasado, ya que se tiende a desarrollar el sistema de información tal y como se había hecho durante toda la vida. Al suprimir en el diseño lógico la tecnología, el analista de sistemas tiene mayor libertad de movimientos a la hora de diseñar un modelo que cumpla con todos los requerimientos del nuevo sistema.

El uso de modelos lógicos en lugar de modelos físicos permite que el analista de sistemas se centre más en las necesidades del negocio que en la tecnología. En los casos en donde se diseña un nuevo sistema teniendo en cuenta la tecnología desde el principio, el analista de sistemas suele centrarse demasiado en la tecnología, por lo que aumenta la probabilidad de omitir, por falta de atención, algún requerimiento o necesidad funcional.

Los fallos de diseño de un sistema, en especial por omitir requerimientos funcionales, suelen comportar un incremento bastante importante en el presupuesto del proyecto, así como en el calendario de finalización. Por este motivo es tan importante centrarse primero en diseñar un sistema lógico en donde sólo se representen los requerimientos o necesidades funcionales.

Aunque en el diseño de sistemas la participación de los usuarios es menor que en la etapa de análisis de sistemas, también es interesante que algunos usuarios de sistemas vayan verificando los modelos que el analista va desarrollando. El uso de modelos lógicos en donde no aparece ningún tipo de tecnología junto a su apariencia gráfica permite al analista comunicarse de forma más sencilla con los usuarios de sistemas.

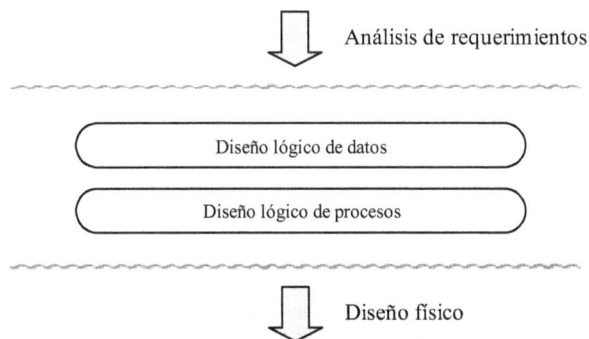

Figura 5.2 Actividades de la fase de diseño lógico

Tal y como se ha mencionado en la etapa de análisis de sistema, la representación de un sistema de información se suele realizar a través de dos tipos de modelos: aquellos que representan los datos y aquellos que muestran los procesos o funciones que interactúan con los usuarios.

El modelo lógico de datos se utiliza para estructurar y documentar los datos esenciales de negocio y las relaciones entre ellos, de tal forma que se puedan cumplir todos los requerimientos funcionales.

El modelo lógico de procesos trata de representar los aspectos relacionados con el comportamiento del sistema. Es decir, los procesos o funciones que debe realizar el sistema desde el punto de vista de los propietarios y de los usuarios de sistemas.

Para representar ambos modelos, la fase de diseño lógico de sistemas está compuesta por dos actividades:

- Diseño lógico de datos
- Diseño lógico de procesos

En el caso de que el analista de sistemas haya podido encontrar diversos modelos lógicos que respondan a las necesidades funcionales que se han definido en la etapa de análisis de sistemas, se tendrá que realizar un estudio sobre las diversas opciones y escoger aquella que se adapte mejor a las necesidades funcionales del sistema.

5.2.1. Diseño lógico de datos

En el diseño lógico de datos, el analista de sistemas debe conseguir un modelo de datos que represente los datos necesarios desde el punto de vista de los usuarios y de los propietarios del sistema. En ningún caso deben aparecer alusiones a la tecnología que posteriormente lo implementará.

Un modelo lógico de datos representa el conjunto de datos que el sistema debe almacenar internamente para poder responder a las necesidades de los propietarios y de los usuarios del sistema.

Existen aplicaciones informáticas capaces de traducir los modelos lógicos de datos a modelos físicos de datos de forma automática si el modelo lógico de datos se ha desarrollado siguiendo unas ciertas pautas para su diseño y se ha realizado una normalización del modelo.

Características de los modelos de datos

En el diseño lógico del nuevo sistema de información, la información proporcionada por los modelos de datos y por los modelos de procesos es complementaria. Los modelos de datos tienen varias ventajas sobre los modelos de procesos. A continuación se comentan algunas de sus ventajas.

Los modelos de datos ayudan a identificar más rápidamente el vocabulario del negocio que los modelos de procesos. Además, los modelos de datos se construyen mucho más rápido que los modelos de procesos, tal como refleja que el modelo de datos de un sistema suela poderse representar en una única hoja de papel, mientras que son necesarias varias hojas de papel para poder representar el modelo de procesos de un sistema.

En un proyecto para el desarrollo de un sistema, el modelo de datos del sistema actual y el modelo de datos del nuevo sistema suelen ser muy similares. En cambio, el modelo de procesos del sistema actual y el modelo de procesos del nuevo sistema suelen ser bastante diferentes.

El modelo lógico de datos puede variar durante el diseño lógico de procesos. Es posible que algún dato importante no se haya representado en el modelo lógico de datos durante la actividad que se está tratando ahora.

Técnicas para el modelado de datos

En la actualidad existen varias técnicas para representar los datos de un sistema de información. La representación a través de símbolos algebraicos es sin duda la más clásica y conocida en el desarrollo de sistemas. Sin embargo, los diagramas de entidad-relación (DER) se han vuelto en la actualidad en la técnica más popular y usada para modelar datos. Por último, el uso de diagramas de clases-objetos también se ha vuelto muy popular en el último lustro.

Los datos de un sistema se representan a través de estructuras de datos. En el caso de la representación a través de símbolos algebraicos, la notación de las estructuras es la siguiente:

=	El signo igual equivale a "está formado por"
+	El signo más equivale a una concatenación
{}	Las llaves equivalen a una repetición de elementos
[]	Los corchetes equivalen a una situación disyuntiva
()	Los paréntesis equivalen a un elemento opcional

Por ejemplo, la información de un estudiante que está estudiante una carrera universitaria se podría representar como muestra la figura 5.3:

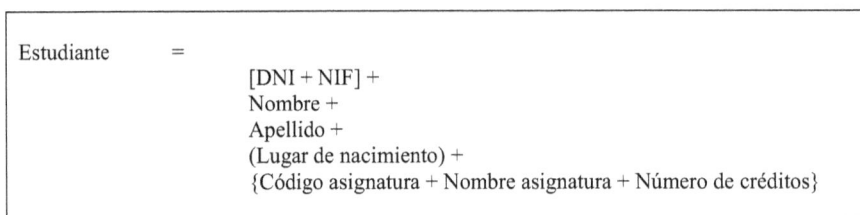

```
Estudiante        =
                       [DNI + NIF] +
                       Nombre +
                       Apellido +
                       (Lugar de nacimiento) +
                       {Código asignatura + Nombre asignatura + Número de créditos}
```

Figura 5.3 Ejemplo de información

Según la figura 5.3, el sistema debe almacenar el DNI o el NIF del estudiante, el nombre, el apellido y el lugar de nacimiento. Este último dato no es necesario guardarlo, ya que es optativo. Por último, por cada asignatura en donde el estudiante esté matriculado se tendrá que almacenar el código el nombre y el número de créditos de la asignatura.

Otra forma de representar un modelo de datos es a través de un diagrama de entidad-relación, que aparte de representar las estructuras de datos también describe las asociaciones que existen entre las distintas estructuras de datos. Los diagramas entidad-relación son la técnica más habitual en el desarrollo de sistemas de información. Debido a la gran importancia que tienen en el desarrollo de sistema de información, los diagramas entidad-relación se tratan en un capítulo independiente (Cap. 8).

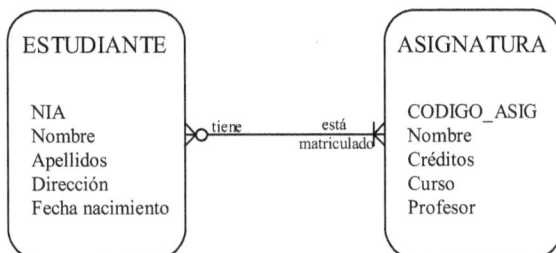

Figura 5.4 Ejemplo de un modelo entidad-relación

La figura 5.4 es un diagrama entidad-relación en donde aparecen dos estructuras de datos (que se denominan entidades) y la relación existente entre ellas. Los números que aparecen en la recta que une las dos entidades representan el tipo de relación. En este caso, un estudiante puede estar matriculado entre una y varias asignaturas, mientras que una asignatura puede tener entre cero y varios estudiantes.

Por último, los diagramas clase-objeto se están convirtiendo en muy populares. Este diagrama está basado en las técnicas orientadas a objetos. La figura 5.5 muestra el diagrama de clase-objeto equivalente al modelo de la figura 5.4.

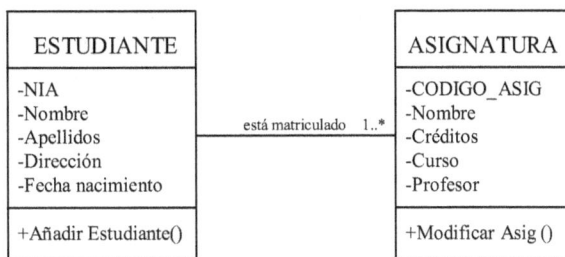

Figura 5.5 Ejemplo de un diagrama de clase-objeto

La principal diferencia que se observa entre el diagrama entidad-relación y el diagrama clase-objeto es que este último también contiene procesos incluidos dentro de cada clase-objeto.

5.2.2. Diseño lógico de procesos

Las organizaciones pueden ser vistas como un gran conjunto de actividades y funciones interrelacionadas entre ellas con el fin de alcanzar los objetivos y las metas de una organización. Tanto el número de funciones y actividades que existen en una organización como su complejidad –e incluso las diversas formas de interdependencia que existen entre ellas– hace que sea realmente difícil para el analista de sistemas hacerse una idea exacta del soporte exacto que debe proporcionar el sistema de información a la organización. Por este motivo, es muy difícil que el analista de sistemas sea capaz de entender y comprender con detalle y al mismo tiempo todas las características del sistema.

Después de que el analista de sistema haya detectado qué datos son necesarios para el correcto funcionamiento del sistema de información, el analista de sistema debe intentar responder a las siguientes preguntas:

- ¿Qué procesos integran el sistema?
- ¿Qué datos (procedentes del modelo lógico de datos) emplea cada proceso?
- ¿Qué datos son introducidos al sistema y qué datos son devueltos al usuario?

En el diseño lógico de procesos, el analista de sistemas debe conseguir un modelo gráfico que represente todos los procesos necesarios desde el punto de vista de los usuarios y de los propietarios del sistema. En ningún caso deben aparecer alusiones a la tecnología que posteriormente lo implementará.

Un modelo lógico de procesos representa el conjunto de procesos que el sistema debe permitir realizar para poder responder a las necesidades de los propietarios y de los usuarios del sistema.

Existen aplicaciones informáticas capaces de traducir parcialmente modelos lógicos de procesos a modelos físicos de procesos de forma automática, si el modelo lógico de procesos se ha desarrollado siguiendo unas ciertas pautas para su diseño. Sin embargo, existen actualmente varias limitaciones en los sistemas de información que se desarrollan de esta manera.

El ejemplo más claro de estas herramientas informáticas que traducen modelos lógicos o gráficos a modelos físicos o informáticos son los lenguajes de cuarta generación. En estas aplicaciones, los conocimientos necesarios para desarrollar un nuevo sistema de información son muy básicos, incluso nulos. Ejemplos de estos sistemas son los desarrollados por Microsoft Access. De forma gráfica se puede desarrollar un sistema de información sin la necesidad de utilizar código informático.

La modelización de procesos lógicos es una técnica para la organización y la documentación de procesos de un sistema, sus entradas, sus salidas y sus formas de almacenamiento de datos.

La mayoría de procesos utilizan información interna del sistema, por lo que los modelos de procesos deben representar qué procesos crean, leen, graban o eliminan información del sistema. La información del sistema sólo puedo proceder de dos lugares: del exterior o de la base interna de la organización. Es por este motivo que en la representación de procesos a través de modelos lógicos de procesos se tiene que tener presente el modelo lógico de datos.

Los modelos lógicos de procesos acceden a los datos representados a través del modelo lógico de datos. En conclusión, es necesario que exista una nomenclatura estándar a lo largo del desarrollo de modelos lógicos, ya que existe una fuerte vinculación entre ellos.

Antes de la popularización de lo modelos de datos, sólo se realizaban modelo de procesos, ya que en su representación ya aparecen los datos a almacenar en el sistema. Sin embargo, desarrollar el modelo de datos antes del modelo de procesos permite al analista de sistemas concentrarse únicamente en qué procesos se deben modelar independientemente de los datos que se deben almacenar.

La técnica más popular para la representación de modelos de procesos son los diagramas de flujo de datos (DFD). La figura 5.6 refleja un ejemplo de diagrama de flujo de datos.

Existen varias características que deben cumplir las técnicas estructuras de modelado lógico de procesos. Para empezar, dichas técnicas deben permitir representar gráficamente el sistema para simplificar su comprensión y poder verificarlo a través de la valoración de los usuarios.

Los modelos de procesos deben ser concisos y deben seguir una estrategia *top-down* en su desarrollo. Esto significa que el analista de sistema debe empezar por desarrollar las funciones de gran nivel de sistema y después descomponer cada una de ellas en diagramas más detallados hasta llegar a tener las partes más indivisibles posibles.

Los modelos de procesos no deben ser redundantes, es decir, cada elemento sólo se debe definir una vez, para dar consistencia al modelo global del sistema. Por último, los modelos lógicos de procesos deben ser esenciales, ya que no tiene que determinar a cómo se implementará en el futuro.

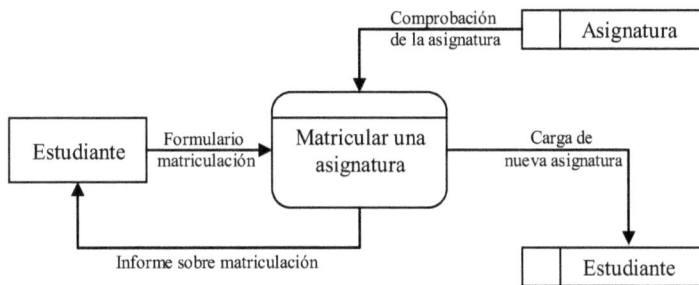

Figura 5.6 Ejemplo de un modelo de procesos

La figura 5.6 es un diagrama de procesos vinculado al modelo de datos representado en la figura 5.4. Según este diagrama, un estudiante –un agente externo al sistema– introduce sus datos para matricularse en una asignatura. Este hecho activa la función Matricular una asignatura. Durante el proceso, el sistema comprueba que la asignatura que el estudiante ha solicitado existe, accediendo y leyéndolo del almacén de datos Asignatura. Después de comprobar que la asignatura existe, el proceso matricula al estudiante en esa asignatura guardando esa información en el almacén de datos Estudiante. Por último, el proceso informa al estudiante del resultado de la matriculación.

Además de los diagramas de flujo de datos, también existen otras formas de representar modelos de procesos como son los diagramas de estados o los diagramas de secuencia, ambas basadas en objetos.

5.3. Diseño físico del sistema

El diseño físico del sistema se centra en los aspectos técnicos y de implementación del sistema de información, a diferencia del diseño lógico del sistema que se centra en aspectos del negocio.

Una vez ha llegado a este punto el desarrollo de un sistema de información, los responsables del proyecto deben optar por una de las dos opciones posibles: implementar internamente el sistema de información que se ha analizado y diseñado, o implementar el sistema de información a través de agentes externos. En este último caso, existen varias opciones: subcontratar a una empresa externa para que realice el diseño físico del sistema y lo implemente según el diseño lógico que ya se ha desarrollado o comprar un sistema de información estandarizado.

En este libro sólo se tratará del diseño e implementación de un sistema de información desarrollado internamente. En caso de querer profundizar en la subcontratación de una empresa para el diseño físico y la implementación del sistema, existe una gran cantidad literatura sobre el tema[1].

La fase de diseño físico está formada por siete actividades:

- Definir las fronteras de mecanización
- Diseñar la arquitectura del sistema de información
- Diseñar los procesos del sistema
- Diseñar las bases de datos
- Diseñar las salidas del sistema
- Diseñar las entradas del sistema
- Diseñar las interfaces del sistema

---

[1] Al final de este libro se pueden encontrar varios libros que tratan sobre la subcontratación de estos servicios.

Las diversas actividades que forman la fase de diseño físico del sistema están muy relacionadas con la tecnología y la forma en cómo se va a implementar el sistema de información. Es por este motivo, que los actores principales durante esta fase son el diseñador y el analista de sistemas. Sin embargo, los usuarios del sistema deben seguir participando, ya que deben verificar los avances del proyecto. El trabajo de los usuarios en el diseño de las entradas y las salidas es muy importante, ya que será la forma de comunicarse entre los usuarios y el sistema.

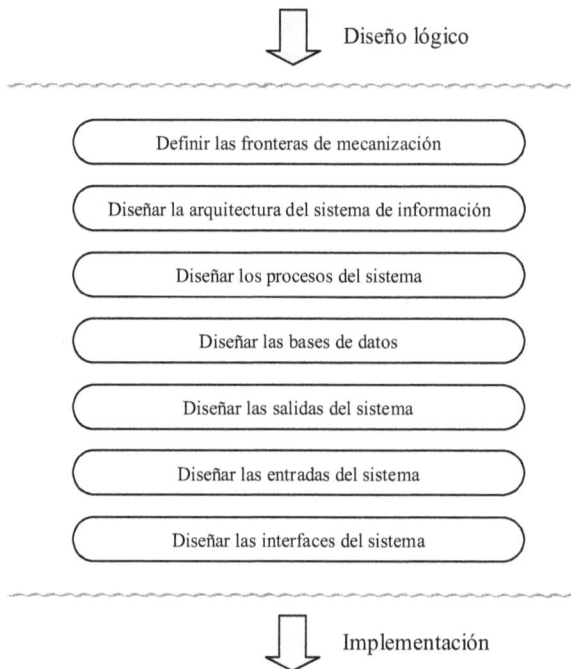

Diseño lógico

Definir las fronteras de mecanización

Diseñar la arquitectura del sistema de información

Diseñar los procesos del sistema

Diseñar las bases de datos

Diseñar las salidas del sistema

Diseñar las entradas del sistema

Diseñar las interfaces del sistema

Implementación

Figura 5.7 Actividades de la fase de diseño físico

Hasta el momento, en el diseño lógico del sistema sólo se ha tratado con los requerimientos funcionales. No obstante, en el diseño físico del sistema también se deben tener en cuenta los requerimientos no funcionales como el tiempo de respuesta.

En el modelo lógico del sistema no aparecen los requerimientos no funcionales, ya que suelen estar relacionados con aspectos técnicos o del proyecto en sí. El tiempo de respuesta, la facilidad de aprender el nuevo sistema, los costes de desarrollo y mantenimiento, la formación de los empleados, las fechas de finalización son requerimientos no funcionales que son totalmente independientes al modelo lógico del sistema de información.

5.3.1.   Definir las fronteras de mecanización

El primer paso en el diseño físico del sistema es averiguar qué partes del trabajo se van a automatizar y qué partes del trabajo se seguirán haciendo de forma manual.

La tecnología de la información permite automatizar una gran cantidad de procesos y actividades que se realizan en las organizaciones. Sin embargo, existen varias razones para seguir realizando algunas de estas actividades o procesos de forma manual.

El transportar unos documentos en papel de una oficina a otra en un mismo edificio se podría hacer a través de una línea transportadora, o mediante un fax interno. No obstante, si esta actividad sólo se realiza de forma espontánea, será preferible que alguien de la oficina se levante y lo lleve personalmente. Con esta solución, la organización se ahorra dinero y el rendimiento final del negocio será el mismo.

Otra situación es la toma de decisiones en problemas no estructurados. En estos casos, los ordenadores no pueden tomar una decisión sin la autorización previa de un usuario debido a que dichas decisiones no se pueden responder de forma automática. En esta situación, hay una parte que se automatiza (la recepción del problema, el envío de la solución, y la elaboración de un marco de trabajo), pero el resto lo debe realizar un empleado (tomar la decisión, y proponer la solución).

En esta actividad, el analista de sistemas debe decidir qué procesos deben automatizarse y qué procesos deben seguir haciéndose de forma manual. En ocasiones, el analista de sistemas se encuentra en situaciones en que se podría tanto automatizar un proceso como dejarlo funcionar de forma manual. Ante estas decisiones, el analista de sistemas debe tener presente las restricciones y objetivos del proyecto. Si el proyecto está limitado por un presupuesto demasiado ajustado, seguramente estos procesos que pueden automatizarse de forma opcional se seguirán realizando de forma manual. Lo mismo ocurre si la fecha de finalización está muy ajustada y no hay tiempo de automatizar este proceso.

En los casos en que ni el presupuesto ni la fecha de finalización sea un problema para automatizar los procesos que pueden ser mecanizados, el analista de sistemas debe realizar un estudio de costes y beneficios de automatizar el proceso. Según los resultados, se tomará la decisión de automatizar el proceso o de seguir realizándolo de forma manual.

Para representar las fronteras de mecanización del sistema, se parte de los modelos lógicos de procesos, o más concretamente de los diagramas de procesos de datos (DFD). Los procesos que se decidan automatizar se representar con una línea discontinua, tal y como se puede observar en la figura 5.8.

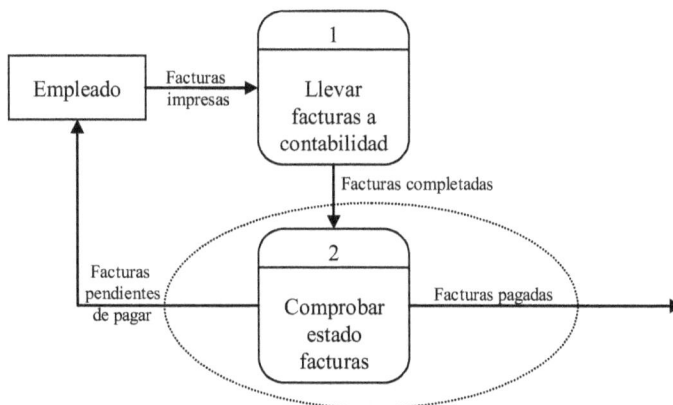

Figura 5.8 Procesos automatizados

En este caso, el proceso de llevar las facturas al departamento de contabilidad se realiza de forma manual, mientras que el proceso de comprobar el estado de las facturas se realiza de forma automática, es decir, a través del sistema de información.

Las flechas (o flujos de datos) que son cortados o atravesados por las líneas discontinuas representan las entradas y las salidas del sistema en función del sentido de las flechas. En la figura 5.8, la flecha facturas completadas representa una entrada al sistema, ya que corta a la línea discontinua para entrar. Por otra parte, las flechas facturas pendientes de pagar y facturas pagadas son salidas del sistema, ya que cortan la línea discontinua para salir.

Cuando se está trabajando con diagramas de flujos de datos de alto nivel, es posible que parte de un proceso se automatice y parte de ese mismo proceso no se automatice. En estos casos, se necesita trabajar con los diagramas de flujo de datos de menor nivel. En la figura 5.9 se representa el proceso comprobar estado de las facturas a un nivel más bajo. Se observa que el proceso revisar facturas es un proceso que se realiza de forma manual, ya que es más eficiente y rápido, mientras que el proceso comprobar el saldo de la factura se realiza a través del sistema de información.

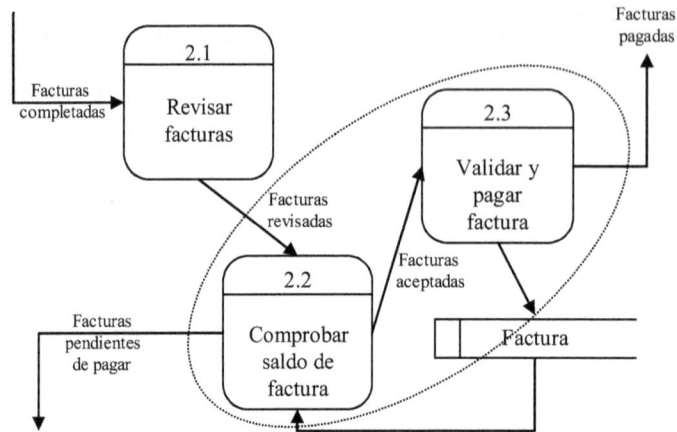

Figura 5.9 Procesos semiautomatizados

Muchos investigadores y profesionales en el desarrollo de sistemas de información afirman que los diagramas de flujo de datos sólo representan los procesos que se deben incluir en el sistema. Según este grupo de personas, esta primera actividad en el diseño físico del sistema es innecesaria, ya que durante el diseño lógico de procesos ya se decidió qué procesos se iban a implementar y por lo tanto en el diagrama de flujos de datos sólo aparecen los procesos que hay que desarrollar en el sistema.

5.3.2.   Diseñar la arquitectura del sistema de información

El objetivo de esta fase del diseño físico del sistema es especificar la arquitectura de sistemas. La arquitectura de sistemas define la tecnología que será usada para construir el sistema de información. En muchas ocasiones, la arquitectura de sistemas está definida antes de iniciar el proyecto, ya que la organización tiene una arquitectura general de sistemas para el desarrollo de sus proyectos.

Esta actividad está formada por cuatro subactividades: definir los criterios técnicos, solicitar propuestas a los proveedores de tecnología, evaluar y clasificar las propuestas recibidas, y seleccionar una propuesta.

Definir los criterios técnicos

Después de analizar y realizar el diseño lógico del nuevo sistema de información, el analista y el diseñador de sistemas deben establecer qué necesidades técnicas son necesarias para implementar el nuevo sistema de forma que se cumplan todos los requerimientos establecidos en la etapa de análisis de sistemas.

Las necesidades técnicas especifican las funciones, las características y los parámetros críticos de operación. Algunos ejemplos de criterios críticos que el analista y el diseñador de sistemas deben decidir son: controles internos, formación, madurez del producto, productividad, facilidad de uso, calidad de documentación, facilidad de aprendizaje, tiempo de respuesta y tamaño máximo de las bases de datos.

Se puede observar que algunos de estos criterios están fuertemente relacionados con algunos requerimientos no funcionales que han aparecido en apartados anteriores como el tiempo de respuesta.

La identificación y selección de los criterios técnicos varía tan rápido como la tecnología avanza en la sociedad. Es por este motivo que los diseñadores de sistemas deben estar al tanto de todos los avances en este sector. Para ello existen diversas fuentes de información, ya sean congresos (como el *Internet Global Congress*) o publicaciones especializadas (como *Computer World*, *Info World*, *Datamation* y *PC World*).

Además el analista y el diseñador de sistemas deben tener presentes las normas internas en referencia a la selección de *hardware* y de *software*.

Solicitar propuestas a los proveedores de tecnología

A través del conocimiento adquirido de estudiar el mercado, el analista y el diseñador de sistemas deben identificar los posibles proveedores de tecnología que pueden proporcionar el *hardware* y el *software* necesario para implementar el sistema de información.

En este punto, el analista de sistemas puede optar por dos opciones: realizar solicitudes de presupuestos o realizar solicitudes de propuestas. Las solicitudes de presupuestos se utilizan cuando el analista y el diseñador de sistemas ya han seleccionado un producto específico, pero que puede ser adquirido por distintos distribuidores.

Por el contrario, las solicitudes de propuestas se utilizan cuando existen varios productos distintos. En este caso, se solicita a cada proveedor de tecnología las características de su producto según los criterios antes definidos y su presupuesto correspondiente.

En muchas ocasiones, los proveedores de tecnología y los analistas de sistemas deben reunirse para tratar aspectos más concretos sobre las características específicas de la tecnología. Tienen que trabajar sobre qué características o qué necesidades son obligatorias, qué necesidades son importantes, qué necesidades son deseables y qué necesidades son optativas.

Durante estas reuniones, varias propuestas quedarán descartadas por no cumplir los criterios técnicos relacionados con las necesidades obligatorias e importantes.

Evaluar y clasificar las propuestas recibidas

La evaluación y la clasificación de las propuestas recibidas por parte de los proveedores de tecnología se resumen en un análisis de costes y beneficios, en donde los criterios son los establecidos al inicio de esta actividad.

Antes de realizar un análisis de costes y beneficios, el analista y el diseñador de sistemas deben eliminar todas aquellas propuestas que no cumplan los criterios mínimos establecidos. Aquellas propuestas que no cumplan los criterios obligatorios, e incluso los criterios importantes, se eliminan de la selección.

En la mayoría de ocasiones, los criterios se ponderan en función de su importancia. No es lo mismo un criterio obligatorio, un criterio importante o un criterio deseable que un criterio optativo.

Seleccionar una propuesta

Por último, los responsables del proyecto deben seleccionar una de las propuestas en función de los resultados obtenidos del análisis de costes y beneficios. La selección significa negociar con el ganador el contrato para la compra, el alquiler o el alquiler con opción de compra del *hardware* y del *software*.

Es muy interesante comunicar a los proveedores que no han ganado los motivos por los que sus propuestas no han sido seleccionadas. De esta forma se consigue mantener una buena relación con los proveedores, además de proporcionarles información muy valiosa para poder mejorar sus productos. De esa forma es posible que la próxima vez tengan un producto más adaptado a las necesidades del analista y el diseñador de sistema y puedan ganar en la selección.

5.3.3.   Diseñar los procesos del sistema

Hasta el momento, el analista y el diseñador de sistemas han definido los procesos lógicos del sistema, y los han clasificado en manuales o automáticos. La descripción de cada uno de los procesos en la fase de diseño lógico no estaba pensada en su implementación mediante tecnología, sino en la lógica operativa del sistema.

Por este motivo es necesario profundizar en la descripción de cada proceso pensando en que ese proceso será ejecutado por un ordenador o por una persona cuando se implemente. Con este objetivo, el analista y el diseñador de sistemas deben elaborar un diagrama físico de flujo de datos a partir del modelo lógico de procesos.

Los diagramas físicos de flujo de datos tienen algunas ventajas en comparación a los diagramas lógicos de flujos de datos como:

- Aclaran qué procesos son manuales y qué procesos son automatizados.
- Describen procesos con mayor detalle.
- Secuencian los procesos que deben ser hechos en un orden particular.
- Identifican almacenes de datos temporales.
- Especifican los nombres actuales de archivos e impresiones.
- Añaden controles para asegurar que los procesos se realizan adecuadamente.

A continuación se comentan los cambios que sufren los distintos elementos de un diagrama lógico de flujo de datos cuando pasan a convertirse en un diagrama físico de flujos de datos.

Procesos físicos

Los procesos lógicos son implementados por uno o más procesos físicos, ya que parte de un proceso lógico puede desarrollarse manualmente mientras que otra parte puede ser realizada a través de un ordenador. Otras causas para dividir un proceso lógico en varios procesos físicos es la utilización de tecnología diferente en distintas partes de un proceso lógico.

También puede ser necesario dividir un proceso lógico en varios procesos físicos porque existan formas distintas de introducir al proceso la misma información, o por aspectos relacionados con la seguridad y el control.

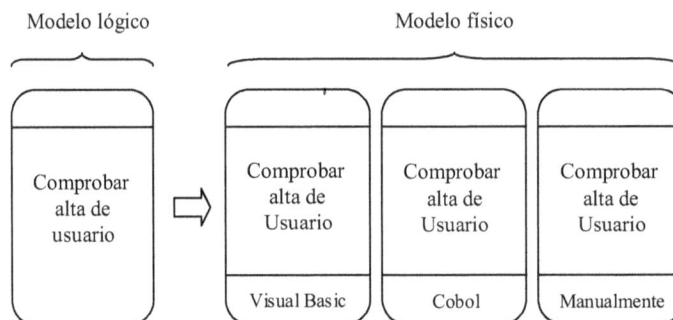

Figura 5.10 Comparación entre procesos lógicos y procesos físicos

La representación de un proceso físico es muy similar a la del proceso lógico. Tal y como ocurría en el modelo lógico, en la parte superior se escribe opcionalmente el identificador. En la parte media se escribe el nombre del proceso siguiendo las pautas establecidas para el modelo lógico. Pero en la parte inferior del proceso, se escribe el método de implementación.

En caso de ser un proceso físico que se realice de forma manual, se indica el puesto o el cargo de la persona que lo debe realizar. En caso de ser un proceso automatizado, se escribe el método de implementación. En la figura 5.8, se muestran algunos ejemplos.

Flujos físicos de datos

Después de convertir los procesos lógicos a procesos físicos siguiendo las reglas de la sección anterior, el siguiente paso es traducir los flujos lógicos de datos a flujos físicos de datos.

Tal y como ocurría en los diagramas de flujos de datos, todo proceso debe tener como mínimo una entrada y una salida. En los modelos físicos de procesos, los flujos de datos pueden representar cualquiera de las siguientes situaciones:

- La implementación de una entrada o de una salida del sistema
- Accesos a ficheros o bases de datos para crear, leer, actualizar o eliminar datos
- La importación o la exportación de datos a otros sistemas
- El flujo de datos entre dos procesos internos del sistema

De la misma manera que con los procesos, los flujos lógicos de datos se pueden convertir en uno o más flujos físicos de datos dependiendo del método de implementación. Por ejemplo, en la entrada de cajas a un almacén de logística, parte de la información se introduce al sistema a través de un teclado, mientras que el resto de la información se introduce a través de un lector de códigos de barras. En este caso, el diagrama físico de flujos de datos tendría dos flechas en lugar de una.

Los flujos físicos de datos se representan en un diagrama físico a través de una estructura compuesta de dos partes. La primera indica el medio de implantación. El segundo representa el nombre del flujo lógico de datos. En la figura 5.11 hay varios ejemplos de conversión de flujos lógicos de datos a flujos físicos de datos.

Los métodos de implantación pueden ser de carácter muy diverso. Algunos ejemplos de entradas al sistema son a través de pantallas gráficas, por Internet, desde un archivo de texto, a través de un lector de código de barras y de forma manual, mediante un formulario.

En relación a las salidas, los métodos de implantación más comunes son a través de una pantalla, mediante una impresora, por Internet y hacia un archivo de texto. Por último, sobre el acceso a los almacenes de datos o las bases de datos, lo más habitual son las órdenes procedentes del lenguaje SQL.

Agentes externos físicos

Los agentes externos son los elementos más sencillos de pasar desde un modelo lógico a un modelo físico, ya que no sufren cambios. El motivo es que desde el principio los agentes externos son vistos como elementos que interactúan con el sistema, pero que nunca se encuentran dentro de él.

Almacenes físicos de datos

Los almacenes de datos lógicos representan un lugar en donde se almacenan cualquier tipo de datos para posteriormente acceder y trabajar con ellos. En un diagrama físico de flujos de datos, el significado de almacén de datos sigue siendo el mismo, pero en este caso se debe precisar cómo se implementará.

Un almacén lógico de datos puede implementarse de seis formas distintas:

- A través de una base de datos
- A través de una tabla que pertenece a una base de datos
- A través de un archivo informático
- A través de un dispositivo de almacenamiento
- A través de un archivo temporal
- A través de cualquier archivo que no sea informático

Los casos más habituales son la implementación de almacenes de datos a través de bases de datos, archivos informáticos y archivos no informáticos. Aunque parezca extraño el uso de documentos no informáticos, el uso de documentos en formato papel ofrece al trabajador mayor seguridad. Al mismo tiempo, existen organismos públicos que solicitan la documentación en formato papel en lugar de en formato electrónico.

5.3.4. Diseñar la bases de datos

El diseño de base de datos es el proceso de traducir los modelos lógicos de datos (o diagramas de entidad-relación) a esquemas físicos para el almacenamiento de datos. Los dos enfoques tradicionales para el almacenamiento físico de datos son el archivo y la base de datos.

Ventajas y desventajas de los archivos convencionales y las bases de datos

El uso de archivos convencionales para almacenar datos tiene bastantes ventajas y desventajas. Para empezar, los archivos convencionales son muy fáciles de diseñar, construir y usar. Además permiten almacenar cualquier tipo de información de forma sencilla, por lo que son una opción perfecta para aplicaciones pequeñas, medianas e independientes.

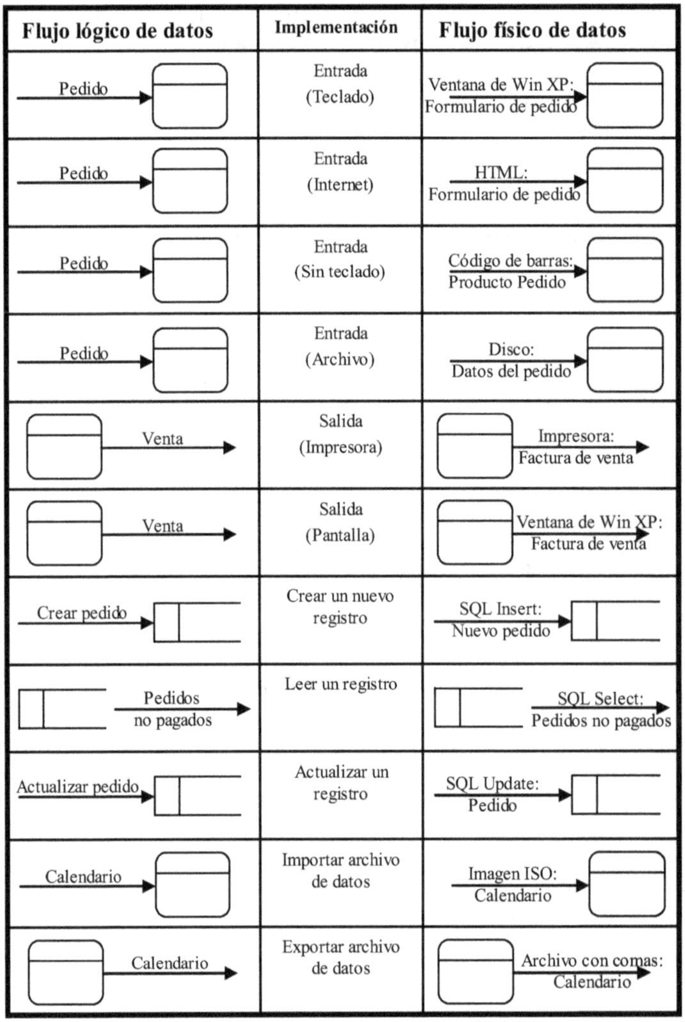

Flujo lógico de datos	Implementación	Flujo físico de datos
Pedido	Entrada (Teclado)	Ventana de Win XP: Formulario de pedido
Pedido	Entrada (Internet)	HTML: Formulario de pedido
Pedido	Entrada (Sin teclado)	Código de barras: Producto Pedido
Pedido	Entrada (Archivo)	Disco: Datos del pedido
Venta	Salida (Impresora)	Impresora: Factura de venta
Venta	Salida (Pantalla)	Ventana de Win XP: Factura de venta
Crear pedido	Crear un nuevo registro	SQL Insert: Nuevo pedido
Pedidos no pagados	Leer un registro	SQL Select: Pedidos no pagados
Actualizar pedido	Actualizar un registro	SQL Update: Pedido
Calendario	Importar archivo de datos	Imagen ISO: Calendario
Calendario	Exportar archivo de datos	Archivo con comas: Calendario

Figura 5.11 Conversión desde flujos lógicos a flujos físicos de datos

En la mayoría de situaciones, cada archivo convencional está vinculado a una única aplicación informática, por lo que es muy habitual encontrar datos redundantes entre los distintos archivos convencionales de una organización. Este hecho provoca un grave problema de integridad en las actualizaciones, ya que modificar un dato en un archivo significa que debe buscarse ese mismo dato en el resto de archivos y actualizarlos.

Los archivos convencionales son difíciles de renovar (ampliar), ya que modificar un archivo convencional implica rediseñar la aplicación informática con el gasto de recursos necesarios para ello. Sin embargo, en aplicaciones en donde la velocidad de procesado es de gran importancia, el uso de archivos convencionales puede ser una buena opción, ya que son mucho más veloces que las bases de datos.

La opción de la base de datos tiene, tal y como ocurre con los archivos convencionales, una serie de ventajas y desventajas. Para empezar, el uso de base de datos permite que diversas aplicaciones informáticas accedan al mismo tiempo sobre los mismos datos, por lo que las actualizaciones comportan menos fallos de integridad de datos. Por lo tanto, los datos almacenados por el sistema suelen ser más precisos y consistentes que en los casos en donde se usa archivos convencionales.

La existencia de un único lugar en donde almacenar los datos facilita la disponibilidad de estos en futuras aplicaciones informáticas. Sin embargo, también es necesario destacar la vulnerabilidad a perder lo datos en caso de error o catástrofe, por lo que se precisa de mayores mecanismos de control para la base de datos. Uno de los principales problemas de las bases de datos es el coste de mantenimiento y de seguridad.

Otro aspecto destacable de las bases de datos es la flexibilidad que ofrece en relación a su evolución. Las bases de datos pueden modificarse y actualizarse a las nuevas necesidades de los usuarios sin la necesidad de rediseñar las aplicaciones informáticas existentes.

En casos en donde la velocidad de procesado sea muy importante, las bases de datos muestran su peor cara. El tiempo necesario para crear, leer, modificar o eliminar un dato de una base de datos es superior (muy superior) al tiempo que se necesitaría con un archivo convencional.

Elementos de una base de datos

El objetivo de esta actividad (diseño de base de datos) es convertir los modelos lógicos de datos en modelos físicos de datos a través de archivos convencionales y/o de bases de datos. Con esta meta, a continuación se introducen algunos conceptos sobre las bases de datos y los archivos convencionales.

Un campo es la implementación de un atributo de datos de un modelo lógico de datos (por ejemplo, de un diagrama entidad-relación). Los campos son las unidades mínimas de información y pueden clasificarse en campos claves y descriptores.

Los campos claves permiten identificar a uno y sólo un registro de un archivo. Es posible encontrar claves primarias, secundarias y externas, cuyos significados son equivalentes a los expuestos en el modelo lógico de datos. El resto de campos se denominan descriptores.

Un registro es una colección de campos dispuestos en un formato predefinido. La unidad mínima de información que usa una aplicación informática es el registro. En este caso, el registro equivale a la instancia del modelo lógico de datos.

Los registros similares se almacenan en archivos. En el campo de las bases de datos, al archivo también se le suele utilizar la palabra tabla. Existen distintos tipos de archivos en función de su utilidad. A continuación se muestran algunos de estos archivos:

Los *archivos maestros* contienen registros de un grupo de entidades. Sus registros se caracterizan porque son relativamente permanentes y pueden usarse y actualizarse frecuentemente. Por otro lado, los archivos de tablas contienen datos usados para calcular más datos o medidas de desempeño.

Los *archivos de transacción* hacen referencia a registros que tienen una vida útil no demasiada larga, y que se usan para capturar cambios con el fin de actualizar el archivo maestro y para producir informes. Además, los registros de archivos de transacciones suelen usarse con mucha frecuencia. Un ejemplo serían los registros relacionados con solicitudes de material.

Los *archivos de trabajo* son copias parciales de los registros que están situados en el archivo maestro o en el archivo de transacciones. El objetivo de estos archivos es poder ejecutar de forma más eficiente las aplicaciones informáticas, reduciendo el tamaño del archivo y ordenándolo en función de las necesidades de las aplicaciones.

Por último, los *archivos de reporte* son aquellos en donde se almacenan los informes y los reportes que deben ser impresos pero que por algún motivo no se han podido ejecutar.

Los *archivos de datos* no activos son los lugares en donde se almacenan todos los datos que han dejado de tener importancia, pero que posteriormente pueden ser útiles por algún problema futuro con los archivos maestros y de transacción.

Normalización de los modelos de datos

La normalización intenta convertir un modelo lógico de datos es un buen modelo de datos. Según la literatura del tema, un buen modelo de datos es aquel que es simple (es decir, que los atributos de una entidad sólo describan a esa entidad), no redundante (es decir, que la información no se repite y por lo tanto existe un alto grado de integridad) y flexible a los cambios del futuro.

La idea básica de la normalización es simplificar las estructuras de datos para conseguir que su acceso sea lo más sencilla y manejable posible, y por lo tanto de alcanzar un buen modelo.

La normalización se realiza por los siguientes cuatro motivos:

- Estructurar los datos de forma que se puedan representar las relaciones pertinentes entre lo datos.
- Permitir la recuperación sencilla de datos en respuesta a las solicitudes de consultas y reportes.
- Simplificar el mantenimiento de los datos actualizándolos, insertándolos y borrándolos.
- Reducir la necesidad de reestructurar o reorganizar los datos cuando surjan nuevas aplicaciones.

Para alcanzar estos objetivos a través de la normalización existen tres formas normales. Cada una de ellas tiene el objetivo de aproximar un poco más el modelo lógico de datos a una implementación más eficiente.

La primera forma normal expone la necesidad de eliminar todos los grupos repetidos del modelo de datos, para conseguir que todos los registros tengan una longitud fija. La segunda forma normal se alcanza cuando la primera forma normal se ha conseguido, y cuando todos los atributos (campos) son funcionalmente dependientes[2] de la clave primaria.

La tercera forma normal se consigue cuando la segunda forma normal se ha alcanzado, y cuando todos los campos que no son clave son funcionalmente dependientes por completo de la clave primaria y no hay dependencias transitivas. Es decir, los campos (o atributos) que describan en realidad a otra entidad independiente han de ser eliminados.

La normalización se exponen con mayor detalle en el capítulo sobre el modelado de datos.

Conversión del un modelo lógico de datos a un modelo físico de datos

Tras la normalización del modelo lógico de datos, el analista y el diseñador de sistemas y el administrador de datos deben decidir cómo trasformar el modelo lógico de datos, a un modelo físico de datos.

Una vez elegida la tecnología de bases de datos a lo largo de las actividades anteriores, el analista y el diseñador de sistemas definen para cada campo (atributo) el tipo de datos que más se adapte a sus fines. Los tipos de datos más comunes son los valores enteros, los valores reales, las cadenas de caracteres, las fechas y las cantidades de dinero. La figura 5.12 muestra un ejemplo de diagrama físico de entidad-relación.

Posteriormente, el analista y el diseñador de sistemas deben introducir campos de control y seguridad en función de la tecnología de bases de datos que se haya seleccionado. Además, se debe decidir qué entidades se convertirán en archivos maestros, en archivos de transacción, o en cualquier otro tipo de archivo.

---

[2] Un campo es funcionalmente dependiente si su valor está asociado de manera única con un campo específico.

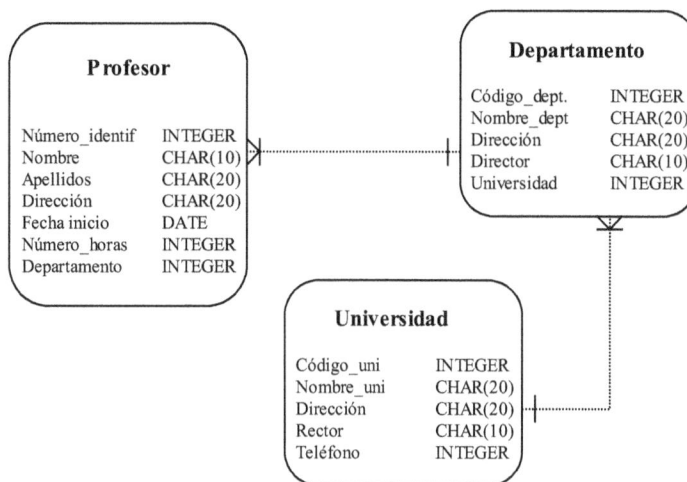

Figura 5.12 Ejemplo de modelo físico de datos

Otros aspectos sobre el diseño de bases de datos son la definición de los métodos de acceso y la elección de punto físico en donde se instalará el servidor de la base de datos.

El resultado de esta actividad es un modelo físico de datos como el representado en la figura 5.12, y un documento complementario con los métodos de acceso, las organizaciones de los archivos (archivos maestros, archivos de transacción…), los índices, etc.

5.3.5. Diseñar las salidas del sistema

Uno de los aspectos más importantes para la aceptación del sistema de información por parte de los usuarios son las salidas. En el caso de que un sistema proporcione salidas que no satisfagan las necesidades o las expectativas del usuario pueden llevarle a no utilizar el sistema creyendo que es una pérdida de tiempo. Esto no significa que el resto del sistema no sea de calidad.

Es comprensible que los usuarios evalúen el éxito de un sistema en función de sus salidas, ya que es uno de los pocos aspectos que el usuario puede observar del sistema de información. Además, la mayoría de usuarios necesitan de la información que proporcionan las salidas del sistema para realizar su trabajo. Si estas salidas no ofrecen la información de forma correcta, o con una estructura que les ayude a realizar su trabajo, considerarán que el desarrollo del sistema de información ha sido un fracaso.

Según Kendall y Kendall (1997), existen seis objetivos que debe cumplir cualquier salida del sistema:

- La salida debe servir al propósito deseado.
- La salida debe ajustarse al usuario.
- La salida debe entregar la cantidad adecuada de información.
- La salida debe encontrarse en donde se necesita.
- La salida debe entregar la información a tiempo.
- La salida debe implementarse con un método adecuado.

Clasificación de las salidas

Las salidas se pueden clasificar en función de varios criterios y subcriterios. Las formas más habituales de clasificación de las salidas son en función de si las salidas serán usadas dentro o fuera de la organización y en función de las personas que lo necesitan.

La mayoría de salidas son de uso interno con el objetivo de dar apoyo a las actividades diarias de la organización, la monitorización de la gestión y la toma de decisiones. Las salidas internas se pueden subclasificar en tres tipos de informes distintos: informes detallados, informes resumen, e informes de excepción.

Los informes detallados se caracterizan por un volcado completo de toda la información disponible sobre un tema, como puede ser todas las ventas de la organización durante la última semana. Por el contrario, los informes resumen categorizar la información y sólo muestran la necesaria para la gestión de la organización. Estos informes no entran en el detalle como los informes detallados. El balance económico del último mes es un ejemplo de informe resumen. Por último, los informes de excepción reflejan aspectos que no se encuentran en una situación normal o estándar. Para ello, el sistema debe realizar varios filtrajes de la información disponible. Un ejemplo sería un informe que expusiera que el *stock* de un producto en el almacén es más bajo de lo aconsejable.

La segunda forma de clasificar las salidas es en función de las personas que van a recibir las salidas. Los informes o salidas para los operarios de una organización tienen objetivos diferentes a los de los directivos, por lo que se tendrán que implementar y diseñar de forma distinta. En la mayoría de ocasiones, las salidas que necesitan los operarios deben ser muy detalladas, mientras que las salidas que utilizan los directivos deben proporcionar una visión global de la organización sin entrar en detalles. Un número importante de informes que engloban una visión general de la organización utilizan gráficos para representar una situación.

Métodos de salida

La información que se quiere proporcionar a través de una salida suele tener una fuerte vinculación con el método seleccionado para implementar la salida. En función del objetivo de la salida, el analista y el diseñador de sistemas deben escoger el método o los métodos de salida que más se adapten a la situación.

Los métodos de salidas más habituales son a través de:

- Una impresora o cualquier dispositivo que imprima documentos en papel
- Una pantalla
- Multimedia, ya sea mediante audio o video
- Microformas, ya sean microfilmes o microfichas
- Soportes de almacenamiento fijos y portátiles
- Correo electrónico e hipervínculos

Las dos salidas más habituales en un sistema de información son las implementadas a través de una impresora y mediante una pantalla. El uso de la impresora tiene varias ventajas: es bastante económica, permite manejar grandes volúmenes de información, suele tener un fiabilidad bastante alta, y permite imprimir la información de formas muy distintas y diversas. Sin embargo, la velocidad de impresión, el coste de los consumibles y la gran cantidad de espacio que se necesita para almacenar las salidas son sus principales inconvenientes.

Las salidas que se realizan a través de una pantalla tienen objetivos distintos a los usados por una impresora. Mientras que la impresora ofrece una salida física que se puede almacenar, leer posteriormente, o enviar por carta a los interesados, la pantalla ofrece salidas para el uso inmediato. Algunas de las ventajas de la pantalla son la interactividad con el sistema y el poder trabajar con información en tiempo real. Por el contrario, la información de la pantalla desaparece cuando se accede a otra información, y su coste inicial es más elevado que el de una impresora. El uso de las salidas por pantalla se usa principalmente para acceder a información que contiene el sistema y a la que sólo es necesario acceder una vez, o cuando es necesario modificar cualquier tipo de información.

Las salidas multimedia, ya sea a través de audio o de vídeo, no son habituales cuando los destinatarios son los usuarios internos de la organización. El audio y el video suelen ser salidas pensadas para presentaciones o para exponer cierta información a personas externas a la organización. Un ejemplo de salida de este tipo pueden ser los *Call Centers*, que ofrecen información a través de un sistema digitalizado.

Las microformas, que engloban los microfilmes y las microfichas, son una manera de almacenar grandes cantidades de información en espacios muy reducidos si se compara con la necesidad de espacio que se necesitaría para almacenar la misma información en formato papel. Las microformas proporcionan la información en un soporte físico, con la tranquilidad que ofrece a la mayoría de usuarios. Sin embargo, el gran inconveniente del uso de las microformas son el alto coste de la maquinaria necesaria para crear los microfilmes, para su lectura, para su impresión en formato papel y para su mantenimiento. Además, es necesario formar a los trabajadores en el uso de toda esta maquinaria.

El uso de dispositivos de almacenaje portátiles como los CD-ROM, los DVD, e incluso las tarjetas de memoria *flash* ofrecen la opción de trasladar gran cantidad de información de un sistema a otro sin la necesidad de estar conectados físicamente. El uso de estos dispositivos tiene grandes ventajas, como permitir salidas multimedia, un tiempo de recuperación rápida si se compara con el papel o las microformas y una menor vulnerabilidad. Por el contrario, su coste suele ser elevado si lo comparamos con otras opciones, y la actualización de datos sobre los discos no son tan eficientes.

En la actualidad, el correo electrónico es una forma muy habitual de enviar información de un lugar a otro. En ocasiones, cuando la información es bastante voluminosa, se decide por dar acceso a cierta información a través de Internet o portales de la red. El correo electrónico, así como los hipervínculos, permiten difundir de forma rápida y económica información a una gran cantidad de personas. Además, su actualización es muy sencilla.

La selección de uno o más de los métodos de salidas anteriores se decide en función de los siguientes parámetros: las personas que usarán la salida, el número de personas que necesitan la salida, el lugar físico en donde se necesita la salida, el propósito de la salida, la velocidad a la que se necesita la salida, la frecuencia con que se necesita la salida, si será necesario almacenar la salida y durante cuánto tiempo, los costes iniciales y de mantenimiento de la salida, y las limitaciones físicas del sistema de salida.

5.3.6. Diseñar las entradas del sistema

Para poder conseguir unas salidas que cumplan con los requerimientos de los propietarios y de los usuarios del sistema, es preciso conseguir que las entradas de información al sistema sean de buena calidad.

Las entradas del sistema determinarán el comportamiento del sistema y cómo debe actuar. Según Senn (1992), las entradas de un sistema deben cumplir cinco objetivos básicos:

- Controlar la cantidad de información que se introduce al sistema
- Evitar los retrasos
- Evitar los errores en los datos que se introducen al sistema
- Eliminar los pasos innecesarios
- Mantener la sencillez de los procesos

El analista de sistema debe estudiar qué información es la que realmente necesita el sistema de información para su correcto funcionamiento. Introducir datos no necesarios en las entradas del sistema provoca un aumento en el tiempo necesario para que el sistema empiece a trabajar. Además, el coste asociado al tiempo de mano de obra para introducir datos también puede aumentar rápidamente. Evitar cuellos de botella es otro de los objetivos en el diseño de entradas a un sistema.

Para evitar errores en la introducción de datos, el analista debe decidir de qué forma se va a ingresar los datos al sistema. Existen métodos para implementar una entrada que permita reducir el número de errores en ciertos casos, como pueden ser los lectores de códigos de barras en lugar del teclado convencional. Este aspecto se tratará con mayor detalle en la descripción de métodos de entrada.

En ocasiones, el sistema recibe grandes volúmenes de información y no es posible reducirlo. En estos casos, el analista de sistemas debe diseñar una entrada lo más eficientemente posible, eliminando todos los pasos intermedios y adicionales que no sean necesarios para este fin.

Por último, el analista de sistemas debe intentar alcanzar los cuatro objetivos anteriores de la forma más sencilla posible.

Métodos de entrada

Tal y como ocurría con los métodos de salida, el analista y el diseñador de sistemas también pueden optar por diversos métodos para implementar las entradas, según las necesidades y limitaciones del sistema. Los métodos de entrada que el analista de sistemas puede utilizar son:

- El teclado
- El ratón
- La pantalla táctil
- El sonido y la voz
- La marca óptica
- La tarjeta magnética
- La tarjeta inteligente (*Smart Card*)
- La biométrica

El teclado es el método más común para introducir datos a un sistema de información. Sin embargo, también es el método que comporta mayores peligros en la introducción de datos al sistema. Sin embargo, las interfaces gráficas como Windows, KDE o Gnomo de Linux o los entornos de trabajo de los Apple han ayudado en gran medida a disminuir dichos errores.

El ratón es el dispositivo que suele acompañar y complementar al teclado en los sistemas con interfaces gráficas. Actualmente, hay aplicaciones informáticas que sólo necesitan el ratón para poder usar todos las opciones disponibles de un sistema.

Las pantallas táctiles se están volviendo muy populares gracias a las agendas electrónicas. La posibilidad de acceder a la información sobre el mismo dispositivo que ofrece las salidas del sistema simplifica en gran medida el aprendizaje de estas aplicaciones. Así mismo, la tendencia del mercado muestra un movimiento de los ordenadores personas con teclado y ratón a las Tablet PC cuyo método de entrada es la misma pantalla.

El sonido y la voz son los métodos más ambiciosos de entrada de datos a un sistema. El habla como método de comunicación con un sistema informático ha sido uno de los objetivos que los ingenieros informáticos han intentado conseguir desde los principios de la ingeniería informática. La popularidad de este método queda reflejada en la gran cantidad series y películas de ciencia ficción que tratan sobre el futuro. En la actualidad, existen aplicaciones informáticas que responden con una gran eficiencia a la voz humana, pero sigue siendo más lento de respuesta que otros métodos como teclados o ratones.

Las marcas ópticas son una tecnología muy utilizada en diversas áreas de la empresa. Se pueden encontrar ejemplos en el departamento de recursos humanaos para la evaluación de cuestionarios o formularios con marcas ópticas, en el departamento de logística para controlar la situación actual de los pedidos a través de códigos de barras, y en la administración de cualquier empresa para el escaneado de documentos en formato papel y su conversión a formato electrónico (llamado *reconocimiento de caracteres ópticos* u OCR).

Las tarjetas magnéticas se han convertido en un método muy habitual en las organizaciones y en la vida cotidiana de las personas. Las tarjetas de crédito y las tarjetas de acceso a lugares de seguridad son simples ejemplos de las posibilidades del uso de tarjetas magnéticas.

Las tarjetas inteligentes (o *Smart Cards*) son dispositivos que permiten almacenar una gran cantidad de información, así como procesarla, ya que contienen un microprocesador, memoria y una batería. Algunas consideran a las tarjetas inteligentes como la evolución de las tarjetas de crédito a las que se les ha añadido una gran cantidad de posibilidades diferentes. Las tarjetas inteligentes se usan principalmente en aplicaciones que necesitan un cierto nivel de seguridad.

La transmisión electromagnética como son las conexiones WI-FI o las conexiones Bluetooth se basan en transferir por radiofrecuencia información al sistema. Este método es bastante habitual en organizaciones o lugares en donde los sistemas informáticos son portátiles como pueden ser las bibliotecas, las universidades, las consultorías, etc.

El uso de elementos biométricos se usa principalmente para conseguir un alto grado de seguridad. Esta tecnología permite identificar al usuario y los derechos que tiene sobre el sistema. En la actualidad es posible encontrar dispositivos para bloquear un sistema de información o un ordenador si no coincide la huella dactilar del usuario con la almacenada en el sistema.

5.3.7. Diseñar las interfaces del sistema

Para los usuarios del sistema el interfaz es el propio sistema, ya que es lo único que pueden ver y con lo único que pueden interactuar. La interfaz es una herramienta del sistema que debe permitir a los usuarios del sistema conseguir la información que necesitan.

El sistema de información, en relación a la interfaz, debe cumplir los siguientes objetivos:

- La interfaz debe permitir al usuario acceder al sistema y a su información en una forma que sea congruente con sus necesidades.
- La interfaz debe permitir maximizar el tiempo de entrada de datos y minimizar el número de errores.
- La interfaz debe proporcionar una retroalimentación adecuada a las acciones del usuario de sistemas.
- La interfaz debe adaptarse a los principios de ergonomía establecida en el diseño de interfaces.

Tipos de interfaces

Existen una gran cantidad de interfaces, sin embargo los más comunes son los que a continuación se analizan. Los interfaces de pregunta y respuesta consisten en que el sistema realiza una pregunta y el usuario la responde, normalmente a través de un teclado o de un ratón. En función de la respuesta que el usuario introduce, el sistema actúa de una forma u otra.

Los menús son interfaces que proporcionan al usuario las diversas posibilidades que el sistema ofrece a través de un monitor. Por otra parte, las interfaces de llenado consisten en cajas o estructuras que aparecen en pantalla, las cuales se despliegan y puede ofrecer diversas opciones.

Las interfaces de línea de comando permiten al usuario controlar ciertos procesos del sistema mediante la introducción de comandos o secuencias de comandos. El entorno MS-DOS es un ejemplo de interfaz de línea de comando.

Con posterioridad a la interfaces de línea de comandos, han aparecido las interfaces gráficas de usuario (o GUI). Sin lugar a dudas, las GUI se han convertido es la interfaz más común de trabajo para la mayoría de trabajadores. Sin embargo, el diseño de este tipo de interfaz es el más difícil de implementar para el analista de sistemas.

Las GUI deben ofrecer una constante retroalimentación con el usuario. De esta forma los usuarios pueden interactuar de forma natural con el sistema de información. Los ejemplos más populares de interfaces gráficas son Windows de Microsoft, OS/2 de IBM, KDE y Gnome de Linux, y Macintosh de Apple.

Por último está la interfaz del lenguaje natural, que es el más deseado por todos los usuarios poco experimentados en la informática. Sin embargo, la ambigüedad del lenguaje natural hace casi imposible su utilización, excepto en casos muy particulares.

6. Implantación y soporte de sistemas

6.1. Introducción a la implantación de un sistema de información

La última etapa en el desarrollo de un sistema de información es la implantación. Los objetivos principales de esta etapa son transformar los diseños y requisitos técnicos (físicos) que se han definido en la etapa anterior (básicamente, en la fase de diseño físico) y su puesta en marcha.

Los individuos clave para alcanzar el primer objetivo son los constructores de sistemas, ya que son los encargados de traducir el diseño físico realizado por los diseñadores de sistemas en un sistema físico y real. En este objetivo, también intervienen los diseñadores de sistemas como guías ante la aparición de ciertas ambigüedades en el diseño.

Por el contrario, los protagonistas en la puesta en marcha del sistema de información son los analistas de sistemas con la ayuda de los usuarios de sistemas. Ambos deben conseguir que el sistema resultante satisfaga todas las necesidades y requerimientos que se habían definido en la etapa de análisis de sistemas.

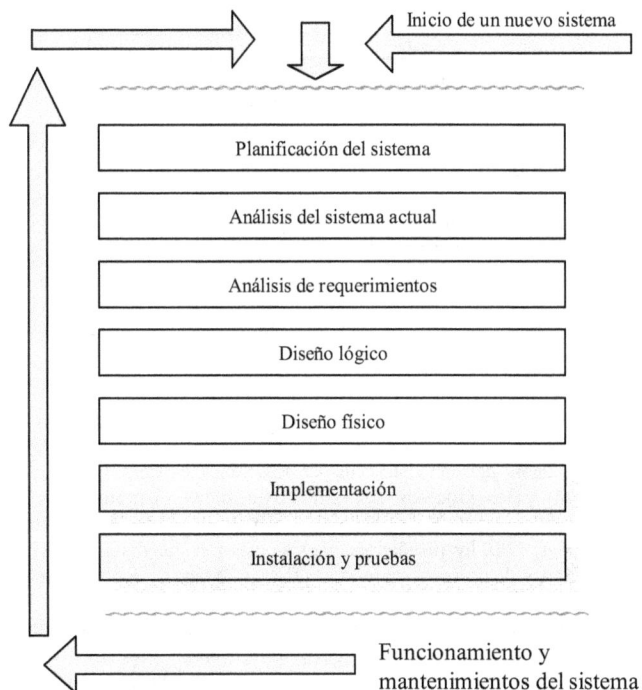

Figura 6.1 Fases en el soporte del sistema

En concordancia con los objetivos anteriores, la etapa de implantación de sistemas está formada por dos fases:

- Implementación del sistema
- Instalación y pruebas del sistema

La fase de implementación del sistema no suele dar muchas complicaciones. Sin embargo, en la instalación y puesta en marcha del sistema, el analista se suele encontrar con grandes dificultades (principalmente a nivel social), por lo que debe acabar tomando varias decisiones críticas para conseguir que el sistema cumpla con todas las expectativas.

6.2. Implementación del sistema de información

La primera fase en la implantación de un sistema de información es la implementación del sistema. Esta fase tiene como objetivo principal construir cada una de las partes del sistema de información. Adicionalmente se realiza una comprobación general del sistema.

Tal y como se ha introducido previamente, un sistema de información consta de datos, procesos y redes (o tecnologías de comunicación). En el diseño lógico, el objetivo se centraba en describir qué necesidades de datos y qué necesidades de procesos eran necesarias para que el sistema de información cumpliera con los requerimientos de los usuarios. Para ello se desarrollaba diversos diagramas y modelos de datos y procesos que reflejaban lo datos a almacenar en el sistema, así como todos aquellos procesos que debía de poder realizar el sistema.

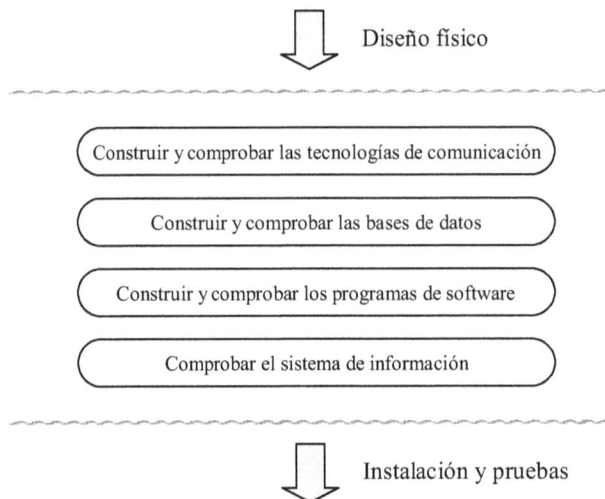

Figura 6.2 Actividades de la fase de implementación del sistema

Después de describir los datos del sistema (y de las relaciones existentes entre ellos a través de un diagrama entidad-relación) y los procesos del sistema (mediante diagramas de flujos de datos que relacionan los procesos con los datos), la fase de diseño físico se centraba en traducir dichas necesidades a modelos tecnológicos. Para ello, los diseñadores de sistemas y los analistas de sistemas transformaban los modelos lógicos de datos y de procesos en modelos físicos de datos y procesos, respectivamente.

Tras depurar las especificaciones técnicas del sistema (es decir, los modelos físicos de datos y procesos) y establecer la arquitectura de la información (es decir, la tecnología específica que se va a usar para construir el sistema de información), el siguiente paso consiste en construir el nuevo sistema de información en base a las especificaciones técnicas.

Además de construir el sistema, también es necesario comprobar o evaluar el sistema. Con este fin, después de construir cada parte del sistema de información, los constructores y el analista de sistemas deben comprobarlas. Posteriormente, es necesario comprobar el sistema al completo, para poder observar si las distintas partes del sistema de información están bien coordinadas (encajadas).

Para conseguir alcanzar todas estas metas, la fase de implementación del sistema está formada por cuatro actividades:

- Construir y comprobar las tecnologías de comunicación
- Construir y comprobar las bases de datos
- Construir y comprobar los programas de *software*
- Comprobar el sistema de información

A continuación, se analiza cada una de las actividades que forman la fase de implementación del sistema.

6.2.1. Construir y testear las tecnologías de comunicación

La primera actividad en la fase de implementación del sistema es construir y/o comprobar las tecnologías de comunicación, aunque en ciertas ocasiones no será necesario. Por ejemplo, en aquellos casos en donde la tecnología de comunicación ya está implantada y funcionando (y se decide no cambiarla o modificarla), los constructores y los analistas de sistemas pueden decidir no realizarla.

Una de las partes más críticas en esta actividad es la construcción y la comprobación de las redes que permitirán comunicar a las bases de datos con los programas informáticos, así como entre ellos. Aunque el resto del sistema de información se construyera a la perfección, si las comunicaciones entre los ordenadores no funcionasen correctamente, el sistema de información tendería al fracaso.

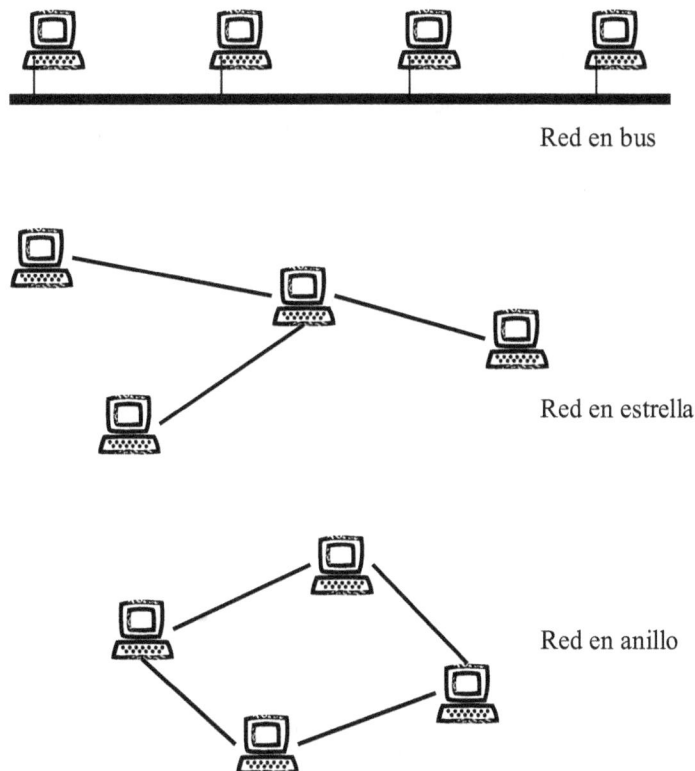

Red en bus

Red en estrella

Red en anillo

Figura 6.3 Tipología de redes

Durante la actividad definir la arquitectura de información (fases anteriores) se debe haber decidido qué tipo de red se quiere implementar en la organización, o en el departamento en donde se está desarrollando el sistema de información. Básicamente, existen tres tipos de redes:

- Redes en bus
- Redes en estrella
- Redes en anillo

Las redes en bus se caracterizan por permitir que todas las estaciones reciban la información que se transmite. En otras palabras, que mientras una estación trasmite, todas las restantes estaciones escuchan (Fig. 6.3). Este tipo de red tiene varias ventajas; por ejemplo, como son que requiere una menor cantidad de cables –si se compara con otros tipos de redes– y que si una estación falla (deja de funcionar) no incapacita la comunicación entre el resto de la red. Por el contrario, si el bus deja de funcionar por una avería, la totalidad de las estaciones de trabajo dejan de funcionar.

Las redes en estrella se caracterizan en que todas las estaciones de trabajo se comunican a través de un único punto, que normalmente es usado como centro de control y gestión (Fig. 6.3). A diferencia de las redes en bus, en caso de que una conexión deje de funcionar, el resto de estaciones de trabajo pueden seguir sin sufrir ningún perjuicio. Por el contrario, si la estación de control y gestión deja de funcionar, la comunicación entre las estaciones de trabajo deja de funcionar. Además, la cantidad de cableado necesario para construir una red en estrella es muy superior a la de otros tipos de redes. Las ventajas y desventajas de este tipo de red se corresponden con las desventajas y ventajas de las redes en bus, respectivamente.

Las redes en anillo se caracterizan en que las estaciones están unidas entre ellas formando un círculo por medio de un cable común (Fig. 6.3). Las señales circulan en un solo sentido alrededor del círculo, regenerándose en cada estación de trabajo (o también llamado nodo). En este tipo de redes (característico de las redes IBM) se evitan la mayoría de cuellos de botellas que se producen de forma habitual en las redes en bus y en estrella. Por el contrario, las redes en anillo tienen un gran inconveniente en ciertos casos. Al existir un solo canal de comunicación entre las estaciones de trabajo, en caso de que produzca un fallo del canal o de una estación de trabajo, las restantes quedan incomunicadas.

Tomando como base los tres tipos básicos de redes, se pueden construir varios híbridos como son las redes bus en estrella, las redes estrella jerárquica y las redes en anillo con bus (conocidas como *Token Bus*).

6.2.2. Construir y comprobar las bases de datos

Tras construir y comprobar (en caso de haber sido necesario) la tecnología de comunicación, el siguiente paso en el desarrollo de un sistema de información es construir las bases de datos del sistema.

Esta actividad tiene como objetivo construir las bases de datos que soportarán las aplicaciones o programas informáticos. Antes de iniciar la programación de las aplicaciones informáticas, los constructores del sistema deben haber terminado y comprobado el correcto funcionamiento de las bases de datos, ya que éstas se convierten en la base común de todos los elementos del sistema.

En el caso de que un sistema de información estuviese funcionando con una base de datos deficiente, se tendría que modificar la base de datos, y en la mayoría de ocasiones reconstruir los programas informáticos y el coste, tanto económico como de tiempo, se incrementaría bastante en relación al presupuesto inicial.

Base de datos

Según Kendall y Kendall (1997), una base de datos no es un simple conjunto de archivos en donde se almacena información, sino que es una fuente central de datos interrelacionada que está pensada para que sea compartida por muchos usuarios en una diversidad de aplicaciones.

Los objetivos de efectividad de una base de datos son:

- Permitir el acceso compartido a la base de datos desde diversos programas informáticos al mismo tiempo
- Mantener datos que sean precisos y consistentes

- Asegurarse de que los datos solicitados por los programas informáticos actuales y futuros estén disponibles de forma sencilla
- Posibilitar el crecimiento de la base de datos según las necesidades de los usuarios
- Permitir que los usuarios construyan su interfaz personal de datos sin la necesidad de tener presente cómo está estructurada la base de datos

Sistemas de gestión de base de datos

Debido a la complejidad de una base de datos (creación de estructuras, modificación de datos, eliminación de datos, actualización de datos, modificación de estructuras, etc.), existen los sistemas de gestión de bases de datos (SGBD o DBMS[1]).

Según Whitten et al. (1992), un sistema de gestión de bases de datos es un *software* informático especializado y disponible en el mercado que se utiliza para creación, acceso, control y gestión de la base de datos.

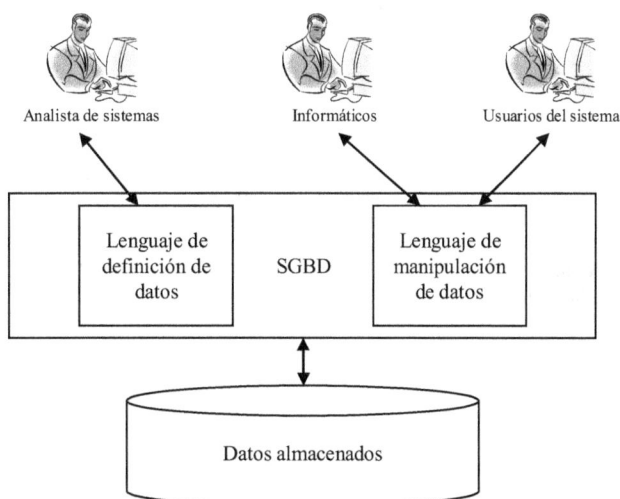

Figura 6.4 Elementos del sistema de gestión de base de datos

Los componentes principales de un sistema de gestión de base de datos son el lenguaje de definición de datos (DLL[2]) y el lenguaje de manipulación de datos (DML[3]).

El lenguaje de definición de datos (DDL) tiene como objetivo poder crear, modificar y eliminar tablas (entidades en un modelo lógico), campos (los atributos en un modelo lógico) y las relaciones que puedan existir entre las tablas de la base de datos.

Además, a través del lenguaje de definición de datos (DLL) los analistas de sistemas y los analistas de bases de datos pueden establecer los permisos de utilización de cada tipo de usuarios. A esta parte, se le llama *lenguaje de definición de vistas* (VDL[4]).

El lenguaje de manipulación de datos (DML) es el complemento del lenguaje de definición de datos (DDL) y tiene como función permitir crear, modificar, recuperar y eliminar registros (entidades en un modelo lógico) de una base de datos.

---

[1] En inglés: *Data Base Management System* (DBMS)
[2] En inglés: *Data Definition Language* (DDL)
[3] En inglés: *Data Manipulation Language* (DML)
[4] En inglés: *Visual Definition Language* (VDL)

El lenguaje de manipulación de datos (DML) también permite pasar de un registro que se encuentra en una tabla a otra tabla a través de las relaciones preestablecidas por el lenguaje de definición de datos (DDL). Los programadores informáticos son los principales usuarios del lenguaje de manipulación de datos (DML), ya que son ellos quienes deben acceder a los datos que hay en las bases de datos a través de sus programas informáticos.

Algunos ejemplos de sistemas de gestión de bases de datos son Oracle, SqlServer, Informix, Sysbase y MS Access.

Lenguaje de consultas estructurado

El lenguaje de consultas estructurado (SQL[5]) es en la actualidad el lenguaje más utilizado para la comunicación entre bases de datos y programas informáticos. Este lenguaje (SQL) es considerado como uno de los lenguajes más potentes en el mundo por su simplicidad, al mismo tiempo que cumple las funciones de DDL y DML en un sistema de gestión de bases de datos.

El lenguaje de consultas estructurado se basa en expresiones con una estructura muy sencilla formada por tres cláusulas:

- SELECT
- FROM
- WHERE

La cláusula SELECT tiene como objetivo recuperar los atributos de la consulta realizada por un programa informático. La cláusula FROM muestra las tablas de donde la cláusula SELECT debe recuperar los atributos solicitados por el programa informático. Por último, la cláusula WHERE se utiliza para introducir las restricciones necesarias para filtrar los registros de una o varias tablas. La estructura de una expresión SQL tiene la siguiente forma:

$$SELECT\ A_1,\ A_2,...\ ,\ A_n$$
$$FROM\ r_1,\ r_2,...\ ,\ r_n$$
$$WHERE\ P$$

En este caso, los parámetros A_i reflejan atributos (o campo de una tabla), los parámetros r_i indican las tablas que participan en la consulta, y los parámetros P (también llamado predicado) representan los filtros necesarios para realizar la consulta.

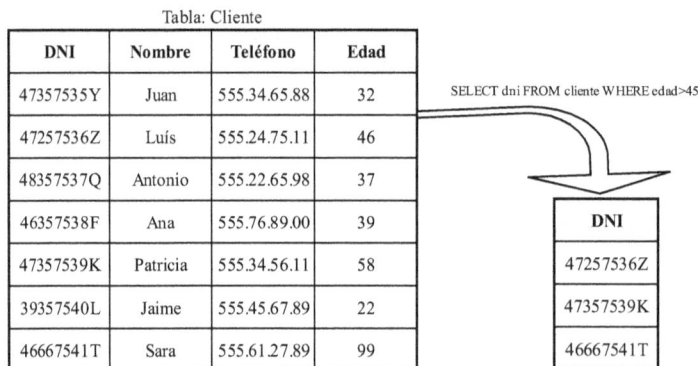

Tabla: Cliente

DNI	Nombre	Teléfono	Edad
47357535Y	Juan	555.34.65.88	32
47257536Z	Luís	555.24.75.11	46
48357537Q	Antonio	555.22.65.98	37
46357538F	Ana	555.76.89.00	39
47357539K	Patricia	555.34.56.11	58
39357540L	Jaime	555.45.67.89	22
46667541T	Sara	555.61.27.89	99

SELECT dni FROM cliente WHERE edad>45

DNI
47257536Z
47357539K
46667541T

Figura 6.5 Ejemplo de secuencia SQL

Por ejemplo, si se tiene una tabla (Fig. 6.5) que representa los clientes de una organización, y se quiere extraer una lista con los DNI de los clientes mayores de 45 años, se podría utilizar la siguiente expresión:

SELECT dni FROM cliente WHERE edad > 45

---

[5] En inglés: Structured Query Language (SQL)

6.2.3. Construir y comprobar los programas de *software*

La tercera actividad en la fase de implementación del sistema de información es la de construir y comprobar los programas informáticos o el *software*. En esta fase el actor principal es el constructor, que en la mayoría de ocasiones resulta ser un programador. En empresas de tamaño medio y pequeño, el diseñador y el constructor (en este caso, el programador) pueden llegar a ser la misma persona, debido a la cantidad de conocimientos que uno y otro tienen en común.

El ciclo de vida de la construcción de un programa informático está formado por seis tareas, según una adaptación del modelo propuesto por Whitten et al. (1992). La figura 6.6 muestra un representación de las seis tareas y las relaciones existentes entre ellas.

El desarrollo de un programa informático comienza por revisar la estructura del programa informático, es decir, descomponer el programa en partes más pequeñas (o también llamados módulos) hasta llegar a los bloques de *software* más pequeños. El resultado de esta tarea es un conjunto de módulos (o bloques de *software*) estructurados de forma jerárquica, y en donde queda reflejado las relaciones que deben existir entre los distintos módulos.

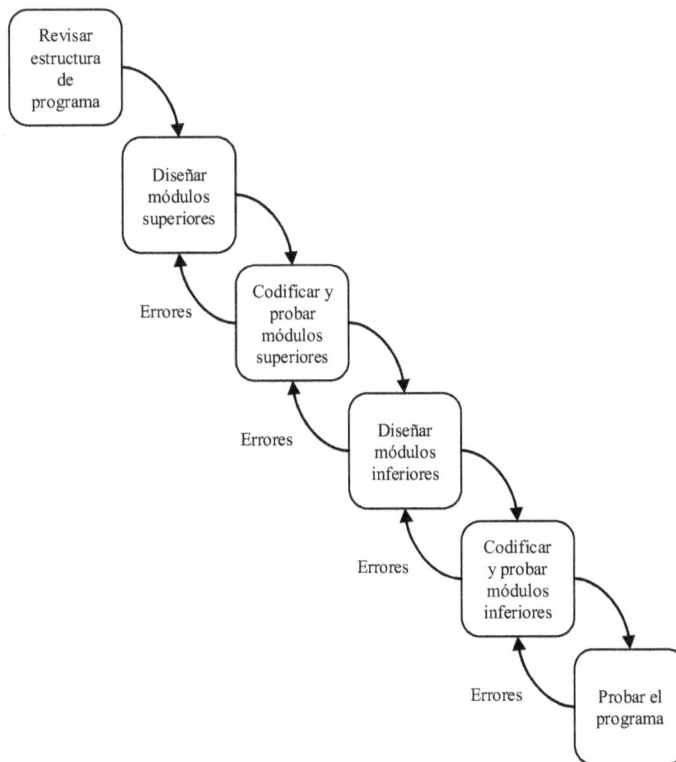

Figura 6.6 Tareas para el desarrollo de un programa informático

Después de identificar los módulos o bloques de *software* del programa informático, el siguiente paso o tarea consiste en diseñar los módulos de nivel más alto. En este punto, y durante su diseño, se tiene que suponer que los módulos inferiores están implementados y que se pueden utilizar. El objetivo de esta tarea es representar los algoritmos informáticos que después se tendrán de codificar (o escribir en un lenguaje de programación).

El lenguaje de programación a utilizar se habrá decidido durante la actividad "definir la arquitectura de información". Sin embargo, en muchas ocasiones el lenguaje de programación viene definido antes del inicio del proyecto. Esto es debido a que en un momento previo, la organización ya decidió que arquitectura de información se iba a utilizar.

La decisión de un lenguaje de programación es muy importante, ya que ayuda a los programadores a centrarse en un único estándar, llevándolos a una mayor eficiencia en su trabajo. En caso de cambiar de lenguaje de programación cada cierto tiempo, un programador puede verse obligado a utilizar una gran cantidad de tiempo en cursos de reciclaje, y a tener que reescribir los programas informáticos de la empresa cuando surgen nuevas necesidades.

En la mayoría de proyectos para el desarrollo de nuevos programas informáticos, no se suele empezar a escribir el código desde cero, sino que se reutilizan módulos o bloques de código de programas anteriores. Por ejemplo, si el nuevo sistema de información debe llevar la contabilidad de la empresa, y ésta no ha cambiado, el programador puede aprovechar este módulo de *software* para el nuevo sistema de información. De la misma forma, se pueden aprovechar bloques de *software* de otros lugares de la red, o de otras funciones del sistema anterior.

Si no existe una política adecuada sobre el lenguaje de programación necesario, se hace muy difícil poder reutilizar bloques de *software*, por lo que la cantidad de recursos necesarios para llevar a cabo esta tarea puede llegar a triplicarse (tanto en tiempo como en personas).

Después de diseñar los módulos superiores a través de algoritmos, el constructor (o programador en este caso) debe codificarlo o escribirlo en el lenguaje de programación elegido. Además, es necesario comprobar cada módulo de forma independiente para averiguar si responden según lo establecido en la tarea revisar la estructura del programa. En caso de encontrarse errores (comportamientos no esperados del módulo), es necesario regresar a la tarea previa y rediseñar los módulos superiores. La retroalimentación que se producen entre estas dos tareas no finaliza hasta que los módulos superiores responden tal y como se habían definido al inicio del proceso.

Las dos siguientes tareas son equivalentes a las anteriores, pero con aquellos módulos de niveles inferiores. Es decir, diseñar los módulos inferiores a través de algoritmos, y después codificarlos y probarlos. La tarea de comprobar los módulos se realiza de forma individual, es decir, se comprueba que la respuesta y el comportamiento de cada módulo es el correcto. Es interesante destacar que hasta el momento no se ha estudiado la interacción entre los distintos módulos, ya que pertenece a tareas posteriores.

La sexta y última tarea en el desarrollo de un programa informático consiste en unir los módulos codificados y comprobados y comprobar que funcionen correctamente todos juntos. El objetivo de esta tarea es probar el programa informático al completo y comprobar su comportamiento. En caso de encontrar errores, se precisará realizar un nuevo estudio a cada uno de los módulos, e incluso la estructura del programa. Todo depende del tipo de error que se haya detectado durante esta tarea.

A la comprobación de lo módulos, tanto superiores como inferiores, se le denomina *pruebas individuales*, ya que son realizadas sobre módulos de forma independiente al resto de módulos. Mientras que a la comprobación de todo el programa se le denomina *prueba de unidades* o *prueba de programas*.

Tal y como se ha indicado previamente, los departamentos de sistema de información suelen establecer normas que reflejan algunas reglas de cómo realizar el diseño, la codificación, las pruebas y la documentación. De esta manera, es posible conseguir que exista un estilo coherente en todos los sistemas de información de la empresa.

6.2.4.   Comprobar el sistema de información

Una vez finalizado la construcción y la comprobación de las tecnologías de comunicación, las bases de datos y los programas informáticos, es necesario analizar el comportamiento del sistema de información al completo.

Los objetivos de esta actividad son dos:

- Comprobar que el nuevo sistema de información se comporte, de forma individual, tal y como estaba previsto
- Comprobar que la integración del nuevo sistema de información con el sistema global es correcta.

A este tipo de comprobación se le denomina *prueba de sistema*, y afecta tanto al funcionamiento en solitario del sistema como en combinación con otros sistemas. Para ello se deben estudiar las entradas y salidas desde y hacia otros programas informáticos.

En caso de encontrar algún error o mal funcionamiento, el analista de sistemas debe tomar la decisión de revisar las tres actividades anteriores para poder encontrar una solución al problema.

Para evaluar el sistema de información en esta fase del desarrollo del sistema, George et al. (2004) proponen una comprobación basada en cuatro tipos de pruebas:

- Prueba de recuperación. Esta prueba consiste en forzar un fallo en el sistema para verificar que la recuperación de datos es correcta.
- Prueba de seguridad. Para ello se intenta verificar los mecanismos de protección ante el intento de penetración de un usuario no permitido.
- Prueba de robusteza. En este caso, los constructores deben intentar "romper" el sistema, desde la perspectiva de un usuario.
- Prueba de respuesta. Por último, los constructores deben averiguar cómo se comporta el nuevo sistema ante distintas situaciones del entorno, como puede ser si se cambia parte de *hardware*.

6.3. Instalación y pruebas del sistema

La segunda fase en la implantación de un sistema y la última fase en el desarrollo de un sistema de información es la instalación y pruebas del sistema. Para ello, esta fase se centra principalmente en trasladar el sistema de información construido a su lugar de trabajo, y ayudar a los empleados de la empresa a poderlo utilizar de la forma más eficiente posible.

Para conseguir estos objetivos, el analista de sistemas debe decidir los pasos a seguir para sustituir el antiguo sistema por el nuevo sistema de información. Para ello, podrá escoger entre distintas estrategias. En función de la estrategia adoptada, las necesidades económicas, el tiempo necesario y la implicación y participación de los usuarios, exigirá un nivel u otro.

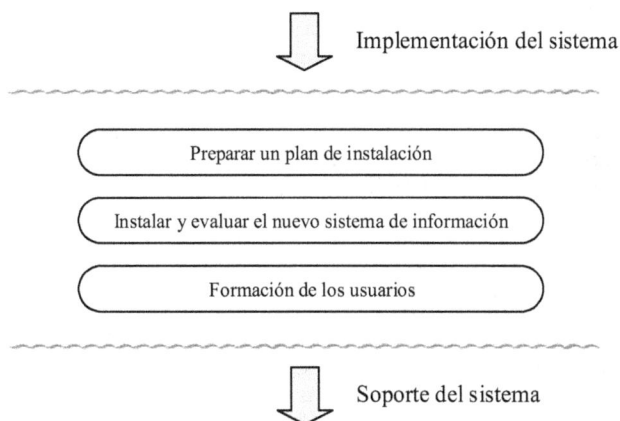

Figura 6.7 Actividades de la fase de instalación y pruebas del sistema

Después de establecer la política a seguir para la instalación del nuevo sistema de información, el siguiente paso se centra en la instalación física del sistema dentro de la empresa. Además, y en paralelo a la instalación del nuevo sistema, la empresa debe abordar todo el tema relacionado con la formación de sus empleados en el uso del nuevo sistema de información. De esta manera, se intenta que aparezcan los beneficios del nuevo sistema lo antes posible.

Una instalación inadecuada del nuevo sistema de información puede llegar a generar comportamientos de rechazo por parte de los usuarios de sistemas. Es por este motivo, que la estrategia a seguir es tan importante en esta etapa del desarrollo del sistema.

Para conseguir alcanzar todas estas metas, la fase de instalación y pruebas del sistema del sistema está formada por tres actividades:

- Preparar un plan de instalación
- Instalar y evaluar el nuevo sistema de información
- Formación de los usuarios

A continuación, se analiza cada una de las actividades que forman la fase de instalación y pruebas del sistema.

6.3.1.   Preparar un plan de instalación

La primera actividad en la instalación y pruebas del sistema es prepara un plan de instalación. La instalación del sistema consiste en reemplazar físicamente el antiguo sistema de información por el desarrollado durante el proyecto. En principio, existen cuatro aproximaciones a la instalación de un nuevo sistema:

- Instalación directa
- Instalación paralela
- Instalación por puestos
- Instalación por fases

La figura 6.8 muestra gráficamente las cuatro aproximaciones en la instalación de un nuevo sistema de información.

La decisión de una u otra estrategia de instalación dependerá de varios factores, como son la complejidad del sistema, el riesgo del cambio, los recursos disponibles para el cambio, la necesidad del nuevo sistema, la compatibilidad entre los sistemas antiguos y el nuevo, etc.

La instalación directa consiste en sustituir el sistema antiguo por el nuevo sistema de información en una fecha determinada. Esta aproximación se caracteriza por que todos los usuarios de la organización pasan a utilizar de un día al siguiente el nuevo sistema de información, y dejan de utilizar el antiguo de forma inmediata.

Este tipo de instalación implica grandes ventajas, pero al mismo tiempo puede representar algunos riesgos bastante importantes. Para empezar y debido a la rapidez del cambio, los costes de transición son despreciables: un aspecto muy importante desde el punto de vista económico. No obstante, en el caso de que exista algún problema con el nuevo sistema de información, todos los usuarios del sistema lo acaban sufriendo, e incluso puede llegar a pasar que no se pueda realizar la faena diaria de la empresa. En el caso de tener que volver a trabajar con el sistema antiguo, debido a que el nuevo sistema de información no responde a las necesidades de la empresa, los costes de transición al viejo sistema pueden ser muy elevados (incluso superiores a los ahorrados al principio).

Por estos motivos la instalación directa sólo suele aplicarse en sistemas relativamente pequeños, no esenciales o en aquellas situaciones en donde no es posible ninguna otra aproximación.

La instalación en paralelo es uno de las aproximaciones más comunes cuando se están instalando sistemas críticos para la empresa. Esta aproximación a la instalación de un nuevo sistema se caracteriza por utilizar al mismo tiempo el antiguo y el nuevo sistema de información. De esta manera, los usuarios pueden comprobar cómo los resultados del nuevo sistema de información corresponden con los del antiguo. En caso de que ocurra un error en el nuevo sistema de información, los usuarios pueden acogerse al viejo sistema y seguir trabajando (a diferencia de la instalación directa).

Aunque las dos ventajas que ofrece la instalación en paralelo son muy atractivas, desde el punto de vista económico no los es. En la instalación en paralelo, el coste de mantenimiento del sistema se duplica ya que coexisten dos sistemas independientes. En ciertos casos, el mantenimiento de dos sistemas en una empresa no comporta simplemente la suma de costes de los dos sistemas por separado, sino mucho más, ya que los recursos de red y de personal son limitados.

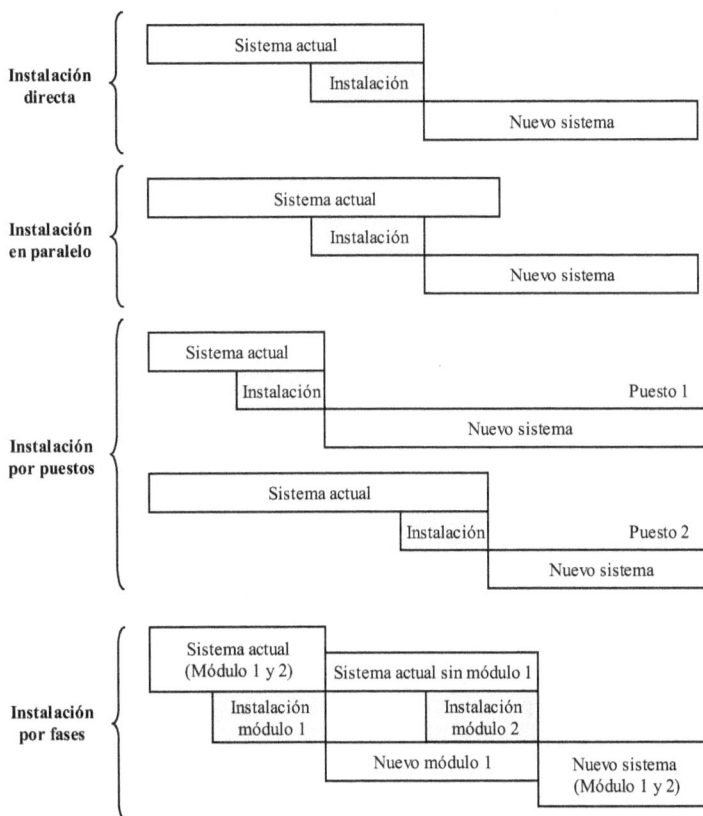

Figura 6.8 Aproximaciones a la instalación de un nuevo sistema

Otro grave inconveniente es que los usuarios deben utilizar los dos sistemas durante la instalación, por lo que el trabajo se les duplica (deben introducir los datos en el sistema antiguo, y después introducir los mismos datos en el nuevo sistema de información). Esto suele comportar retrasos y confusión entre los usuarios. La combinación de los dos aspectos anteriores puede provocar una actitud de rechazo por parte de los usuarios hacia el nuevo sistema, ya que les obliga a duplicar sus esfuerzos y a cometer algunos errores durante el proceso de adaptación que después deberán resolver.

En proyectos muy grandes puede ser posible que no sea viable una instalación en paralelo, ya que los recursos de los que dispone la organización no lo permiten.

Las aproximaciones de la instalación directa y la instalación en paralelo se encuentran en situaciones opuestas en relación a aspectos positivos y aspectos negativos. En la tabla 6.1 se puede ver que las ventajas de la instalación directa son las desventajas o peligros de la instalación en paralelo. Y que los aspectos positivos en la instalación en paralelo tienen su correspondencia en las desventajas de la instalación directa.

Entre ambas aproximaciones se encuentran la instalación por puestos y la instalación por fases o etapas. La figura 6.9 muestra las cuatro estrategias de instalación en función del coste asociado a cada una de ellas, y el peligro que se corre.

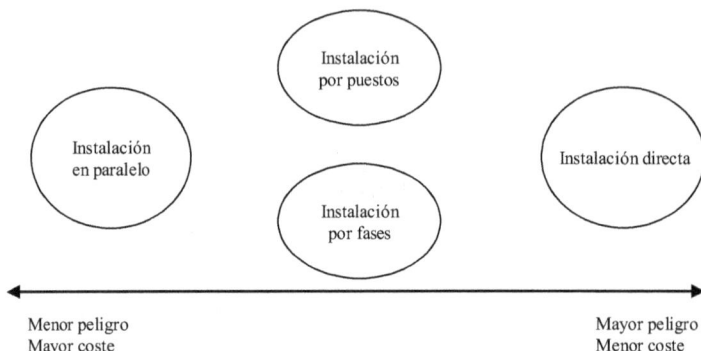

Figura 6.9 Clasificación sobre métodos de instalación

La instalación por puestos es una estrategia situada entre la instalación directa y la instalación en paralelo. Esta aproximación se basa en crear una prueba piloto en un puesto de trabajo o en un conjunto de puestos dentro de la empresa. De esta forma, se puede estudiar el impacto de pasar del sistema antiguo al nuevo sistema de información en un entorno más controlado.

En caso de encontrar errores, es posible solucionarlos antes de instalar el sistema al resto de la organización. Además, se pueden utilizar distintas estrategias en las pruebas piloto para decidir qué estrategia seguir con el resto de la organización (directa, paralela, o por fases). Sin embargo, los problemas que surgen en un puesto de trabajo pueden ser muy distintos a los del resto de la organización. Es por este motivo, que en grandes organizaciones no sólo se realiza una prueba piloto, sino que se utilizan diversas pruebas piloto a lo largo de la organización. Por otra parte, si la prueba piloto ha tenido éxito, el resto de empleados suelen ser más receptivos al cambio del sistema.

No todo son ventajas en la instalación por puestos de trabajo. La mayoría de sistemas y puestos de trabajo comparten datos e información, por lo que si el usuario de la prueba piloto necesita información del sistema antiguo aparece un problema. Para solucionarlo, los trabajadores del departamento de sistemas de información deben crear programas puente que permitan comunicar el nuevo sistema con el antiguo. Esto provoca una sobrecarga de trabajo para el analista y los constructores de sistemas.

La cuarta estrategia que un analista de sistemas puede adoptar es la instalación por fases. Si la instalación por puestos consistía en instalar todo el sistema en un puesto de trabajo, la instalación por fases consiste en instalar una parte del sistema en toda la organización, y dejar el resto del sistema antiguo. Después de comprobar que esa parte del sistema funciona correctamente, en la siguiente fase se instala una segunda parte del nuevo sistema de información, y se elimina la correspondiente del sistema antiguo. De esta forma, al final de varias fases o etapas, se habrá sustituido todo el antiguo sistema por el nuevo sistema de información.

Una de las ventajas de usar esta aproximación es que se disminuye la probabilidad de introducir un error del sistema en toda la organización. Además, al tratar con módulos parciales del sistema, se puede trabajar mejor y conseguir una adaptación progresiva por parte de los usuarios de sistemas.

La instalación por fases implica dos importantes aspectos negativos. El primero es la necesidad de crear programas informáticos que permitan comunicar el antiguo sistema con los nuevos módulos que se están instalando en el sistema. Por lo tanto, el analista y los constructores de sistemas deben crear un conjunto de programas puente entre el antiguo y el nuevo sistema de información. Sin embargo, es posible que por incompatibilidad de sistemas no se pueda llevar a cabo esta interconexión de sistemas.

Uno de los criterios adecuados para pasar de una fase a la siguiente es la completa adaptación de los usuarios al nuevo sistema. Pero este criterio puede alargar el proceso de cambio mucho, por lo que es muy importante explicitar desde el principio las fechas de inicio y de finalización de cada fase.

Tabla 6.1 Características de las aproximaciones para la instalación de un sistema

Características	Aspectos positivos	Aspectos negativos
Instalación directa		
• Abrupto	• Coste bajo • Se aplica normalmente cuando no es posible la coexistencia del sistema antiguo y del nuevo.	• Los errores de operatividad afectan de forma directa a los usuarios del sistema. • Restaurar el sistema antiguo, en caso necesario, puede ser muy costoso. • La empresa puede pasar problemas hasta que todo el sistema haya sido instalado.
Instalación paralela		
• Coexistencia del sistema antiguo y nuevo • Seguro	• El nuevo sistema puede ser comprobado con el viejo sistema. • El impacto de errores de operatividad se minimiza ya que el sistema antiguo también realiza las acciones.	• No todos los aspectos del viejo sistema pueden ser comparados con el nuevo sistema. • Muy caro, debido a que se duplican los costes de mantenimiento. • Puede confundir a los usuarios. • Se puede producir un gran retraso hasta poder observar los beneficios del cambio. • Puede ser no viable por el tamaño y el coste del sistema.
Instalación por puestos		
• Aproximación de prueba piloto • Se puede aplicar a un conjunto de puestos independientes.	• El aprendizaje de este caso permite mejorar la instalación en el resto • El éxito de la prueba piloto puede ayudar a convencer a otros miembros de la importancia del cambio • Detección de errores antes de la instalación en toda la empresa	• Sobrecarga de trabajo para los trabajadores del departamento de sistemas de información. • Distintos puestos de trabajo pueden necesitar compartir la misma información, por lo que es necesario crear programas intermedios. • Algunas partes de la empresa empiezan a obtener beneficios antes que otras.
Instalación por fases		
• Proceso basado por etapas o fases • La instalación se realiza de forma gradual para todo el mundo.	• Limita los peligros o costes potenciales de un error en el sistema. • Algunos beneficios pueden alcanzarle más rápidamente. • Cada fase es más pequeña y manejable. • El riesgo del cambio es repartido entre las fases.	• El sistema antiguo y el nuevo deben poder compartir información, sino es necesario crear programas puente entre ellos. • El proceso de cambio puede alargarse durante un período de tiempo muy largo.

La instalación de un nuevo sistema de información no sólo consiste en cambiar los programas informáticos, sino que envuelve muchos otros cambios que se tienen que tener presentes para el éxito del cambio (y del proyecto).

Otros aspectos (a parte de *hardware* y el *software*) destacables en lo que atañe a la estrategia de instalación son los métodos de trabajo, las descripciones de los puestos de trabajo, los materiales de formación, los documentos o formularios del negocio, etc.

6.3.2. Instalar y evaluar el nuevo sistema de información

Tal y como se ha definido previamente, la instalación es el proceso de pasar del actual sistema de información al nuevo sistema de información. Para ello, el analista de sistema puede decidirse por cuatro estrategias: instalación directa, instalación en paralelo, instalación por puestos e instalación por fases.

Previo a la instalación del sistema, los constructores deben cargar los datos de las bases de datos actuales a las nuevas bases de datos del sistema que se quieren instalar. Para ello, y debido a la gran cantidad de información que suelen almacenar las bases de datos, los constructores de sistemas suelen crear pequeñas aplicaciones informáticas para pasar la información de una base de datos a otra.

Aunque esta tarea parezca muy sencilla y trivial, es de gran importancia, y el analista de sistemas debe dedicarle mucho tiempo y controlarlo de cerca. Un fallo en el traspaso de información de una base de datos a otra puede contraer grandes problemas organizativos a la empresa (por ejemplo, en el caso de la cuenta de gastos de un cliente, que quede alterada).

La importancia de esta tarea queda reflejada en la existencia de empresas que se dedican, entre otros temas, al traspaso de información entre bases de datos.

Tras cargar la información en las bases de datos del nuevo sistema de información, el siguiente paso es instalar el nuevo sistema, siguiendo el plan de instalación que el analista de sistemas ha desarrollado en la actividad anterior.

Por último, el analista de sistemas debe validar el correcto funcionamiento del nuevo sistema de información. La prueba de validación consiste en comprobar el comportamiento del sistema con datos reales (es decir, en la vida real). En la actividad comprobar el sistema de la fase anterior, se había realizado una prueba de verificación, es decir, unas comprobaciones en un entorno simulado con datos simulados, mientras que en esta actividad se realiza una prueba de validación. La única diferencia es que en la fase anterior se realiza sobre datos simulados y en un entorno controlado, y en esta fase se realiza sobre datos reales y en un entorno real.

Según Whitten et al. (1992) la prueba de validación está formada por cinco aspectos:

- Rendimiento del sistema. En este apartado, el analista debe averiguar si los tiempos de respuesta de los procesos, así como su productividad, permiten trabajar a un ritmo normal.
- Rendimiento del proceso durante los picos de carga de trabajo. En este caso, se estudia si el sistema es capaz de soportar su trabajo en momentos de sobrecarga de trabajo.
- Prueba de ergonomía. El siguiente punto hace referencia a la facilidad de aprendizaje y de uso del nuevo sistema desde la perspectiva de los usuarios de sistemas.
- Prueba de los métodos y los procedimientos. El objetivo de esta prueba es averiguar si los nuevos métodos y procedimientos que se han creado para trabajar con el sistema se adaptan a las necesidades reales del sistema.
- Prueba de copias de seguridad y recuperaciones. Por último, el analista de sistema debe comprobar qué ocurre si se produce un fallo en el sistema. Es importante averiguar hasta qué punto se puede perder la información de las bases de datos, y hasta dónde se pueden recuperar.

La prueba de validación es la última prueba que tiene que pasar el sistema de información para poder ser considerado el nuevo sistema de información.

Tras el período transitorio de la instalación y la formación de los usuarios, y cuando se considera que el proyecto está finalizado, lo propietarios, los usuarios, los analistas, los diseñadores y los constructores de sistemas deben realizar un análisis de viabilidad (este punto ya se ha tratado en capítulos anteriores).

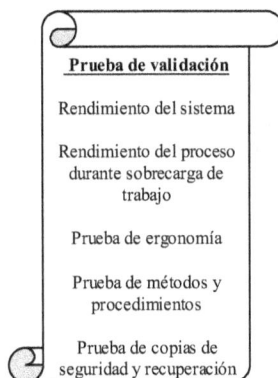

Figura 6.10 Estructura de una prueba de validación

6.3.3. Formación de los usuarios

La formación y el soporte a los usuarios es una actividad que debe iniciarse al mismo tiempo, e incluso antes que la instalación del nuevo sistema. Tanto la formación de los usuarios como el soporte a los usuarios es crítico para el éxito del proyecto.

La mayoría de libros separan la formación y el soporte a los usuarios del sistema en dos actividades distintas. Sin embargo, existe una fuerte relación entre ellas, ya que ambas tienen una misma finalidad: que los usuarios de sistemas pueden aprovechar al máximo las prestaciones del sistema de la forma más eficiente posible.

Formación de los usuarios en un nuevo sistema

En la actualidad existen muchos métodos de formación para los usuarios: los cursos presenciales, la formación a distancia y la autoformación a través de herramientas multimedia. En función de los recursos disponibles, la importancia del sistema de información y de la experiencia de los usuarios con el sistema, el analista de sistemas tendrá que seleccionar un método u otro.

George et al. (2004) proponen una lista de temas potenciales que ser enseñados a los usuarios de sistemas:

- Uso del nuevo sistema
- Conceptos generales sobre tecnología
- Conceptos sobre sistemas de información
- Conceptos organizacionales
- Gestión del nuevo sistema
- Instalación del nuevo sistema

Después de que el analista de sistemas haya analizado y decidido de qué temas se tienen que formar los usuarios del nuevo sistema, el analista debe decidir qué métodos de formación se van a utilizar.

Uno de los métodos más usados es el uso de usuarios expertos. Este método se fundamenta en que los usuarios de sistemas suelen ser más receptivos con sus propios compañeros en el aprendizaje que con los tecnólogos, ya que los usuarios expertos conocen tanto la importancia y el funcionamiento del trabajo diario como la tecnología que se está implantando. Para aplicar este método, el analista de sistemas debe seleccionar un grupo de usuarios que sean apreciados por el resto de usuarios y formarlos con el fin de convertirlos en usuarios expertos. A partir de aquí, los usuarios expertos tienen el objetivo de ayudar a sus compañeros al paso del antiguo sistema al nuevo sistema de información.

Otro método que está cogiendo fuerza es la formación basada en herramientas multimedia. Este método se caracteriza por que el usuario debe interactuar con la herramienta multimedia transformando la formación clásica (que suele ser pasiva: sólo escuchar) en una formación de acción, en donde el usuario debe participar. Gracias a ello, la formación se vuelve más agradable. No obstante, la formación basada en herramientas multimedia tiene la limitación de que no puede ofrecer respuestas concretas a las dudas de los usuarios. Como máximo, puede existir la típica lista FAQ.

Los cursos de formación tradicional o seminarios son los más conocidos, ya que son los basados en uno o varios docentes explicando el funcionamiento del sistema. Este método se caracteriza por ser pasivo para el estudiante, ya que el protagonista en la formación es el docente por ser el encargado de transmitir los conocimientos, mientras que los estudiantes sólo toman apuntes.

La utilización de *software* de ayuda es otro método para la formación de los usuarios. En este caso, la formación se realiza a través del mismo sistema. Ejemplos de *software* de ayuda los podemos encontrar en la mayoría de aplicaciones informáticas. Por ejemplo, si se accede al MS Word, se puede solicitar ayuda en el menú correspondiente sobre cómo realizar una acción.

También existen los seminarios o cursos basados en herramientas multimedia. En este caso, la formación es una mezcla entre los seminarios tradicionales y las herramientas multimedia. Estos cursos se caracterizan por disponer de uno o varios docentes cuya misión es explicar los fundamentos del sistema de información y ayudar a los usuarios a entender cómo funciona el sistema a través de herramientas multimedia. Se observa que, en este caso, los estudiantes o usuarios tienen un papel protagonista en la formación, ya que son ellos quienes interactúan con el sistema, mientras que el docente es un nuevo guía del aprendizaje.

Por último, también es posible realizar la formación a través de la subcontratación de otra empresa. En algunos casos, puede suceder que la formación la ofrezca el mismo proveedor al que se le ha comprado el *hardware* y el *software*. En otros casos, se subcontratan empresas dedicadas a la formación.

6.4. Soporte del sistema

El soporte del sistema no es una etapa, ni una fase, ni una actividad del desarrollo de un sistema de información. Tal y como se introdujo en el segundo capítulo, el ciclo de vida de un sistema de información está compuesto por dos grandes bloques: el desarrollo del sistema, y el soporte del sistema.

El soporte del sistema hace referencia a todos los esfuerzos realizados tras la finalización del desarrollo del sistema. Este proceso incluye el mantenimiento del sistema, las mejoras del sistema, etc.

El soporte de sistemas está formado por cuatro actividades que se realizan en paralelo durante el funcionamiento del sistema de información.

- Mantenimiento del sistema
- Recuperación del sistema
- Soporte a los usuarios
- Reingeniería del sistema

6.4.1. Mantenimiento del sistema

Aunque se haya realizado una gran cantidad de pruebas y validaciones en el sistema, la experiencia dice que la mayoría de sistemas de información pueden contener errores o *bugs*. Estos errores o *bugs* pueden aparecer por varios motivos. Algunos de ellos se enumeran a continuación:

- Una pobre definición de las necesidades del sistema
- Una pobre comunicación de las necesidades del sistema
- Requerimientos o necesidades mal interpretadas
- Implementación incorrecta de las necesidades detectadas
- Mal uso del sistema de información

La realización del mantenimiento de sistemas tiene cuatro objetivos. El primero hace referencia a los cambios predecibles en el sistema de información para corregir errores que se realizaron durante el diseño o la implementación del sistema.

Otro objetivo es asegurar que los arreglos que se realicen en el sistema de información no afecten de forma negativamente a cualquier otra parte. También es necesario intentar evitar la degradación en la respuesta del sistema. Es conocido que en varios casos de sistemas de información, la velocidad de respuesta se ha visto afectada con el paso del tiempo.

Por último, el mantenimiento del sistema debe intentar completar la tarea tan rápido como sea posible, sin sacrificar la calidad y la fiabilidad.

Una clasificación bastante usada para clasificar los tipos de mantenimientos y reingenierías de sistemas que se pueden realizar es la siguiente:

- Correctiva, cuando el objetivo es reparar errores de programación y diseño.
- Adaptativa, cuando se intenta modificar el sistema debido a cambios en el entorno.
- Perfectiva, cuando la finalidad es modificar el sistema debido a nuevos problemas o nuevas oportunidades.
- Preventiva, cuando el objetivo es salvaguardar al sistema de futuros problemas.

En ciertas ocasiones, los analistas de sistemas consideran el mantenimiento o reingeniería perfectivo como el desarrollo de un nuevo sistema de información.

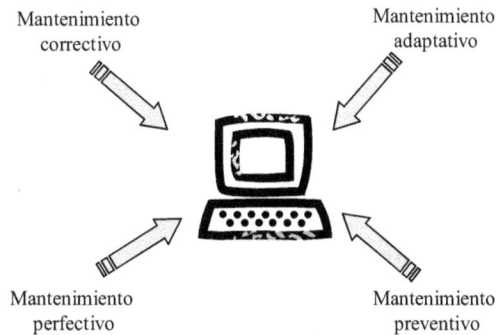

Figura 6.11 Tipos de mantenimiento

6.4.2. Recuperación del sistema

La recuperación del sistema es una actividad que el analista de sistemas debe tener siempre presente. La mayoría de sistemas, por no decir todos, suelen tener fallos de sistemas. Ante esta situación, el analista de sistemas debe tener previsto cómo actuar para minimizar las consecuencias.

En la situación en que se produzca un fallo en el sistema, el analista de sistemas, o el responsable de la recuperación del sistema, puede encontrarse ante una gran cantidad de posibilidades. En ciertas ocasiones, el fallo del sistema se podrá resolver ante un terminal del sistema. En otras ocasiones, se tendrá que reiniciar el sistema de información al completo. También es posible tener que solucionar el fallo contactando con el proveedor del *software* o del *hardware*. En algunas ocasiones, es posible que el analista de sistema deba trabajar junto al responsable de las redes de comunicación de la empresa.

Una vez resuelto el problema y el sistema vuelva a funcionar, el analista de sistemas debe intentar detectar la causa del fallo, y en caso de encontrarla, poner los medios necesarios para que no vuelva a ocurrir.

6.4.3. Soporte a los usuarios

El soporte a los usuarios del sistema es tan importante (y crítico) como la formación de los usuarios. Es por este motivo que el analista de sistemas debe estudiar cuáles van a ser las necesidades de soporte en el futuro.

El soporte a los usuarios hace referencia a la ayuda necesaria por los usuarios en relación a la formación y a la resolución de problemas del sistema. Para ello, muchas organizaciones han creado soportes *on-line* a través del teléfono, de intranets, de mails y de chats. Para conseguirlo, no ha sido necesario sólo disponer de los recursos tecnológicos, sino también de la creación de un centro de información para la ayuda a los usuarios (*Help Desk*).

La funciones principales de este centro de soporte es responder a las preguntas y asistir a los usuarios con un amplío listado de necesidades informáticas, incluyendo el uso de sistemas particulares de información. Además, el centro de soporte debe realizar formación de forma periódica según las necesidades que vayan encontrando durante su trabajo diario.

El centro de soporte al usuario suele pertenecer a lo que se denomina *centro de información*, que tiene las siguientes responsabilidades:

- Instalar nuevo *hardware* y *software*, y crear las nuevas cuentas de los usuarios
- Responder a las consultas de los usuarios que quieren crear sus sistemas de información a través de lenguajes de cuarta generación
- Extraer datos de las bases de datos de la organización y traspasarlos a los ordenadores personales
- Responder preguntas de lo usuarios sobre los sistemas de la organización
- Proporcionar un lugar de demostración para el *software* y el *hardware* que usa la organización
- Trabajar con los usuarios para detectar nuevas necesidades y errores del actual sistema de información

Los miembros del centro de información (y de soporte) son las primeras personas que deben empezar con la formación propia durante el desarrollo de un nuevo sistema de información, ya que son ellos quienes tendrán la responsabilidad de ayudar al resto de usuarios a usar el nuevo sistema.

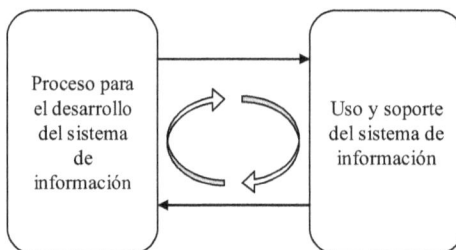

Figura 6.12 Etapas en el ciclo de vida de un sistema de información

6.4.4. Reingeniería del sistema

Según algunos académicos, toda modificación del sistema de información que no tenga que ver con la corrección de errores de diseño y programación se considera como una mejora o una reingeniería del sistema.

Por lo tanto, cuando el mantenimiento es adaptativo, perfectivo o preventivo, se considera que es una mejora o reingeniería del sistema. Este tipo de mejora puede ser debido a cuatro causas:

- Nuevos problemas del negocio. Por ejemplo, es posible que la compañía amplíe su red logística añadiendo un nuevo canal de distribución y que el sistema no esté preparado para ello.
- Nuevas necesidades del negocio. En algunos casos, las empresas pueden implantar nuevas políticas o diseñar nuevos informes con estructuras distintas a las existentes.
- Nuevas necesidades de tecnología. El rápido cambio que se produce en el sector de las tecnologías puede llevar a la necesidad de instalar nuevo *hardware* o nuevas versiones de *software* para alcanzar un alto nivel de competitividad en el sector.
- Nuevas necesidades de diseño. Por ejemplo, es posible que se tenga que modificar la estructura de una tabla de la base de datos o añadir una nueva interfaz entre el sistema y un usuario.

6.4.5. Obsolescencia del sistema

Durante la etapa de soporte del sistema, es necesario realizar análisis de costes-eficiencia de forma que en el momento en que dichos análisis propongan que el soporte del sistema conlleva más gastos que beneficios, los propietarios del sistema deben decidirse a desarrollar un nuevo sistema de información.

7. Modelado de casos de uso

7.1 Introducción al modelado de necesidades funcionales

Una de las partes más importantes en el desarrollo de un sistema de información es la identificación de las necesidades de los usuarios. La mayoría de fracasos en la creación de un nuevo sistema de información proviene de una mala definición en las necesidades funcionales.

Para evitar el fracaso en el desarrollo de un sistema de información debido a una mala identificación de las necesidades, la comunidad internacional sobre las tecnologías de la información ha desarrollado diversos métodos orientados a los usuarios. Estos métodos se centran básicamente en la comprensión de las necesidades de todas las personas involucradas en la empresa y las razones por las que el sistema debería ser desarrollado.

El modelado de casos de uso es un método orientado a los usuarios para identificar necesidades funcionales de un nuevo sistema de información. El modelado de casos de uso es una técnica que permite modelar las funciones de un sistema en términos de eventos, de quién inicia los eventos y de cómo responde el sistema a estos eventos.

El modelado de casos de uso fue introducido por Ivar Jacobson en 1986, y popularizado en 1992 tras la publicación del libro titulado *Ingeniería del software orientado a objetos: Una aproximación basada en casos de uso*.

La utilización de modelos de casos de uso proporciona diversos beneficios. Algunos de ellos se enumeran a continuación (Whitten et al., 2004):

- Proporciona una herramienta para capturar necesidades funcionales.
- Ayuda a descomponer el sistema es partes más pequeñas y manejables.
- Proporciona un lenguaje común entre los usuarios de sistemas y el analista y el diseñador de sistemas. El problema en la identificación de las necesidades de un nuevo sistema de información ha sido consecuencia de una mala comunicación entre usuarios y el analista de sistemas.
- Proporciona un medio para identificar, asignar, rastrear, controlar y gestionar las actividades para el desarrollo de sistemas.
- Proporciona una ayuda en la estimación del alcance, el esfuerzo y el calendario.
- Proporciona una base para comprobar el sistema en términos de definir planes de prueba y casos de prueba.
- Proporciona una base para el desarrollo de manuales y sistemas de ayuda para los usuarios. Así como documentación sobre el desarrollo del sistema.
- Proporciona una herramienta para hacer un seguimiento de las necesidades.
- Proporciona un punto de inicio para la identificación de las entidades en el modelo de datos.
- Proporciona especificaciones funcionales para el diseño de las interfaces entre el sistema y los usuarios.
- Proporciona un medio para definir necesidades de acceso a las bases de datos en términos de añadir, cambiar, eliminar y leer.
- Proporciona un marco de trabajo para el desarrollo de un nuevo sistema de información.

El modelado de casos de uso está formado básicamente por dos elementos: los diagramas de casos de usos y las narraciones de casos de uso. Los diagramas de casos de uso muestran el comportamiento del sistema a partir de los usuarios que interactúan con el sistema, mientras que las narraciones de casos de uso describen de forma escrita los eventos de negocio y cómo interaccionan los usuarios con el sistema.

Un diagrama de casos de uso representa las interacciones entre el sistema y los sistemas externos y los usuarios. En otras palabras, describe gráficamente quién utiliza el sistema y la forma en que los usuarios esperan interaccionar con el sistema.

Los diagramas de caso de usos siguen las especificaciones del lenguaje de modelado unificado (UML[1]).

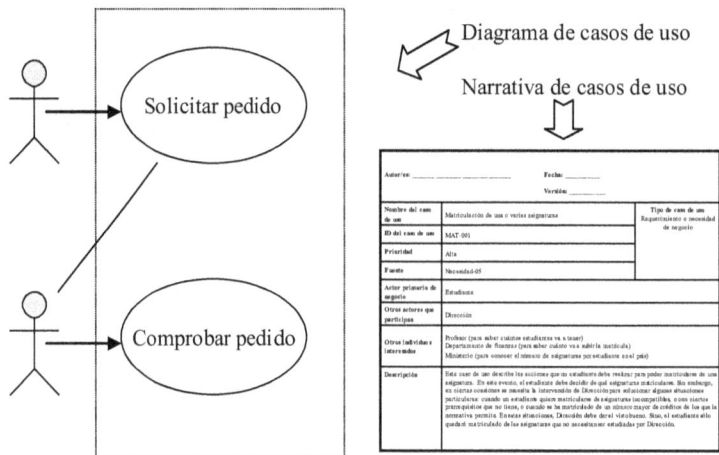

Figura 7.1 Ejemplo de diagrama y narrativa de casos de uso

7.2. Conceptos y elementos del modelado de casos de uso

Los diagramas de caso de usos están compuestos por tres elementos:

- Casos de uso
- Actores
- Relaciones

A continuación, se introduce, describe y clasifica cada uno de los tres elementos anteriores.

7.2.1. Casos de uso

El primer elemento que contiene un modelo de casos de uso es el mismo caso de uso (*use case*). Los casos de uso describen funciones básicas o simples del sistema desde la perspectiva de los usuarios externos y de manera que ellos puedan comprenderlo. Los casos de uso se representan en un diagrama a través de elipses. El nombre del caso de uso se sitúa dentro de la elipse o justo debajo de la elipse (Fig. 7.2).

Un caso de uso representa un objetivo sencillo de un sistema y describe una secuencia de actividades y de interacciones con el usuario para alcanzar el objetivo. Los casos de uso proporcionan una sólida base para el desarrollo de manuales y sistemas de ayuda para los usuarios, así como para la creación de documentación sobre el desarrollo del sistema.

---

[1] En inglés: *Unified Modeling Language* (UML)

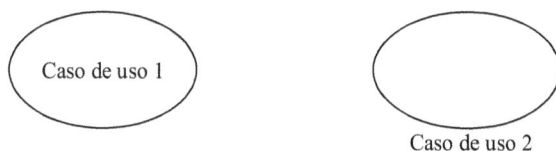

Figura 7.2 Símbolo de caso de uso

7.2.2. Actores

Un actor es un elemento externo que interacciona con el sistema de información. Los actores son los encargados de iniciar los casos de uso que representan las actividades que el sistema de información debe realizar.

Un actor no equivale a un individuo o un sistema de información externo. Un actor representa un papel, mientras que un individuo o sistema externo puede representar uno o varios papeles al mismo tiempo.

Los actores se simbolizan gráficamente a través de un individuo de líneas en un diagrama de casos de uso. El papel o nombre del actor se escribe justamente debajo de la figura, tal y como muestra la figura 7.3.

Algunos ejemplos de actores en un diagrama de casos de uso pueden ser personas (administrativo, director general, director de marketing, supervisor de línea, accionista, cliente, etc.), otros sistemas de la empresa, dispositivos externos (sensores), otras organizaciones (a través de Internet, de un portal digital, un mail, etc.), e incluso el tiempo.

En un diagrama de casos de uso existen cuatro tipos de actores:

- Actores primarios de negocio
- Actores primarios de sistemas
- Actores de servicios externos
- Actores de recepción externos

Los actores primarios de negocio son aquellos individuos que consiguen algún beneficio de la ejecución del caso de uso recibiendo alguna cosa de valor medible u observable. Los actores primarios de negocio pueden iniciar un evento de negocio o no. Por ejemplo, un trabajador de un banco que recibe la nómina cada viernes a final de mes.

Los actores primarios de sistemas son aquellos individuos que interactúan directamente con el sistema de información. Son los encargados de iniciar o activar un evento de negocio. Los actores primarios de sistemas son los encargados de utilizar el sistema de información de manera que el actor primario de negocio pueda alcanzar sus objetivos. Por ejemplo, en un banco, el actor primario de negocio podría ser una persona que quiere sacar dinero de su cuenta corriente, mientras que el actor primario de sistemas es el cajero de introduce los datos en el sistema de información.

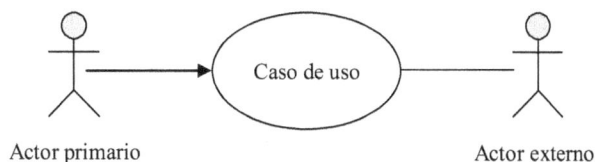

Figura 7.3 Ejemplo con dos actores

El actor de servicios externos es un individuo o sistema externo que responde a la petición de un caso de uso. Por ejemplo, cuando un cliente compra un producto a través de su tarjeta de crédito, el sistema solicita la autorización al banco correspondiente. En este caso, el banco es un actor de servicios externos.

El actor de recepción externo es el último. Este tipo de actor se caracteriza por no ser primario, pero que sin embargo recibe alguna cosa de valor medible u observable. Un ejemplo de actor de recepción externo sería el departamento de empaquetamiento cuando recibe un pedido para enviar al cliente.

En muchas ocasiones, los eventos de negocio son actividades que se ejecutan de forma automática cada cierto tiempo, o en fechas determinadas. Ejemplos de eventos que se realizan automáticamente son el pago de las nóminas de los trabajadores cada viernes, y la impresión de un listado de *stock* al finalizar el día. Estos eventos son denominados *temporales* y se consideran inicializados por un actor temporal.

Figura 7.4 Ejemplo de caso de uso temporal

7.2.3. Relaciones

En un diagrama de casos de uso, los actores y los casos de uso se interconectan a través de diversos tipos de relaciones. Las relaciones se representan a través de líneas, y su significado depende del tipo de línea y los elementos que interconectan.

Existen cinco tipos de relaciones en los diagramas de casos de uso:

- Relaciones de asociación (o de conexión)
- Relaciones de extiende
- Relaciones de usa (o de incluye)
- Relaciones de depende
- Relaciones de herencia

Asociación

La relación entre un actor y un caso de uso representa la interacción entre ellos. Este tipo de relación se denomina *asociación* y se representa gráficamente a través de una línea sólida entre un actor y un caso de uso.

Para diferenciar al actor que inicia un caso de uso del resto de actores que se ven involucrados en él, su línea asociativa acaba con una flecha en el caso de uso. Para el resto de actores que intervienen, pero que no lo han iniciado, la asociación se representa con una línea sin flecha.

Las asociaciones pueden representar una relación unidireccional o bidireccional. No existe ninguna diferencia gráfica entre los dos tipos de asociaciones anteriores.

Figura 7.5 Ejemplo de tres relaciones de asociación

Extiende

Una relación extiende permite añadir nuevos comportamientos a un caso de uso. Este tipo de relación se representa a través de una flecha discontinua que señala el caso de uso que ha sido extendido. La flecha discontinua debe estar indicada con la palabra: <<extends>>.

Es muy habitual utilizar relaciones extiende cuando se tiene casos de uso muy complejos y formados por varios pasos. En estas situaciones, se segmenta el caso de uso en otros de menor tamaño y se relacionan con relaciones extiende. De esta forma, se simplifican los casos de usos originales a través de la extensión de sus funciones.

La flecha discontinua no representa ningún tipo de proceso de datos entre los casos de uso. Además, los casos de uso extendidos sólo pueden ser invocados por los casos de uso originales (los extendidos).

La figura 7.6 muestra un ejemplo de relación extiende. En esta situación, el caso de uso Realizar pedido al proveedor puede ser bastante complejo, por lo que se ha decidido extender su comportamiento. Con este fin, se han creado dos nuevos casos de uso extendidos: Realizar pedido especial al proveedor e Identificar situación de almacenes.

En este ejemplo, cuando el encargado de aprovisionamiento de una empresa intenta realizar un pedido especial a un proveedor, además de tener que realizar las acciones del caso de uso Realizar pedido al proveedor también debe añadirse las acciones del caso de uso extendido Realizar pedido especial al proveedor (es decir, se ha extendido el comportamiento del caso de uso Realizar pedido al proveedor). Según la política de la empresa, sólo en los casos en que los pedidos son especiales es necesaria la confirmación del director de compras, por lo que sólo se asociará el caso de uso extendido al director de compras.

Es decir, cuando se realiza cualquier tipo de pedido se ejecutan todas las acciones del caso de uso Realizar pedido al proveedor. Pero si es un pedido especial, además de todas las acciones anteriores se deben añadir las del caso de uso extendido Realizar pedido especial al proveedor. Por sí sólo, el caso de uso extendido no tiene significado propio.

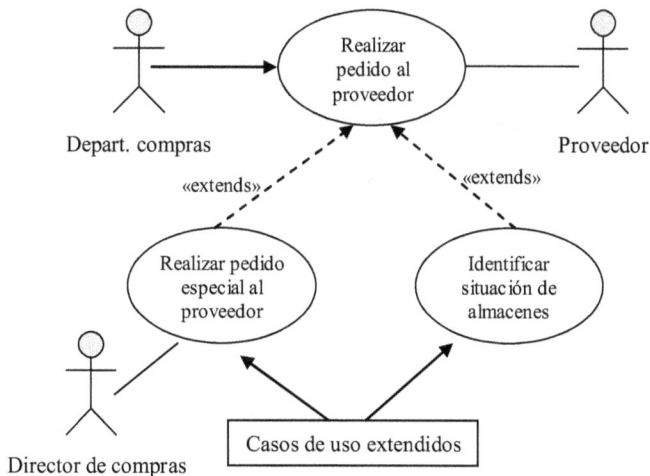

Figura 7.6 Ejemplo de dos relaciones extiende

De forma similar a lo visto hasta el momento, cuando el volumen físico de un pedido ocupa un espacio superior a un nivel preestablecido, es necesario realizar las acciones que engloba el caso de uso Identificar situación de almacenes. De esta manera, se comprueba que existe espacio suficiente para el pedido en el almacén.

Usa o incluye

Otro tipo de relación es la usa o incluye. En este caso se utiliza la relación incluye cuando un caso de uso utiliza el comportamiento o las acciones de otro caso de uso. Este tipo de relación también se representa a través de una flecha discontinua que señala el caso de uso que está siendo utilizado por el primero. La flecha discontinua debe estar acompañada de la palabra: <<uses>> o <<includes>>.

De forma muy común, diversos casos de uso tienen pasos o partes de comportamiento iguales o muy similares. Para eliminar redundancias, se pueden crear casos de uso abstractos que pueden ser utilizados por otros casos de usos. De esta manera, se simplifican los casos de usos más complejos y se puede reutilizar parte de otros casos de uso.

La flecha discontinua, a igual que antes, no representa ningún tipo de proceso de datos entre los casos de uso. Además, los casos de uso abstractos pueden ser utilizados por cualquier caso de uso.

El siguiente ejemplo (Fig. 7.7) muestra tres relaciones de tipo usa o incluye. En este ejemplo, tanto cuando se solicita una alta para un nuevo cliente como cuando se realiza un nuevo pedido por parte de un cliente, e incluso cuando se solicita un nuevo catálogo de la empresa, se tiene que modificar la dirección postal de la misma forma. Es por este motivo, que se ha decidido crear un caso de uso abstracto que realice la acción de modificar la dirección postal (Modificar dirección postal), y después crear tres relaciones usa.

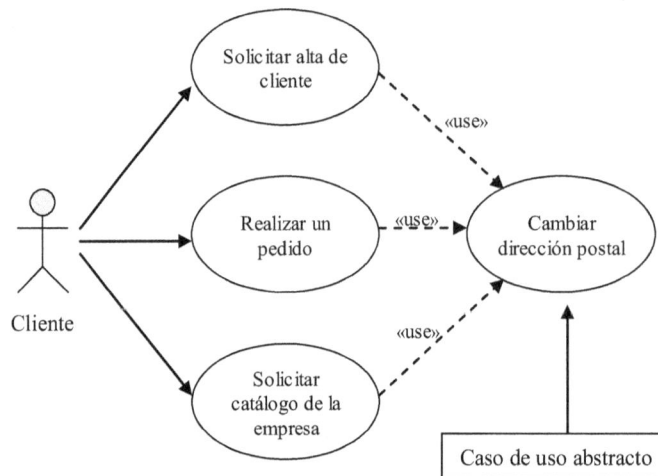

Figura 7.7 Ejemplo de tres relaciones usa

Depende de

En ocasiones es interesante conocer la dependencia existente entre los diversos casos de uso que se han descrito en el sistema. Con este objetivo, se puede representar un diagrama de dependencias de casos de uso.

En este tipo de diagramas sólo se muestran dos tipos de símbolos: casos de uso y relaciones de dependencia. Su utilización sirve para comprender relaciones no visibles entre los casos de uso, para identificar casos de uso no encontrados todavía y para seleccionar qué casos de uso son más críticos.

Este tipo de relación se representa a través de una flecha discontinua que señala el caso de uso del cual depende. La flecha discontinua debe estar indicada con la palabra: <<depends on>>.

En la mayoría de situaciones, no se representa este tipo de relación en un diagrama de casos de uso. Sólo se emplea en los diagramas de dependencias de casos de uso.

La figura 7.8 muestra un diagrama en donde queda reflejado dos relaciones depende de. Según este ejemplo, para ejecutar el caso de uso Realizar un depósito es necesario haber utilizado el caso de uso Abrir cuenta corriente, previamente. De forma similar, para llevar a cabo un reintegro de dinero (caso de uso Reintegrar dinero) es necesario haber realizado en el pasado el caso de uso Realizar un depósito.

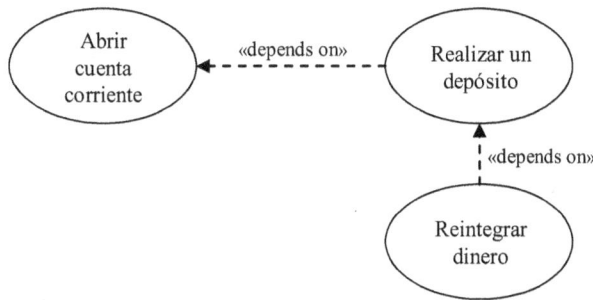

Figura 7.8 Ejemplo de dos relaciones depende de

Herencia

Cuando existen dos o más actores que comparten un comportamiento similar (es decir, que pueden iniciar un mismo caso de uso), es posible crear un nuevo tipo de actor que refleje la combinación de ambos.

La herencia es utilizada debido a que los actores representan papeles y no personas o sistemas. En este caso, la herencia se utiliza cuando se observa que un actor contiene más de un papel.

La herencia queda reflejada gráficamente a través de la creación de un nuevo actor abstracto y de flechas continuas desde los actores hacia el nuevo actor abstracto.

En el siguiente ejemplo se muestra una relación de herencia (Fig. 7.9). En el ejemplo se observa dos actores: miembro y no miembro de la biblioteca. En este caso, el miembro de la biblioteca puede buscar un libro y pedir un préstamo. Mientras que los no miembros (visitantes) pueden buscar un libro y hacerse miembro de la biblioteca, pero sin embargo no puede pedir préstamos de momento. De las posibilidades de cada actor, se puede crear un nuevo actor abstracto que reúna las partes comunes de los anteriores.

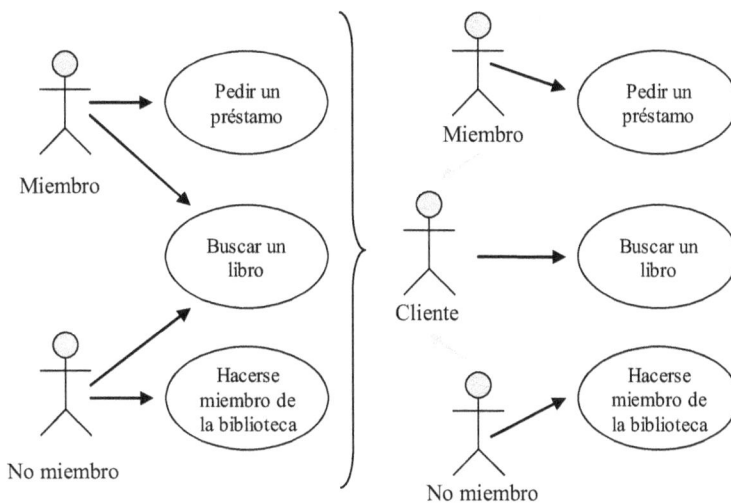

Figura 7.9 Ejemplo de herencia

Como consecuencia, el diagrama final tiene tres actores. El miembro de la biblioteca que puede pedir préstamos, el visitante de la biblioteca que puede hacerse socio de la biblioteca y el cliente (un actor abstracto) que puede buscar un libro y que además es herencia de los dos anteriores.

7.3. Desarrollo de un modelo de casos de uso

El desarrollo de un modelo de casos de uso permite identificar las necesidades funcionales de un sistema de información. Tal y como se ha especificado previamente, el desarrollo de un buen modelo de casos de uso es una de las claves del éxito en un nuevo sistema de información.

Las fases en el desarrollo de un modelo de casos de uso son cuatro (Whitten et al., 2004):

- Identificar actores de negocio
- Identificar casos de uso que representen las necesidades del sistema
- Construir un diagrama de casos de uso
- Documentar las necesidades de negocio a través de narrativas de caso de usos

Para mostrar cómo se desarrolla un modelo de casos de uso, se seguirá el ejemplo cuyo enunciado se puede encontrar en el anexo A.

7.3.1. Identificar actores de negocio

La primera actividad en el desarrollo de un modelo de casos de usos es la identificación de actores potenciales. Existen varios motivos para empezar por ella. La identificación de actores permite determinar los límites del sistema de información, además de centrar al analista de sistemas en cómo debe ser usado el sistema y no en cómo debe ser construido.

La identificación de actores permite al analista de sistemas establecer qué entrevistas debe realizar y decidir qué acciones o comportamientos debe observar para la determinación de las necesidades funcionales del sistema.

Existen diversas fuentes de información desde donde poder identificar qué actores son necesarios para desarrollar un correcto modelo de casos de uso. Las fuentes principales son los diagramas de contexto, los documentos del sistema existente, los manuales de usuarios, los *workshops* o reuniones de proyectos y los documentos sobre las necesidades existentes.

Tabla 7.1 Actores para un sistema de información de una universidad

Término	Sinónimo	Descripción
Estudiante	Alumno	Individuos que están realizando una carrera universitaria actualmente
Antiguo estudiante	A.A.	Individuos que han finalizado una carrera universitaria, o han pedido la baja
Profesor	Docente	Individuos que están realizando docencia en la actualidad
Dirección		Individuos que pertenecen a cualquier órgano de dirección de la universidad
Administración	Gestión académica	Individuos que se dedican a la administración y gestión de la universidad
Centro de cálculo	Administrador de sistemas	Individuos que se dedican al mantenimiento del sistema para su correcto funcionamiento
Ministerio de educación		Organismo al que se le comunica los estudiantes que han finalizado una carrera universitaria para su registro estatal
Tiempo		Actor que activa eventos temporales

Algunas preguntas que el analista de sistemas puede realizarse para intentar identificar los potenciales actores son las siguientes:

- ¿Quién o qué proporciona entradas al sistema?
- ¿Quién o qué recibe las salidas del sistema?
- ¿Son necesarios interfaces hacia otros sistemas?
- ¿Existe algún evento que se ejecute de forma automática o periódica?
- ¿Quién mantiene la información en el sistema?

En el caso del desarrollo de un sistema de información para una universidad (Anexo A), la tabla de actores de negocio podría ser la siguiente (Tabla 7.1).

La tabla propuesta para identificar los actores del modelo de casos de uso está compuesta por tres columnas. La primera de ellas refleja el nombre del actor. La segunda de ellas muestra otros sinónimos que se utilizan dentro de la organización para hacer referencia a los mismos actores. Por último, la tercera columna es una pequeña descripción de los actores identificados.

7.3.2. Identificar casos de uso que representen las necesidades del sistema

El siguiente paso en el desarrollo de un modelo de casos de uso es la identificación de casos de uso. En un sistema de información de tamaño medio pueden aparecer decenas y decenas de casos de usos. Es por este motivo que después de identificar todos los casos de uso es necesario priorizarlos en función del nivel de importancia, de complejidad y de lo críticos que sean.

Los casos de uso muestran cómo los actores del mundo real interactúan con el sistema de información. Por lo que una manera de identificar los casos de uso es observar cómo interactúan los actores con el sistema de información.

Jacobson et al. (1992) proponen hacer las siguientes preguntas para identificar casos de uso:

- ¿Cuáles son las principales tareas realizadas por cada actor?
- ¿El actor actualizará alguna información en el sistema?
- ¿El actor leerá alguna información en el sistema?
- ¿Qué información necesita cada actor del sistema?
- ¿Qué información introduce cada actor en el sistema?
- ¿Tiene el actor que informar al sistema sobre los cambios que se producen fuera del sistema?
- ¿Tiene el actor que ser informado sobre los cambios no esperados?

Los diagramas de contexto son buenas herramientas para empezar a identificar casos de uso, ya que ofrecen las entradas y las salidas principales del sistema. En la mayoría de situaciones, estas entradas y salidas del sistema tienen asociado un caso de uso esencial y crítico.

Los casos de uso tienen como nombre un verbo de acción más un complemento. En el caso de utilizar un diagrama de contexto como herramienta inicial, una primera aproximación en la identificación de casos de uso sería vincular a cada entrada al sistema un caso de uso cuyo nombre sea un verbo de acción seguido del nombre de la entrada.

En el caso del desarrollo de un sistema de información para una universidad (Anexo A), la tabla de casos de uso podría ser la siguiente (Tabla 7.2).

Tabla 7.2 Casos de uso para un sistema de información de una universidad

Nombre de caso de uso	Descripción de casos de uso	Actores participantes
Actualizar información estudiante	Este caso de uso describe las acciones que un estudiante debe realizar para poder cambiar datos propios en el sistema como son la dirección, el número de teléfono, etc.	Estudiante Antiguo estudiante

Matricularse en una o varias asignaturas	Este caso de uso describe las acciones que un estudiante debe realizar para poder matricularse de una o varias asignaturas.	Estudiante Dirección
Cambiar matrícula de una o varias asignatura	Este caso de uso describe las acciones que un estudiante debe realizar para modificar la matrícula de una o varias asignaturas.	Estudiante
Solicitar expediente académico	Este caso de uso describe las acciones que un estudiante debe realizar para poder matricularse de una asignatura.	Estudiante Antiguo estudiante
Solicitar revisión de asignatura	Este caso de uso describe las acciones que un estudiante debe realizar para poder solicitar a la universidad una revisión de una asignatura.	Estudiante Profesor Dirección
Solicitar subvención	Este caso de uso describe las acciones que un estudiante debe realizar para poder solicitar una subvención para pagar la matrícula.	Estudiante Dirección
Solicitar lista de estudiantes	Este caso de uso describe las acciones que un profesor debe realizar para poder imprimir una lista de los estudiantes de una asignatura.	Profesor
Actualizar notas de una asignatura	Este caso de uso describe las acciones que un profesor debe realizar para poder añadir o modificar notas en una asignatura.	Profesor
Actualizar datos de asignatura	Este caso de uso describe las acciones que un profesor debe realizar para poder cambiar los parámetros de una asignatura (temario, número de exámenes, prácticas, etc.).	Profesor Dirección
Cerrar notas de todas las asignaturas	Este caso de uso describe las acciones que se realizan de forma automática al final de cada cuatrimestre para dar por cerrada las asignaturas.	Tiempo
Solicitar título universitario	Este caso de uso describe las acciones que un estudiante debe realizar para poder solicitar al ministerio de ciencia el título universitario (además, se pasa al estudiante a una nueva categoría: antiguo estudiante).	Estudiante Administración Ministerio
Solicitar situación del título universitario	Este caso de uso describe las acciones que un estudiante debe realizar para poder solicitar información sobre si el título universitario ha llegado a la universidad.	Antiguo estudiante Administración
Añadir nuevo profesor	Este caso de uso describe las acciones que la dirección de la universidad debe realizar para añadir un nuevo profesor a la universidad	Dirección Profesor
Actualizar datos de profesor	Este caso de uso describe las acciones que la dirección de la universidad debe realizar para poder modificar los datos de un profesor (dirección, número de cuenta, contrato, sueldo, etc.).	Profesor
Eliminar profesor	Este caso de uso describe las acciones que la dirección de la universidad debe realizar cuando se despide o se va un profesor.	Dirección Profesor
Añadir nueva asignatura	Este caso de uso describe las acciones que la dirección de la universidad debe realizar para añadir una nueva asignatura a la carrera.	Dirección
Eliminar asignatura	Este caso de uso describe las acciones que la dirección de la universidad debe realizar para eliminar una asignatura de la carrera.	Dirección
Añadir estudiante	Este caso de uso describe las acciones que la administración de la universidad debe realizar para añadir un nuevo estudiante a la universidad.	Administración Estudiante
Eliminar estudiante	Este caso de uso describe las acciones que la administración de la universidad debe realizar para eliminar un estudiante de la universidad.	Administración Estudiante

Asignar aulas a asignaturas	Este caso de uso describe las acciones que la administración de la universidad debe realizar para asignar a cada asignatura una aula en donde se impartirán las clases	Administración
Asignar horarios a asignaturas	Este caso de uso describe las acciones que la administración de la universidad debe realizar para asignar a cada asignatura una horario.	Administración
Comprobar asignaturas	Este caso de uso describe las acciones que la administración de la universidad debe realizar para comprobar si una asignatura sigue con lo establecido en la guía de la asignatura.	Administración Profesor
Actualizar información económica de estudiante	Este caso de uso describe las acciones que la administración de la universidad debe realizar para actualizar los datos económicos (forma de pago de la matrícula y número de cuenta o tarjeta de crédito) de un estudiante.	Administración Estudiante
Cobrar matrículas	Este caso de uso describe las acciones que se realizan de forma automática para cobrar las matrículas después del período de matriculación.	Tiempo Estudiante
Pagar nóminas de los trabajadores	Este caso de uso describe las acciones que se realizan de forma automática para pagar las nóminas de los profesores al final de cada mes.	Tiempo Profesor
Enviar título universitario	Este caso de uso describe las acciones que el ministerio de ciencias debe realizar para avisar a la universidad de que el título universitario ya ha sido enviado a la universidad.	Ministerio Administración
Actualizar el sistema	Este caso de uso describe las acciones que el centro de cálculo debe realizar para comprobar si los datos del sistema siguen funcionando correctamente.	Centro de cálculo

Para identificar los casos de uso del ejemplo de la universidad, el primer paso es preguntarse cuáles son las principales tareas realizadas por cada actor. Si se comienza por el estudiante, las acciones principales podrían ser las relacionadas con la matriculación de asignaturas, con la solicitud de subvenciones y con las revisiones de notas.

Para encontrar más casos de uso, y en el caso del estudiante, también se podría preguntar si el actor (el estudiante) debe actualizar alguna información en el sistema. Si se piensa con detenimiento, se encuentra que el estudiante debe poder actualizar sus datos en lo que se refiere a la dirección residencial, su correo electrónico, o cualquier otro dato de importancia.

Sobre el tipo de información que necesita o debe de estar accesible para el estudiante, se puede pensar que tanto el acceso a las notas de las asignaturas como al expediente académico son algunos de ellos. De forma análoga, se pueden encontrar casos de uso vinculados directamente con el resto de actores identificados en la primera fase.

En algunas situaciones, pueden existir casos de uso iniciados de forma automática cada cierto tiempo o en fechas determinadas. Un ejemplo en el caso del sistema de información para una universidad sería el pago de las nóminas de los profesores, o el cobro de las matrículas de los estudiantes una semana después de cerrar el período de matriculación.

La forma más habitual y práctica de representar los casos de uso identificados durante esta fase es la utilización de una matriz (tal y como se muestra en la Tabla 7.2). En la primera columna queda reflejado el nombre del caso de uso. Es importante destacar la estructura de los nombres de los casos de uso, tal y como se ha comentado previamente. En la segunda columna se describe el caso de uso con mayor detalle, intentando evitar confusiones en el objetivo del caso de uso. En la tercera y última columna, se muestra los actores que participan en el caso de uso. Además de identificarlos, es muy aconsejable indicar el tipo de papel que tiene cada uno de ellos (actores primarios de negocio o ACP, actores primarios de sistemas o APS, actores de servicios externos o ASE, y actores de recepción externos o ARE).

7.3.3. Construir un diagrama de casos de uso

El siguiente paso en el desarrollo de un modelo de casos de uso es representar un diagrama de casos de uso. El objetivo de esta tarea es relacionar los actores y los casos de uso identificados en las fases anteriores a través de una representación gráfica y siguiendo las pautas explicadas al principio de este capítulo.

Además, es posible agrupar los casos de uso en subsistemas de negocio (que se simbolizan como paquetes en UML), los cuales representan áreas funcionales lógicas de procesos de negocio (ver Fig. 7.10).

La creación de subsistemas ayuda al usuario, así como al analista de sistemas, a identificar la estructura que tendrá el sistema de información desde una perspectiva de negocio.

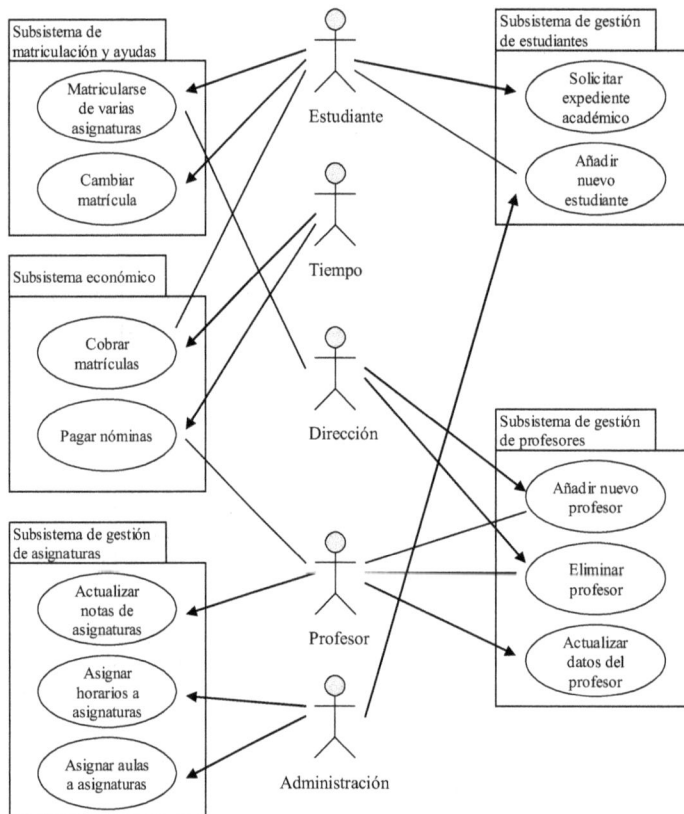

Figura 7.10 Diagrama general de casos de uso para el sistema de información de una universidad

Debido a la gran cantidad de casos de uso que suelen aparecer en el desarrollo de un sistema de información, es posible que se tengan que desarrollar varios diagramas de casos de uso. Cada diagrama puede representar cada uno de los subsistemas de negocio que ya se han identificado. No obstante, es interesante hacer una representación general con todos los subsistemas de negocio y los casos de uso más importantes en un diagrama general de casos de uso.

Los pasos a seguir en la representación de un diagrama de casos de uso para el desarrollo de un sistema de información es el siguiente:

1. Representar un diagrama con todos los subsistemas de negocio y los casos de uso más importantes del sistema
2. Para cada subsistema, representar todos los casos de uso vinculados al subsistema

3. Para cada subsistema, intentar identificar casos de uso abstractos o extendidos, así como actores abstractos

En el caso del desarrollo de un sistema de información para una universidad (Anexo A), el diagrama de casos de uso general podría ser la representada en la figura 7.10.

En el ejemplo de la universidad, se pueden identificar cinco subsistemas:

- Subsistema de matriculación y ayudas
- Subsistema de gestión de asignaturas
- Subsistema de gestión de profesores
- Subsistema de gestión de estudiantes
- Subsistema de económico

La selección de subsistemas de negocio se realiza en base a la experiencia del analista de sistemas, y con la ayuda de los usuarios del sistema. Es posible que la identificación de los subsistemas no coincida con el que puede realizar otra persona, ya que depende de la visión (en parte subjetiva) de cada individuo de la empresa.

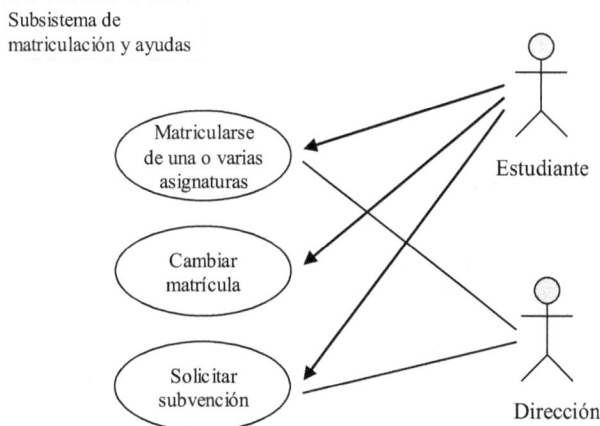

Figura 7.11 Diagrama de casos de uso del subsistema de matriculación y ayudas

Tras representar a través de un diagrama de casos de uso los subsistemas principales del nuevo sistema, y los casos de uso más importante, es necesario representar cada subsistema en un diagrama de casos de uso independiente. Debido a las limitaciones de espacio, en este caso sólo se representa el subsistema de matriculación y ayudas (Fig. 7.11), y el subsistema de gestión de asignaturas (Fig. 7.12).

En el diagrama de casos de uso del subsistema de matriculación y ayudas, se identifican tres casos de uso: Matricularse de una o varias asignaturas, Cambiar matrícula de una o varias asignaturas, y Solicitar subvención. En los tres casos, el actor primario de negocio es el estudiante ya que es él quién consigue algún beneficio de la ejecución del caso de uso recibiendo alguna cosa de valor medible u observable (la opción de realizar esas asignaturas).

Además de la participación del estudiante en el uso de caso Matricularse de una o varias asignaturas, también debe intervenir en ciertas ocasiones el actor Dirección. Por ejemplo, cuando un estudiante quiere matricularse de asignaturas incompatibles, o con ciertos prerrequisitos que no tiene, o cuando se ha matriculado de un número mayor de créditos de los que la normativa permite. En estos casos, Dirección debe dar el visto bueno a la matriculación excepcional de ese estudiante.

El subsistema de gestión de asignaturas se observa dos nuevos subsistemas. El primero está relacionado directamente con el funcionamiento diario de la asignatura, y el segundo con una visión más generalista.

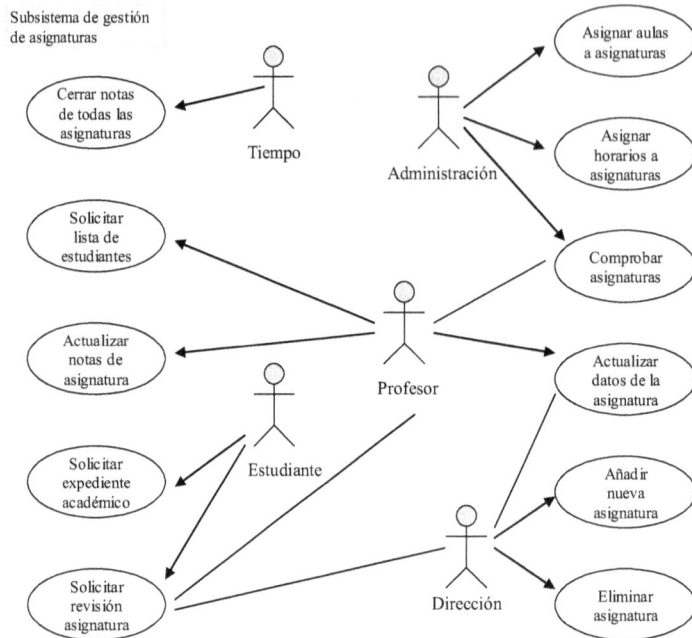

Figura 7.12 Diagrama de casos de uso del subsistema de gestión de asignaturas

El primer nuevo subsistema tiene como actor primario al profesor o al estudiante, y permite el correcto funcionamiento de una asignatura durante un cuatrimestre, mientras que el segundo subsistema tiene como actores primarios a la Dirección quién debe decidir aspectos más estratégicos sobre las asignaturas. Por ejemplo, qué asignaturas se tienen que impartir o quién las debe dar.

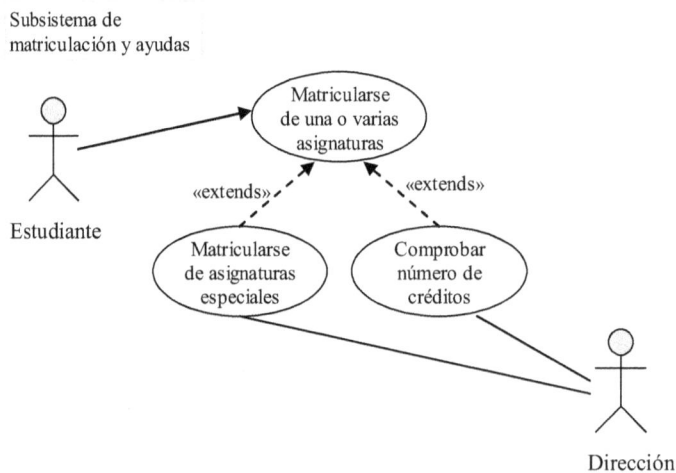

Figura 7.13 Diagrama extendido de casos de uso del subsistema de matriculación y ayudas

Tras representar un diagrama general de casos de uso, y un diagrama para cada subsistema de negocios, el tercer paso en el ejemplo de la universidad es intentar ampliar y mejorar cada diagrama de subsistema de negocios haciéndolo más comprensible para los usuarios.

Con este objetivo, se intenta añadir nuevos casos de uso extendidos y abstractos, así como actores abstractos. La figura 7.13 muestra un ejemplo de diagrama de casos de uso para el subsistema de matriculación y ayudas.

En esta situación, el caso de uso Matricularse de una o varias asignaturas es bastante complejo, por lo que se ha decidido extender su comportamiento. Con este fin, se han creado dos nuevos casos de uso extendidos: Matricularse de asignaturas especiales y Comprobar número de créditos.

Es decir, cuando se realiza cualquier matriculación, se ejecutan todas las acciones del caso de uso Matricularse de una o varias asignaturas. Para ello no es necesaria la intervención de Dirección. Pero si un estudiante quiere matricularse de asignaturas incompatibles, o cuando el estudiante no cumple con los prerrequisitos de una asignatura, además de realizarse todas las acciones anteriores, se deben añadir las del caso de uso extendido Matricularse de asignaturas especiales. En este caso, Dirección sí que tiene que intervenir. Por sí sólo, el caso de uso extendido no tiene significado propio. Es un complemento que sólo a veces se utiliza durante la matriculación.

Lo mismo ocurre cuando un estudiante se ha matriculado de un número mayor de créditos de los que la normativa permite. En esta ocasión, Dirección sólo tiene que intervenir si el número de créditos ha sido sobrepasado.

7.3.4. Documentar las necesidades de negocio a través de narrativas de caso de usos

La última fase en el desarrollo de un modelo de casos de uso es la documentación de los casos de uso a través de narrativas. La narrativa de casos de uso permite describir con un alto grado de detalle cada uno de los casos de uso que se han descrito en las fases anteriores. Se pueden encontrar dos tipos de narrativas de casos de uso:

- Narrativas de casos de uso de alto nivel
- Narrativas de casos de uso extendidas

Narrativas de casos de uso de alto nivel

Las narrativas de casos de uso de alto nivel se describen a través de una tabla con los siguientes puntos (ver ejemplo Tabla 7.3):

- Autor: las personas que han participado en la elaboración del caso de uso. De esta forma, se les puede consultar con posterioridad sobre algún aspecto del caso de uso.
- Fecha: la última fecha de modificación del caso de uso.
- Versión: la versión actual del caso de uso.
- Nombre del caso de uso: el nombre que se le ha puesto al caso de uso, y que representa el objetivo de sus actividades. En la mayoría de situaciones será un verbo seguido de uno o varios complementos.
- Tipo de caso de uso: desde la perspectiva que se está utilizando en este libro, todos los casos de uso serán del mismo tipo: requerimientos o necesidades de negocio. Desde un punto más tecnólogo, se podrían identificar otros tipos de casos de uso, pero no es el objetivo de esta libro entrar en este campo.
- Identificador de caso de uso (ID): cada caso de uso debe tener además de un nombre específico un identificar que permita buscarlo de forma rápida.
- Prioridad: en este punto, es necesario decidir la importancia que tiene el caso de uso para el sistema de información que se está desarrollando. Habitualmente se utiliza una escala de tres valores: bajo, medio y alto.
- Fuente: la fuente indica el individuo o elemento que ha promovido la creación de este caso de uso. Si se habla de un caso de uso extendido, se hará referencia al caso de uso origen. Si se habla de un caso de uso general, se hará referencia al individuo que lo ha propuesto (o su departamento).
- Actor primario de negocio: el actor primario de negocio es el individuo que se beneficio directamente del caso de uso recibiendo algo a cambio. Este punto se ha tratado con mayor detalle en apartados anteriores.

- Otros actores participantes: además del actor primario de negocio, también es posible que participen otros actores. en esta punto, es necesario identificarlos a todos y el rol que juegan (actores primarios de sistemas, actores de servicios externos, y actores de recepción externos).
- Individuos interesados en el caso de uso: también se tiene que identificar a todas aquellas personas que están interesadas en la ejecución del caso de uso, aunque no participen directamente en él.
- Descripción: unas pocas líneas describiendo el objetivo del caso de uso y las actividades que la forman.

Tabla 7. 3 Narrativa de casos de uso de alto nivel para la Matriculación de una o varias asignaturas

Autor/es: _____		Fecha: _____ Versión: _____
Nombre del caso de uso	Matriculación de una o varias asignaturas	**Tipo de caso de uso**
ID del caso de uso	MAT-001	Requerimiento o necesidad de negocio
Prioridad	Alta	
Fuente	Necesidad-05	
Actor primario de negocio	Estudiante	
Otros actores que participan	Dirección	
Otros individuos interesados	Profesor (para saber cuántos estudiantes va a tener) Departamento de finanzas (para saber cuánto va a subir la matrícula) Ministerio (para conocer el número de asignaturas por estudiante en el país)	
Descripción	Este caso de uso describe las acciones que un estudiante debe realizar para poder matricularse de una asignatura. En este evento, el estudiante debe decidir de qué asignaturas matricularse. Sin embargo, en ciertas ocasiones se necesita la intervención de Dirección para solucionar algunas situaciones particulares: cuando un estudiante quiere matricularse de asignaturas incompatibles o con ciertos prerrequisitos que no tiene, o cuando se ha matriculado de un número mayor de créditos de los que la normativa permite. En estas situaciones, Dirección debe dar el visto bueno. Si no, el estudiante sólo quedará matriculado de las asignaturas que no necesitan ser estudiadas por Dirección.	

La tabla 7.3 muestra un ejemplo de narrativa para el caso de uso Matricularse de una o varias asignaturas del ejemplo de la universidad. En esta situación, el nombre del caso de uso es Matriculación de una asignatura, y su identificador es MAT-001, ya que es el primer caso de uso del subsistema de matriculación y ayuda. Esto depende de la nomenclatura que se haya decidido para el proyecto.

La prioridad es alta, ya que lo propietarios del sistema han decidido que sin este caso de uso, el sistema de información sería un fracaso. El actor primario de negocio es el estudiante, ya que es el individuo que saca mayor beneficio del caso de uso. Además, el actor Dirección también interviene en ciertas ocasiones.

Además de los anteriores, hay otros individuos interesados en este proceso, como son los profesores (para saber cuántos estudiantes va a tener), el departamento de finanzas (para saber cuánto tiene que pagar cada estudiante) y el ministerio (para poder realizar sus estadísticas sobre el número de estudiantes y el número de asignaturas por estudiante). Por último, se encuentra una descripción del caso de uso y sus principales actividades.

Narrativas de casos de uso extendidas

Para cada narrativa de casos de uso de alto nivel es necesario describir una narrativa extendida en donde se especifica mucho más las actividades y otros aspectos del caso de uso.

La característica principal de la narrativa de casos de uso extendida es la descripción paso a paso de las actividades que forman el caso de uso. De forma complementaria, se deben añadir pasos alternativos, así como condiciones, reglas y limitaciones del caso de uso.

Igual que antes, las narrativas de casos extendidas se describen a través de una tabla con los puntos de la narrativa de alto nivel más los siguientes puntos (ver ejemplo Tabla 7.4):

- Precondición: la precondición consiste en algún tipo de restricción que obliga a estar al sistema en una cierta situación. Normalmente, las precondiciones hacen referencia a la ejecución previa de otro caso de uso.
- Activador: el activador es el evento que inicia el caso de uso.
- Curso típico de eventos: la secuencia de actividades que se ejecutan en el caso de uso cuando es inicializado por el activador. En este campo, se debe observar la interacción entre los actores y el sistema.
- Cursos alternativos: en este apartado se debe describir el comportamiento del caso de uso cuando sucede un imprevisto, o alguna acción que no pertenece al curso típico de eventos.
- Conclusión: la conclusión describe cuándo el caso de uso ha finalizado correctamente, es decir cuando el actor primario de negocio recibe el beneficio del caso de uso.
- Poscondición: una poscondición es una limitación que aparece cuando el caso de uso ha finalizado.
- Reglas de negocio: en este punto es necesario especificar políticas del negocio que puedan afectar a este caso de uso.
- Limitaciones y especificaciones de implementación: las necesidades no funcionales y las limitaciones de implementación deben aparecer en este punto. Ejemplos son la petición de un tipo de interfaz determinada, o los volúmenes máximos de trabajo.
- Suposiciones: cualquier suposición que el creador tuvo presente durante la creación.
- Otras cuestiones: en este apartado se puede añadir cualquier comentario sobre el caso de uso, y que no haya sido indicado en ningún otro punto.

Tabla 7.4 Narrativa de casos de uso extendida para la Matriculación de una o varias asignaturas

Autor/es: _____		Fecha: _____ Versión: _____
Nombre del caso de uso	Matriculación de una o varias asignaturas	**Tipo de caso de uso** Requerimiento o necesidad de negocio
ID del caso de uso	MAT-001	
Prioridad	Alta	
Fuente	Necesidad-05	
Actor primario de negocio	Estudiante	
Otros actores que participan	Dirección	
Otros individuos interesados	Profesor (para saber cuántos estudiantes va a tener) Departamento de finanzas (para saber cuánto va a subir la matrícula) Ministerio (para conocer el número de asignaturas por estudiante en el país)	
Descripción	Este caso de uso describe las acciones que un estudiante debe realizar para poder matricularse de una asignatura. En este evento, el estudiante debe decidir de qué asignaturas matricularse. Sin embargo, en ciertas ocasiones se necesita la intervención de Dirección para solucionar algunas situaciones particulares: cuando un estudiante quiere matricularse de asignaturas incompatibles o con ciertos prerrequisitos que no tiene, o cuando se ha matriculado de un número mayor de créditos de los que la normativa permite. En estas situaciones, Dirección debe dar el visto bueno. Si no, el estudiante sólo quedará matriculado de las asignaturas que no necesitan ser estudiadas por Dirección.	

Precondición	El estudiante debe estar inscrito en la base de datos de la universidad.	
Activador	Este caso de uso es iniciado cuando un estudiante intenta matricularse.	
Curso típico de eventos	**Acciones de actores**	**Respuesta del sistema**
	Paso 1: El estudiante introduce su login y su contraseña. **Paso 3**: El estudiante selecciona las asignaturas de las cuales quiere matricularse. **Paso 11**: El estudiante confirma los datos que proporciona el sistema. **Paso 13**: El estudiante confirma el número de cuenta y la dirección.	**Paso 2**: El sistema responde verificando que el estudiante tiene permisos para matricularse del nuevo curso. **Paso 4**: El sistema verifica que las asignaturas seleccionadas pertenecen a la carrera del estudiante. **Paso 5**: El sistema verifica que las asignaturas seleccionadas no están ya aprobadas por el estudiante. **Paso 6**: El sistema verifica que los requisitos de las asignaturas seleccionadas se cumplen. **Paso 7**: El sistema verifica que el número de créditos que el estudiante ha seleccionado no supera al límite según la normativa de la asignatura. **Paso 8**: El sistema calcula el precio final de la matrícula. **Paso 9**: El sistema confirma la correcta selección de asignaturas y el precio total de la matrícula. **Paso 10**: El sistema solicita confirmación de las asignaturas y del precio total de la matrícula. **Paso 12**: El sistema confirma la matrícula y solicita confirmación del número de cuenta y de la dirección del estudiante. **Paso 14**: El sistema confirma los datos del estudiante y procesa la matricula y almacena la información de la matrícula.
Cursos alternativos	**Alt-Paso 2**: El estudiante no tiene permisos en la actualidad para matricularse. El sistema informa de que no tiene permisos para esta acción. **Alt-Paso 4:** El estudiante ha seleccionado una asignatura que no puede cursar. El sistema informa de que no puede cursar esta asignatura. **Alt-Paso 5:** El estudiante ha seleccionado una asignatura que no puede cursar. El sistema informa de que no puede cursar esta asignatura porque ya está aprobada. **Alt-Paso 6:** El estudiante ha seleccionado una asignatura cuyos requisitos no cumple. El sistema informa de la incidencia y de que la matrícula de dicha asignatura está pendiente de aprobación por parte de la dirección de la universidad. El sistema envía un mensaje de la incidencia a Dirección. **Alt-Paso 7:** El estudiante ha seleccionado demasiadas asignaturas. El sistema informa de la incidencia y de que toda la matrícula está pendiente de aprobación por parte de la dirección de la universidad. El sistema envía un mensaje de la incidencia a Dirección. **Alt-Paso 12:** El estudiante no está de acuerdo con la matrícula. El sistema informa de la situación y rehace la matriculación.	
Conclusión	Este caso de uso finaliza cuando el estudiante recibe la confirmación final de la matriculación.	
Poscondición	La matriculación ha sido almacenada. En caso de incumplimiento en el número de créditos o de requisitos de una asignatura, faltará la aprobación del actor Dirección.	
Reglas de negocio	En función de la renta de los padres y del estudiante, el precio por crédito puede variar. En función del tipo de familia, el precio por crédito puede variar. La matriculación se considera definitiva después de pagar.	
Limitaciones y especificaciones de implementación	La matriculación debe poderse realizar a través de una interfaz gráfica por Internet. En lugar de utilizar un navegador, se precisa utilizar una aplicación propia de la universidad.	
Suposiciones	La alta de estudiantes se realiza antes del período de matriculación.	
Otras cuestiones	…	

En la tabla 7.4 muestra un ejemplo de narrativa extendida para el caso de uso Matricularse de una asignatura del ejemplo de la universidad. En esta situación, el nombre del caso de uso es Matriculación de una asignatura, y su identificador es MAT-001. Este ejemplo es la continuación del caso de uso de la tabla 7.3.

En el ejemplo de la universidad, la precondición del caso de uso es que el estudiante esté en la base de datos de la universidad. El activador en esta situación es el mismo estudiante cuando solicita matricularse de uno o varias asignaturas.

El siguiente punto de la tabla 7.4 muestra los pasos que típicamente seguirán los actores y el sistema durante la matriculación de un estudiante. Por contra, en la siguiente fila de la tabla se muestran las alternativas posibles en el caso de que surjan problemas durante la matriculación; por ejemplo, que un estudiante intente matricularse de una asignatura aprobada, o que supere el número máximo de créditos que un estudiante puede hacer durante un curso.

El caso de uso Matriculación de una o varias asignaturas finaliza cuando el estudiante ha recibido una confirmación por parte del sistema conforme todo ha sido procesado de forma correcta. Una vez finalizado el caso de uso, la información de la matricula debe ser almacenada, y en caso de que falte la aprobación por parte de la Dirección de la universidad para cerrar la matrícula, debe esperarse una respuesta de ésta (esto es la poscondición).

El cálculo del coste de la matricula viene definida por varias políticas internas de la universidad en relación a la capacidad adquisitiva de la familia del estudiante, al número de personas en la familia (familias numerosas, familias de más de cinco hijos, etc.), las ayudas que tienen…

Por último, la universidad ha creído oportuno que los estudiantes pueden matricularse desde casa. De esta manera, los estudiantes no tendrán que ir presencialmente al campus universitario para hacer la matrícula. Sin embargo y por motivos de seguridad, para realizar la matrícula se tendrá que utilizar una aplicación informática específica en lugar de un navegador Web.

Después de describir a través de narrativas cada uno de los casos de uso identificados en fases anteriores, se puede considerar que el primer modelo de casos de uso está finalizado. A partir de aquí, es posible que se tenga que ir revisando conforme el proyecto para el desarrollo del nuevo sistema de información vaya avanzando.

8. Modelado de datos

8.1 Introducción al modelado de datos

El capítulo anterior introduce una técnica para la definición de las necesidades de los usuarios en relación al sistema de información. Esta técnica era el modelado de casos de uso. Sin embargo, un sistema de información se basa principalmente en dos elementos: datos y procesos. Por lo tanto, el siguiente paso lógico, tras definir el modelo de casos de usos, es definir las necesidades de almacenamiento de datos y las necesidades de procesos.

Este capítulo trata en profundidad de las técnicas utilizadas para definir las necesidades de almacenamiento de datos. La técnica más utilizada y que el capítulo va a tratar es el modelado de datos.

El modelado de datos es una técnica para la organización y la documentación de los datos en el sistema. El resultado de un modelo de datos permite crear de forma rápida y sencilla una base de datos que cumpla con las necesidades de almacenamiento de datos.

Existen muchas formas de representar los datos que necesita un sistema de información, pero el más utilizado y extendido es el diagrama entidad-relación[1], que se basa en la definición de entidades y de relaciones entre los datos. A igual que antes, existe una gran cantidad de notaciones para representar diagramas entidad-relación, como son la notación Chen, la notación Martin, la notación Bachean, la notación Merise y la notación IDEFX1.

Este capítulo presenta el modelado de datos, a través de diagramas entidad-relación, siguiendo la notación de Martin, que es una de las más utilizadas en el mundo. La mayoría de herramientas CASE reconocen y aceptan este tipo de notación. Al final del capítulo se exponen las conversiones que se tienen que realizar para pasar de un modelo con notación Martin a cualquier otra notación.

Un diagrama de entidad-relación (DER) es una herramienta de modelado de datos que describe las asociaciones que existen entre las diferentes categorías de datos dentro de un sistema de empresa o de información (Whitten et al., 1992). Es interesante observar que los diagramas de datos no sólo sirven para representar qué y cómo se tiene que almacenar los datos de un sistema de información, sino que también permite representar gráficamente empresas.

La figura 8.1 muestra un ejemplo de diagrama entidad-relación. En este caso, el diagrama indica que el sistema debe almacenar dos cosas: información relacionada directamente con los libros e información vinculada directamente con los autores. Además, y según este modelo, existe una relación entre los libros y los autores, como era de suponer

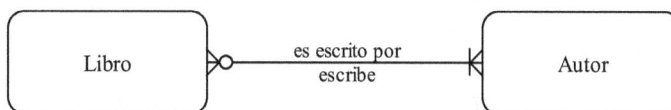

Figura 8.1 Ejemplo de diagrama entidad-relación

---

[1] El diagrama entidad-relación también es conocido como el *diagrama entidad-interrelación*. El uso de uno u otro depende de la traducción del inglés.

8.2. Conceptos y elementos del modelado de datos

Los diagramas entidad-relación están compuestos por tres elementos:

- Entidades
- Atributos
- Relaciones

Aunque sólo existan tres elementos en los diagramas entidad-relación, se pueden encontrar una gran cantidad de tipos de entidades, atributos y relaciones. A continuación, se introduce, describe y clasifica cada uno de los tres elementos anteriores.

8.2.1. Entidades

El primer elemento que contiene un diagrama entidad-relación es la entidad de datos o simplemente entidad. Una entidad es cualquier ente o cosa, real o abstracta, de la cual queramos guardar datos.

Una segunda definición que se puede utilizar para describir una entidad de datos puede ser la siguiente: una abstracción de un conjunto de objetos similares que se pueden describir con los mismos tipos de datos. Por ejemplo, los señores Marc, Joan, Luís, Antonio y Vicenç son "entes" o "cosas" que pueden ser descritos por los mismos tipos de datos: el nombre, el apellido, el documento nacional de identidad (DNI), la fecha de nacimiento, el color del pelo, el estado civil, etc.

Siguiendo el ejemplo anterior, si el objetivo es almacenar información de estos individuos, se puede crear una entidad llamada persona que englobe o represente a todas las personas de las cuales se quiere guardar información.

Desde una perspectiva de negocio, una entidad es cualquier cosa que la empresa necesita almacenar ya sean clientes, productos, pedidos, proveedores, etc.

El nombre de la entidad debe representar a todas las instancias que forman parte de ella, y se caracteriza además por estar en singular. Un rectángulo con los vértices redondeados simboliza una entidad (ver Fig. 8.2). En el diagrama entidad-relación, el nombre de la entidad suele aparecer dentro del rectángulo que representa esa entidad.

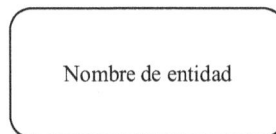

Nombre de entidad

Figura 8.2 Símbolo de entidad

Una instancia de entidad (o simplemente una instancia) es un ente particular que pertenece a una entidad. Por lo tanto, una entidad puede tener varias instancias, pero una instancia sólo pertenece a una entidad. Siguiendo con el ejemplo anterior, Joan Luís y Vicenç son instancias de la entidad persona.

Existen cinco categorías de entidades:

- Personas: Las entidades que pertenecen a esta categoría pueden representar individuos, grupos u organizaciones. Algunos ejemplos son Cliente, Departamento, Estudiante, Trabajador, Docente, y Proveedor
- Lugares: En este caso una entidad representa lugares como son Edificio, Habitación, Campus y Planta.
- Objetos: Cualquier objeto que puede ser descrito a través de datos también puede tener asociado una entidad. Algunos ejemplos son Libro, Máquina, Material, Vehículo, y Herramienta

- Eventos: Los eventos también pueden almacenarse a través de entidades como son Reserva, Pedido, Registro, y Cancelación.
- Conceptos. Por último, las entidades también pueden representar entes u objetos abstractos como son Cuenta, Período de tiempo, Curso, y Calificación.

8.2.2. Atributos

En el punto anterior, se ha comentado que una entidad es un ente o cosa de la cual queremos almacenar información, por lo que es necesario identificar qué datos queremos almacenar de cada instancia de una entidad determinada. Con este objetivo, se debe identificar los atributos de cada entidad.

Los atributos de datos (o simplemente atributos) son características comunes a todas o casi todas las instancias de un entidad concreta. Por ejemplo, los atributos de la entidad persona pueden ser nombre, dirección, documento nacional de identidad, teléfono, ciudad y fecha de nacimiento. Es decir, que para almacenar una instancia de la entidad persona es necesario almacenar todos o casi todos sus atributos.

En los diagramas entidad-relación existen dos tipos de atributos: los simples y los compuestos. Los atributos compuestos o superatributos representan la agrupación de varios atributos simples. Por ejemplo, el atributo compuesto Dirección contiene los atributos simples Calle, Número, Escalera, Piso, Puerta, Código Postal, y Ciudad.

Los atributos no tienen una figura propia, sino que se representan dentro del símbolo de la entidad. La figura 8.3 muestra diversos ejemplos de atributos simples y atributos compuestos. Los atributos simples que forman parte de un atributo compuesto se representan con un punto al principio. Este hecho puede observarse en los atributos compuestos Nombres y Dirección.

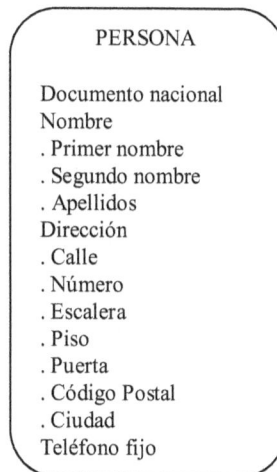

Figura 8.3 Símbolo de entidad y atributo

Propiedades de los atributos

Cada entidad está formada por un conjunto de atributos. Durante la búsqueda y selección de los atributos, es necesario especificar ciertas características y propiedades que deben de tener. Las propiedades a definir para cada atributo sirven para que su valores tengan sentido dentro del contexto de la empresa. Los atributos se pueden definir a través de tres propiedades: tipo de dato, dominio y valor por defecto.

El tipo de dato es una propiedad de un atributo que identifica los tipos de datos que pueden ser almacenados en ese atributo. Los lenguajes informáticos tienen un conjunto de tipos de datos que se pueden utilizar (por ejemplo, *String, Integer, Chart* son tipos de variables en java). No obstante, estos tipos de datos son muy técnicos y pueden ser bastante complejos para los usuarios. Por este motivo se usan tipos de datos lógicos, es decir, no técnicos. La tabla 8.1 muestra una lista de tipos de datos lógicos.

Tabla 8.1 Tipos de datos lógicos

Tipo de dato lógicos	Descripción
Número	Cualquier tipo de número, ya sea natural, entero o real
Texto	Un conjunto limitado de caracteres, incluidos los números
Memo	Similar al texto pero con longitud infinita
Fecha	Cualquier fecha en cualquier formato
Tiempo	Cualquier hora en cualquier formato
Sí/No	Un atributo que sólo puede tomar dos valores
Conjunto de valores	Un conjunto limitado de valores (Ejemplo: alto, medio y bajo)
Imagen	Cualquier imagen
Fichero	Cualquier archivo informático (Ejemplo: un archivo de texto)

Un atributo debe tener más de un valor admisible, ya que en caso contrario no se considera atributo, sino una constante. Además los valores que puede adoptar un atributo deben estar limitados a un cierto rango. A los posibles valores que puede tomar un atributo se les llama dominio. Los valores confinados dentro del dominio de un atributo deben tener significado desde la perspectiva de los usuarios y del negocio.

La tabla 8.2 muestra una lista de dominios lógicos para los distintos tipos de datos lógicos.

Tabla 8. 2 Dominios lógicos para los distintos tipos de datos lógicos

Tipo de dato lógicos	Dominio	Ejemplos
Número	Para números naturales y enteros: (mínimo – máximo) Para números reales: (mínimo.precisión – máximo.precisión)	(100 – 9999) (100.00 – 999.99)
Texto	Texto (número de caracteres máximo)	Texto (40)
Memo	Sin limitación	
Fecha	Día – Mes – Año (cuatro cifras) Día – Mes – Año (dos cifras) Mes – Año Año	DDMMYYYY DDMMYY MMYY YYYY
Tiempo	Horario de 12 horas (AM/PM) Horario de 24 horas	HHMM T HHMM
Sí/No	{opción 1 / opción 2}	{Sí / No}
Conjunto de valores	{valor 1 / valor 2 / … / valor n}	{Suspenso, Aprobado, Notable, Excelente}
Imagen	No aplicable	
Fichero	No aplicable	

Por último, cada atributo debe tener un valor por defecto. Esta propiedad representa el valor que debe adoptar el atributo si el usuario del sistema no los especifica. El analista se puede encontrar con tres situaciones. (1) El atributo tiene un valor por defecto que pertenece al dominio del atributo. (2) El atributo puede adoptar el valor nulo, es decir, sin un valor determinado. (3) El valor del atributo debe ser introducido forzosamente por el usuario del sistema. La tabla 8.3 muestra un ejemplo de los tipos de valores por defecto de un atributo.

Tabla 8.3 Tipo de valores por defecto de un atributo

Valor pode defecto	Interpretación	Ejemplos
Valor perteneciente al dominio	Si el usuario no introduce un valor en el atributo, el sistema adopta el valor por defecto	0, 00:00, 01-01-1978
Nulo	Es posible dejar el atributo sin ningún valor	Nulo
Requerido	El usuario debe introducir forzosamente un valor perteneciente al dominio	Requerido

Identificador o clave

Una entidad puede estar formada por cientos e incluso miles de instancias. Ante esta situación, es necesario poder identificar una instancia del resto. Para ello, siempre debe de existir como mínimo un atributo cuyo valor no se repita entre todas las instancias. A ese tipo de atributos se les llama *identificador* o *clave*.

Un identificador es un atributo o una combinación de atributos que identifican unívocamente a una y sólo a una presencia (instancia) de una entidad. En el ejemplo de la entidad Persona, el atributo Documento nacional de identidad podría ser un identificador, ya que no existen dos personas con el mismo.

En ciertas ocasiones, las entidades pueden tener más de un atributo que puede utilizarse como identificador. Al atributo que se utiliza más comúnmente como identificador se le denomina *clave primaria*, mientras que el resto de atributos que podrían serlo se les denomina *claves* o *identificadores alternativos*. En el ejemplo de la entidad Persona, el atributo Documento nacional de identidad podría ser una clave primaria, mientras que el atributo Número de Seguridad Social sería una clave alternativa.

Existen entidades que no contienen atributos que se puedan considerar como claves o identificadores. Sin embargo, una combinación de atributos puede equivaler a una clave o identificador. A este tipo de clave se le denomina clave concatenada. Por ejemplo, una entidad que represente películas del cine podría utilizar como clave primaria el Título de la película y la Fecha de estreno. La combinación de los dos atributos permite identificar de forma unívocamente a una y sólo una película. La figura 8.4 muestra un ejemplo de una entidad con una clave concatenada.

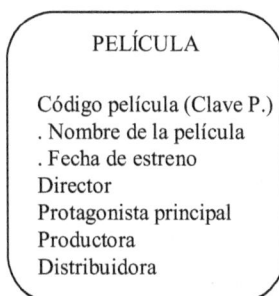

PELÍCULA

Código película (Clave P.)
. Nombre de la película
. Fecha de estreno
Director
Protagonista principal
Productora
Distribuidora

Figura 8.4 Ejemplo de una entidad con una clave concatenada

Un criterio de subconjunto es un atributo (o un atributo concatenado) que a partir de un conjunto finito de valores puede dividir las instancias de una entidad en subconjuntos. En la entidad Persona, los atributos Sexo y Estado civil pueden considerarse criterios de subconjuntos. El primero permite dividir las instancias según si son mujeres u hombres. El segundo divide las instancias en solteros, casados, divorciados y viudos. Para que un atributo pueda ser considerado como un criterio de subconjunto, éste debe tener un dominio formado por un número limitado de valores.

PERSONA

DNI (Clave primaria)
Número de seguridad
    social (clave alternativa)
Nombre
Dirección
Estado civil (criterio)
Sexo (criterio)

Figura 8.5 Ejemplo con una clave primaria y una clave alternativa

La figura 8.5 muestra un ejemplo con una clave primaria y una clave alternativa, así como dos criterios de subconjuntos.

8.2.3. Relaciones

Tanto las entidades como los atributos no existen de forma independiente, por lo que surgen relaciones. Una relación es una asociación de negocio natural que existe entre dos o más entidades.

Una relación puede representar un evento que vincula dos o más entidades, o una afinidad lógica entre dos o más entidades. En el apartado anterior, se ha explicado que las entidades de datos se designan a través de un nombre. Por otra parte, las relaciones se designan mediante un verbo o una frase verbal.

Cada relación tiene vinculado dos verbos para poder representar la doble direccionalidad de la relación. Sin embargo, la representación de los dos verbos en un diagrama entidad-relación puede dificultar su comprensión, por lo que sólo se suele indicar uno de los dos, y el segundo se da por implícito.

Las relaciones se representan en un diagrama entidad-relación a través de una línea que une las entidades (ver Fig. 8.6). El nombre de la relación se representa en la misma línea de relación.

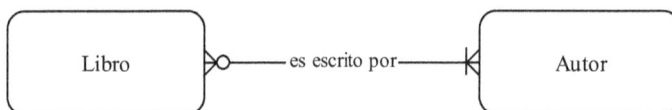

Figura 8.6 Símbolo de una relación

Existen muchos tipos de relaciones, pero la más habitual es la relación binaria, la cual asocia dos entidades de datos. Sin embargo, también existen relaciones entre más de dos entidades, e incluso relaciones que relaciona sólo una entidad.

Cada relación está caracterizada por tres propiedades o reglas:

- El orden
- La cardinalidad
- El grado

El orden, la cardinalidad y el grado son características que reflejan el nivel de complejidad de una relación.

Orden de una relación

El orden define si la relación entre las entidades es obligatoria u opcional. En otras palabras, el orden determina el número mínimo de instancias de una entidad con respecto a otra. En cada relación, debe definirse el orden en ambos sentidos.

La figura 8.7 muestra un ejemplo en donde aparecen dos relaciones binarias con orden diferente en función de la dirección de la relación.

Cardinalidad de una relación

La cardinalidad define el número máximo de instancias de una entidad para una única instancia de la entidad relacionada. De la misma forma que el orden, la cardinalidad debe definirse en ambos sentidos. En la mayoría de diagramas entidad-relación el orden y la cardinalidad van siempre juntas.

La figura 8.7 muestra un ejemplo en donde aparecen dos relaciones binarias con dos cardinalidades: una para cada sentido.

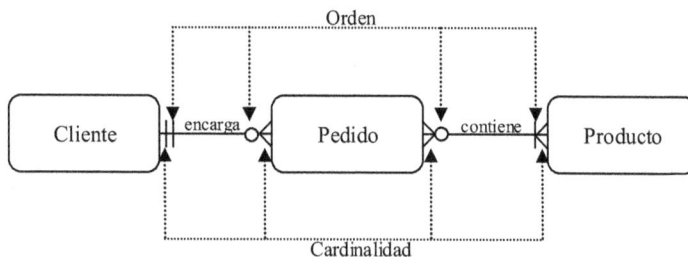

Figura 8.7 Orden y cardinalidad de una relación

Según el ejemplo anterior, una instancia de la entidad Cliente puede tener una relación directa con ninguna (orden de la relación), con una o con varias (cardinalidad de la relación) instancias de la entidad Pedido. En cambio, una instancia de la entidad Pedido siempre debe estar vinculada a una y sólo una instancia de la entidad Cliente. Esta relación parece lógica, ya que un pedido determinado siempre debe de haberla realizado un único cliente. No tiene sentido que un pedido no tenga asociado un cliente o más de un cliente.

Si se trata la segunda relación de la figura 8.7, el diagrama entidad-relación muestra que una instancia de la entidad Pedido puede estar relacionada con una o más instancias de la entidad Producto. Si se sigue el sentido opuesto, el diagrama muestra que una instancia de la entidad Producto puede estar relacionada al mismo tiempo con cero, una o varias instancias de la entidad Pedido. Estas relaciones coinciden con el funcionamiento del negocio. Un pedido tiene que tener como mínimo un producto, ya que si no, no sería un pedido, pero también puede contener varios productos. Desde la otra perspectiva, un producto puede estar no contenido en ningún pedido, en un pedido o en varios pedidos.

En ciertos libros, se considera la cardinalidad como el número mínimo y máximo de instancias de una entidad que puede estar relacionada con una única instancia de la otra instancia. Es decir, en algunas ocasiones se considera que la cardinalidad representa el orden y la cardinalidad de una relación.

La tabla 8.4 muestra los símbolos de orden y cardinalidad posibles en un diagrama entidad-relación.

Tabla 8.4 Simbología para el orden y la cardinalidad

Interpretación	Orden	Cardinalidad	Símbolo
Exactamente uno (y sólo una)	1	1	
Cero o una	0	1	
Una o más	1	Muchos (>1)	
Cero, una, o más	0	Muchos (>1)	
Más de una	>1	Muchos (>1)	

Grado de una relación

El grado es la tercera característica de una relación. El grado de una relación es el número de entidades que participan en la relación. La mayoría de relaciones en un diagrama entidad-relación son binarias (grado = 2). Los ejemplos anteriores reflejan relaciones binarias.

De forma similar a las relaciones binarias, también es posible que distintas instancias de una misma entidad estén relacionadas. A este tipo de relaciones se les denomina *recursivas* o *de grado igual a uno*.

La figura 8.8 muestra un ejemplo de relación recursiva. En este contexto, una instancia de la entidad Persona puede estar relacionada con varias instancias de la misma entidad Persona. El ejemplo refleja que una persona (una instancia de la entidad Persona) tiene un único padre (otra instancia diferente de la entidad Persona) y al mismo tiempo que una persona puede tener cero, uno o más hijos (otras instancias de la entidad Persona).

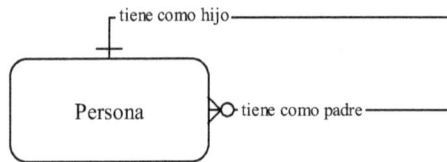

Figura 8.8 Relación recursiva

De la misma forma que existen relaciones de grado uno (recursivas) y de grado 2 (binarias), también es posible encontrar relaciones de grado tres (ternaria) y de grado superior a tres (N-arias).

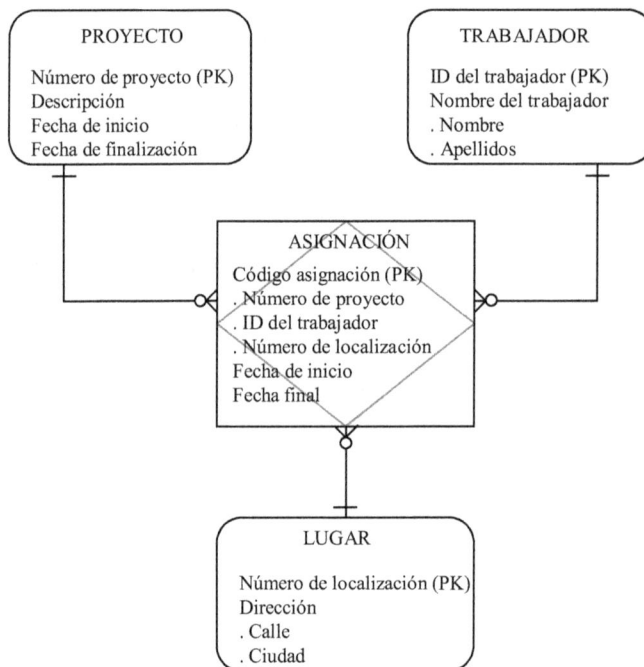

Figura 8.9 Relación ternaria

Las relaciones ternarias son las más comunes después de las recursivas y binarias, en los diagramas entidad-relación. Las relaciones N-arias (grado superior a dos) se representan a través una nueva entidad llamada *entidad asociativa*. Una entidad asociativa es una entidad que hereda las claves primarias de las entidades que pertenecen a la relación N-aria y a las que se les llama *entidades padre*.

La figura 8.9 muestra un ejemplo de relación ternaria que vincula las entidades Trabajador, Proyecto, y Lugar, y en donde aparece una entidad asociativa a la que se ha denominado Asignación. Cada instancia de la entidad Asignación está relacionada con una instancia de la entidad Trabajador, una instancia de la entidad Proyecto y una instancia de la entidad Lugar. Además, se le ha añadido dos nuevos atributos: Fecha de inicio y Fecha final. Es importante observar que la clave primaria de una entidad asociativa es un identificador concatenado formado por las claves primarias del resto de entidades.

Tipos de relaciones

Antes de identificar tipos de relaciones entre entidades, es necesario introducir el concepto clave foránea. Una relación implica que una instancia de una entidad está asociada a ciertas instancias de otra entidad. Para poderlo conseguir es necesario la utilización de una clave foránea.

En una relación, se pueden identificar dos tipos de entidades: las entidades padres y las entidades hijo. Una clave foránea es una clave primaria de una entidad (entidad padres) que es usada en otra entidad (entidad hija) para identificar instancias de la relación. Es decir, las claves foráneas siempre están presentes en las entidades hijas y coinciden con la clave primaria de las entidades padres.

La figura 8.10 muestra un ejemplo en donde aparecen una entidad padre y una entidad hija. Para averiguar qué entidad se considera padre y qué entidad se considera hija es necesario acudir a la cardinalidad de la relación. En este caso, una instancia de la entidad Cliente puede estar asociada a varias instancias de la entidad Pedido, por lo que la entidad Cliente es la entidad padre. Por el contrario, una instancia de la entidad Pedido como máximo puede estar asociada a una instancia de la entidad Cliente, por lo que la entidad Pedido es la entidad hija.

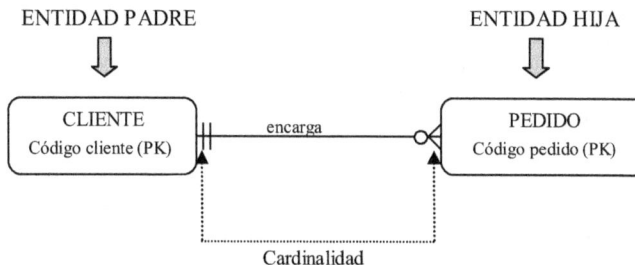

Figura 8.10 Entidades padres e hijas

A partir de aquí podemos encontrar dos tipos básicos de relaciones:

- Relaciones específicas
- Relaciones no específicas

Relaciones específicas

Las relaciones específicas son todas aquellas en el que la cardinalidad en sus dos direcciones no son muchos (varios). El ejemplo anterior (Fig. 8.10) es un ejemplo de relación específica, ya que una instancia de la entidad Pedido está, como máximo, asociada una única instancia de la entidad Cliente.

Dentro de las relaciones específicas, existen dos subtipos de relaciones: las relaciones no identificadas, y las relaciones identificadas. Las primeras de ellas se caracterizan en que las dos entidades son independientes. Esto quiere decir, que las claves primarias de ambas entidades son independientes, o lo que es lo mismo, que las claves primarias no comparten ningún atributo de la otra entidad.

La figura 8.10 muestra un ejemplo de relación específica y no identificada. Se puede ver que la clave primaria de la entidad Cliente y la clave primaria de la entidad Pedido no comparten ningún atributo.

Las relaciones identificadas son aquellas en las que la clave primaria de la entidad padre forma parte de la clave primaria de la entidad hija. La figura 8.11 es un ejemplo de relación identificada. En este ejemplo, la entidad Edificio se considera entidad padre, ya que una instancia de esta entidad puede estar vinculada a varias instancias de la entidad Despacho. Mientras que la entidad Despacho se considera entidad hija, ya que una instancia de esta entidad como máximo puede estar relacionada con una instancia de la entidad Edificio. En esta situación, la clave primaria de la entidad Despacho (entidad hija) está formada parcialmente por la clave primaria de la entidad Edificio (entidad padre). Este tipo de clave primaria es necesaria debido a que los despachos de distintos edificios tienen el mismo identificador, y por lo tanto necesitamos la clave primaria del edificio para diferenciar las instancias de la entidad Despacho.

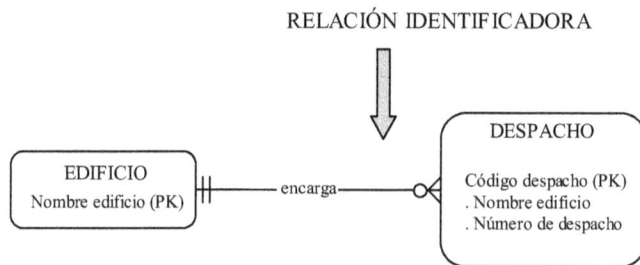

Figura 8.11 Relación identificadora

Relaciones no específicas

Una relación no específica es una relación dónde muchas instancias de una entidad están asociadas con muchas instancias de otra entidad. Es decir, que una instancia de una entidad puede tener relaciones con varias instancias de otra entidad, y que una instancia de la otra entidad puede estar asociada a varias instancias de la primera entidad. A este tipo de relación también se le denomina *relación varias a varias*, o *relación muchas a muchas*.

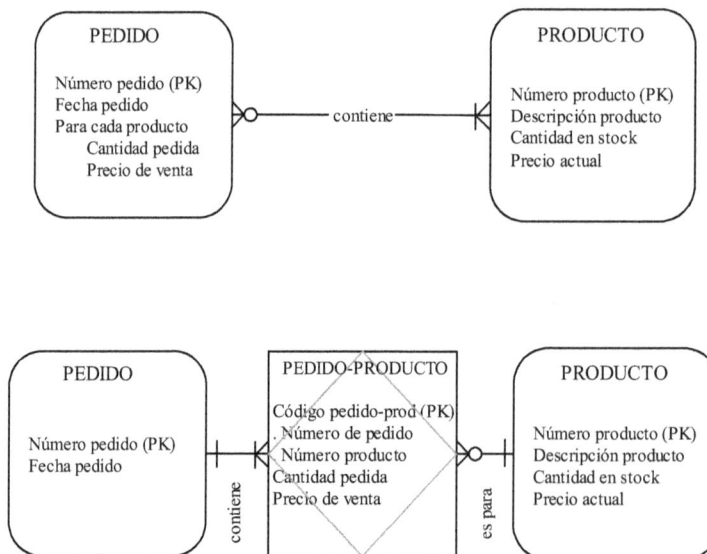

Figura 8.12 Relación no específica

Un diagrama entidad-relación no debe presentar relaciones no específicas. Para ello existen dos tipos de soluciones: el uso de una entidad asociativa (que ya ha sido introducido previamente) y el uso de varias nuevas relaciones equivalentes a la no específica que se quiere eliminar.

Si se observa la figura 8.12, se puede apreciar la existencia de una relación no específica entre las entidades Pedido y Producto. Una instancia de la entidad Pedido puede estar asociada a varias instancias de la entidad Producto, y viceversa. Para solucionar este tipo de relación, es posible introducir una entidad asociativa entre las dos entidades anteriores. La clave primaria de la nueva entidad asociativa será un identificador concatenado formado por las claves primarias de las entidades Pedido y Producto, tal y como refleja la figura 8.12.

En este caso, se puede comprobar que la relación no específica se ha sustituido con una entidad asociativa y dos relaciones una a varias, es decir dos relaciones específicas. Esta solución es muy fácil de aplicar, y puede eliminar cualquier tipo de relación no específica.

En ciertas ocasiones se puede solucionar las relaciones no específicas de una forma más sencilla. Esta solución sólo suele aplicarse en situaciones en donde la cardinalidad máxima en una de las dos direcciones es muy pequeña (por ejemplo dos o tres). La relación no específica del ejemplo de la figura 8.13 se soluciona de esta manera. Según el ejemplo, una transferencia puede realizar entre una o varias cuentas bancarias, y una cuenta bancaria puede haber recibido o realizado cero o varias transferencias.

Siguiendo con el ejemplo, una instancia de la entidad Transferencia estará asociada como máximo con dos instancias de la entidad Cuenta corriente. Por lo tanto, es posible sustituir la relación no específica por dos relaciones específicas, tal y como muestra la figura 8.13. La primera nueva relación específica refleja el origen de la transferencia, mientras que la segunda nueva relación muestra el destino de la transferencia.

Si se avanza en el ejemplo de la figura 8.13, la entidad Transferencia se tendrá que considerar una entidad hija, por lo que dicha entidad necesita dos claves foráneas procedentes de la entidad Cuenta corriente (entidad padre). La primera clave foránea representa la cuenta corriente origen y la segunda clave foránea representa la cuenta corriente destino.

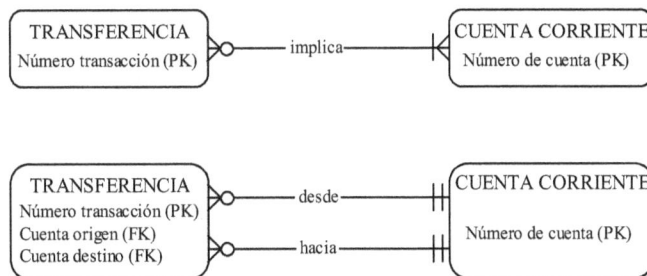

Figura 8.13 Doble relación específica

Generalización

En ciertas ocasiones, el analista de sistemas puede observar la existencia de varias entidades que representan elementos muy similares y que comparten varios atributos, aunque otros sean distintos.

Por ejemplo, los datos que se almacenan de un cliente actual y de un cliente antiguo (es decir que se ha dado de baja) son muy similares. Incluso se podría decir que ambos pueden pertenecer a una entidad más general llamada Cliente. Atributos como Nombre, Apellidos, Dirección, Teléfono y Fecha de nacimiento son atributos que comparten las entidades Cliente actual y Cliente antiguo. Sin embargo, también existen atributos que los diferencian. Por ejemplo, la entidad Cliente actual tiene los atributos propios Crédito máximo y Persona de contacto, mientras que la entidad Cliente antiguo tiene el atributo Baja como cliente.

Ante esta situación, el analista de sistema puede crear una supertipo de entidades. Un supertipo de entidades es una entidad cuyas instancias pueden dividirse en subtipos que no son descritos por atributos idénticos pero que comparten algunos de sus atributos de datos.

De forma análoga, un subtipo de entidades es una entidad cuyas instancias heredan algunos atributos de datos de un supertipo de entidades, a los que añaden otros atributos de datos que son específicos de las instancias del subtipo.

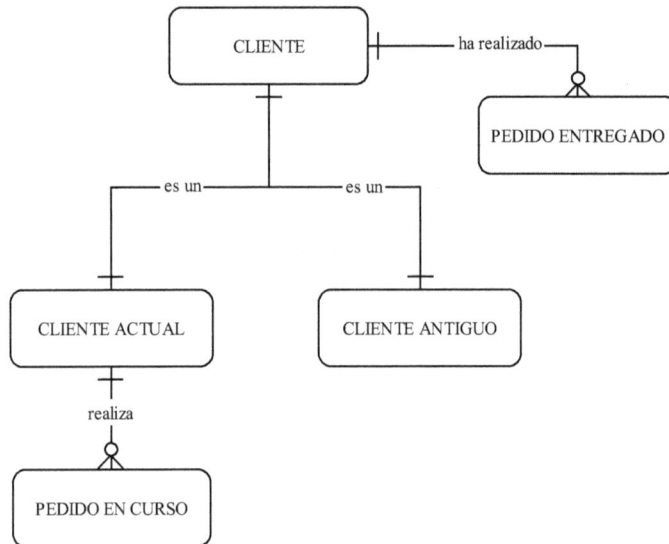

Figura 8.14 Generalización de entidades

El ejemplo de la figura 8.14 muestra esta situación. Como la entidad Cliente actual y Cliente antiguo comparten varios atributos, se ha decidido crear un supertipo de entidad llamado Cliente. Como sólo los clientes actuales pueden estar esperando un pedido, sólo se relaciona la entidad Cliente actual con la entidad Pedido en servicio. Por el contrario, tanto los clientes antiguos como los clientes actuales pueden haber realizado algún pedido en el pasado, por lo tanto se relaciona la entidad Cliente con la entidad Pedido entregado. De esta manera se pueden eliminar las relaciones entre la entidad Pedido entregado y las entidades Cliente actual y Cliente antiguo.

La representación de supertipos y sus subtipos permite una comunicación más transparente entre los analistas de sistemas y los usuarios del sistema.

8.2.4. Normalización de datos

Después de desarrollar un diagrama entidad-relación, el analista de sistemas debe preguntarse si el modelo de datos es suficientemente bueno para ser implementado. Con este objetivo se realiza un análisis de datos, es decir, un procedimiento que prepara un modelo de datos para su implantación en forma de base de datos no redundante, flexible y adaptable.

Entre los distintos métodos para el análisis de datos existe la normalización, que organiza los atributos de datos de manera que se agrupen entre sí para formar entidades estables, flexibles y adaptables.

La normalización es un método basado en tres etapas que consiste en trasformar las entidades del modelo de datos en primera forma normal (1FN), después en segunda forma normal (2FN), y finalmente en tercera forma normal (3FN).

Poner las entidades en primera forma normal (1FN) consiste en eliminar aquellos atributos de datos que se repiten en una determinada instancia de una entidad. Para conseguir poner en primera forma normal aquellas entidades que tengan atributos que se repiten se utiliza una entidad asociativa, tal y como se ha visto anteriormente.

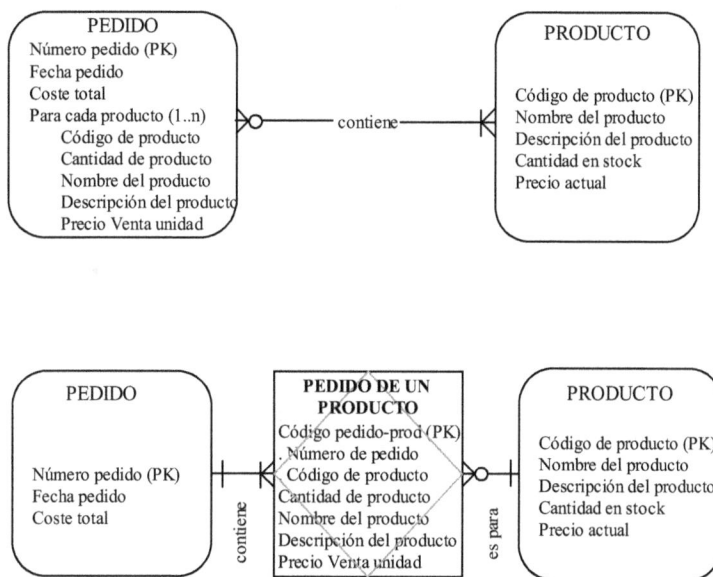

Figura 8.15 Normalización en primera forma normal

La figura 8.15 muestra un ejemplo en donde se pone en primera forma normal la entidad Pedido. En este caso, los atributos Código de producto, Cantidad de producto, Nombre del producto, Descripción del producto y Precio de Venta por unidad se repetían para cada producto que estaba contenido en el pedido. Para solucionarlo se ha creado una entidad asociativa (llamada Pedido de un producto) que contiene estos cinco atributos de datos más una clave foránea que coincide con la clave primaria de la entidad Pedido.

El siguiente paso en el análisis de datos es intentar poner todas las entidades en segunda forma normal. Para ello es necesario poner previamente todas las entidades en primera forma normal. El objetivo es que cada atributo esté situado en su entidad correspondiente. Si el modelo de datos está bien realizado, todas las entidades con una clave principal simple estarán en segunda forma normal, y sólo será necesario estudiar las entidades con claves concatenadas.

Figura 8. 16 Normalización en segunda forma normal

Para conseguir que cada atributo esté en la entidad que le toca, estos atributos no deben depender únicamente de una parte de la clave principal. En el ejemplo de la figura 8.16, la entidad Pedido de un producto tiene dos atributos que sólo dependen de parte de la clave primaria (atributo Código producto).

En otras palabras, los atributos Nombre del producto y Descripción del producto pertenecen más a la entidad Producto que a la entidad Pedido de un producto. Por lo tanto, es necesario mover estos dos atributos a la entidad Producto.

El último paso en la normalización de entidades es poner todas las entidades en tercera forma normal. Para ello es necesario poner previamente todas las entidades en segunda forma normal. El objetivo de la tercera forma normal es conseguir eliminar dependencias entre atributos de datos. Para conseguirlo es necesario eliminar todos aquellos atributos de datos que se pueden calcular o deducir a partir de otros atributos.

La figura 8.17 muestra una normalización en tercera forma normal. En este caso, la entidad Pedido contiene un atributo llamado Coste total y que se puede calcular a través de las instancias asociadas de la entidad asociativa Pedido de un producto. Por este motivo el atributo coste total se puede eliminar.

Figura 8.17 Normalización en tercera forma normal

8.3. Desarrollo de un modelo de datos

El desarrollo de un modelo de datos permite identificar las necesidades de almacenamiento de datos de un sistema de información. Tal y como se ha especificado previamente, el desarrollo de un buen modelo de datos es una de las claves del éxito en un nuevo sistema de información.

Las fases en el desarrollo de un modelo de datos son siete (Whitten et al., 2004):

- Identificar entidades de datos
- Representar un modelo contextual de datos
- Identificar claves o identificadores de las entidades de datos
- Representar un modelo de datos basado en claves
- Definir arquitecturas de generalización
- Identificar todos los atributos del modelo de datos
- Realizar un análisis de datos

Para mostrar cómo se desarrolla un modelo de datos, se seguirá el ejemplo cuyo enunciado se puede encontrar en el anexo A.

8.3.1. Identificar entidades de datos

La primera fase en el desarrollo de un modelo de datos es la identificación de las entidades de datos. Existen cinco tipos de entidades: las que hacen referencia a las personas, a los lugares, a los objetos, a los eventos y a los conceptos. Existen varias técnicas para identificar entidades de datos.

Una de las técnicas para identificar entidades de datos son las entrevistas o los grupos que trabajo que se realizan entre el analista de sistema y los propietarios y usuarios de sistema. En estas conversaciones suelen aparecer palabras claves que después se pueden transformar en entidades de datos.

La forma más directa para la identificación de entidades de datos son las entrevistas con los usuarios del sistema. Se puede identificar de forma sencilla entidades de datos utilizando preguntas como ¿Qué datos se tienen que almacenar? ¿Qué información necesita para hacer su trabajo? ¿Qué informes utiliza diariamente?

También se puede utilizar los formularios y los archivos que se están utilizando en la actualidad. A partir de allí, el analista de sistema puede encontrar qué datos son necesarios de almacenar y qué información debe proporcionar el sistema. Los archivos del antiguo sistema de información también pueden ser de gran utilidad en esta fase.

También, y a través de ingeniería inversa, los analistas de sistema pueden encontrar qué información se está utilizando en los sistemas actuales de la organización, y de esta manera identificar con mayor precisión las necesidades de datos que está cubriendo el sistema.

Es importante recordar que el modelo de casos de uso también es una muy valiosa herramienta para la identificación de datos, ya que muestra las necesidades funcionales del sistema, y por lo tanto la información y los datos que son necesarios para que el sistema de información cumpla con las expectativas de los usuarios y de la organización.

Las entidades suelen representarse, en esta fase, a través de una tabla. En el caso del ejemplo del anexo A, se podrían utilizar las entidades que se muestran a continuación (Tabla 8.5).

Tabla 8.5 Entidades para un sistema de información de una universidad

Nombre entidad	Definición (visión de negocio)
Profesor	Cualquier profesor que esté en activo o haya estado en activo en la Universidad
Alumno	Cualquier alumno que haya estudiado o esté estudiando en la Universidad
Departamento	Unidades básicas funcionales en donde está inscrito un profesor, y del cual depende su docencia
Asignatura	Las asignaturas que se ofrecen o se han ofrecido en la Universidad
Aula	Las aulas para las clases de teoría y de prácticas, y los laboratorios
Curso	Los cursos académicos se han realizado hasta la actualidad
Instancia	Cualquier instancia que un alumno haya realizado en la Universidad, ya sea para pedir ayudas, para pedir revisiones, …
Ayuda de matrículas	Todas las ayudas que la universidad ha ofrecido y ofrece a los estudiantes

Es importante destacar que los nombres de las entidades están en singular y están definidas desde una perspectiva de negocio. El nombre de una entidad debe ser sencillo, significativo e inspirado en la empresa, y nunca en aspectos tecnológicos.

Para diferenciar entidades reales y falsas entidades, el usuario de sistemas debe ser capaz de identificar varias instancias de una entidad. En caso contrario, no es una entidad, sino una constante.

8.3.2. Representar un modelo contextual de datos

La siguiente fase en el desarrollo de un modelo de datos es representar un modelo contextual de datos. En este caso, se necesita representar un diagrama entidad-relación en donde aparezcan las entidades de datos encontradas en la fase anterior y las relaciones existentes entre ellas.

Cada relación entre entidades debe ir acompañada de un verbo que refleje la relación existente, así como el orden y la cardinalidad en cada sentido de la relación.

En el caso del desarrollo de un sistema de información para una universidad (Anexo A), el modelo contextual de datos podría ser el de la figura 8.18.

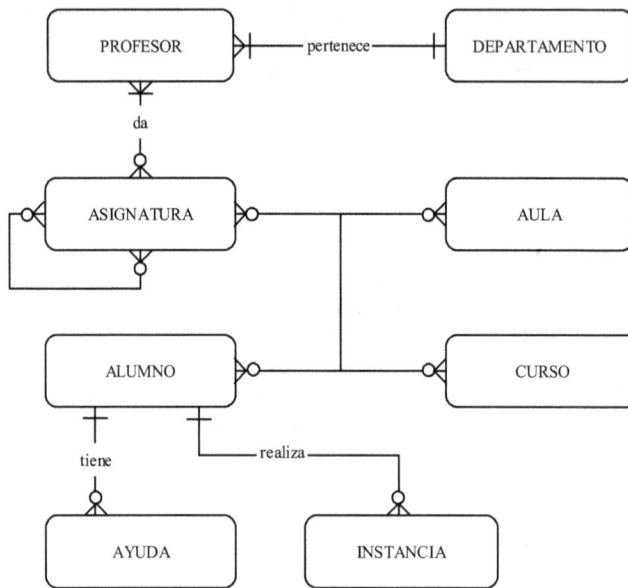

Figura 8.18 Modelo contextual de datos

En el diagrama de contexto han aparecido seis relaciones:

- Un profesor puede pertenecer a un único departamento, mientras que un departamento puede estar formado por uno o más profesores.
- Un profesor puede dar cero (si está de baja) o varias asignaturas, mientras que una asignatura puede ser dada por uno o varios profesores.
- Una asignatura puede tener como prerrequisitos cero o varias otras asignaturas.
- Un alumno puede solicitar cero o varias instancias, pero una instancia sólo puede haber sido solicitado por un alumno.
- Un alumno puede recibir cero o varias ayudas, pero una ayuda sólo puede haber sido concedida a un alumno.
- También aparece una relación 4-aria entre las entidades Asignatura, Alumno, Curso y Aula.

El modelo contextual de datos es una herramienta muy útil, ya que permite definir los límites del nuevo sistema de información de manera sencilla y clara.

8.3.3. Identificar claves o identificadores de las entidades de datos

El siguiente paso tras representar un modelo contextual de datos es identificar las claves o identificadores de cada entidad de datos encontrados en la primera fase. A la hora de definir identificadores para las entidades es importante tener presentes algunas premisas.

- El valor del identificador no debe cambiar con el tiempo. Por ejemplo, el nombre de un cliente puede cambiar si decide traducirlo a otro idioma.
- El valor del identificador nunca puede ser nulo.
- Deben existir controles para asegurar que el valor del identificador es correcto y válido.
- Si es posible, utilizar claves inteligentes. Un identificador inteligente es un código cuya estructura proporciona información útil de la instancia a la que hace referencia. Estos códigos son interesantes, ya que pueden ser procesados por trabajadores sin la ayuda de ordenadores.

Existen muchos tipos de códigos, algunos de ellos se describen a continuación:

- Códigos en serie. Este tipo de códigos se asignan de forma automática cada vez que se introduce una nueva instancia en la entidad. El valor del identificador de una nueva instancia se calcula sumando una unidad al valor de la última instancia que entró en la entidad. La única información que ofrece este tipo de código es el orden de entrada de las instancias en la entidad y el número de entradas que ha recibido.
- Códigos en bloques. Es similar al anterior con la diferencia de que se crean grupos de valores con significados de negocio diferentes. Por ejemplo, en una entidad llamada Producto, las instancias que hacen referencia al pescado podrían tener claves situadas entre el 000 y el 299, las instancias que hacen referencia a la carne podrían tener claves situadas entre el 300 y el 599, y las instancias que hacen referencia a la fruta podrían tener claves situadas entre el 600 y el 999.
- Códigos alfanuméricos. Este tipo de código está formado por letras y opcionalmente por números. Por ejemplo, las letras iniciales de las matrículas de los coches son un código alfanumérico que representa las diversas provincias que tiene España.
- Códigos con significado en posiciones. En este caso, cada dígito tiene un significado propio, identificando una característica de la entidad o describiendo una medida.
- Códigos jerárquicos. Cada dígito o conjunto de dígitos representan un nivel dentro de una jerarquía. Por ejemplo, el primer dígito de un código podría representar una clasificación general. El segundo y tercer dígito podrían indicar el nivel dentro de la clasificación. El cuarto, quinto y sexto dígito indica una categoría dentro del nivel.

A la hora de crear un código, el analista de sistemas debe tener presente que el código debe poderse expandir y crecer con el tiempo. El valor de una instancia debe ser único, sencillo de crear, y lo más simple posible, para poderlo interpretar sin ordenador.

Tabla 8.6 Identificadores para las entidades de un sistema de información en una universidad

Nombre entidad	Identificadores posibles + descripción
Profesor	DNI: Documento nacional de identidad NPD :Número de Personal Docente
Alumno	DNI: Documento nacional de identidad NIA: Número de identificación de alumno
Departamento	Código departamento. Cada departamento de la universidad tiene un código formado por un número de tres dígitos.
Asignatura	Código asignatura. Cada asignatura tiene un código propio formado por un número de cinco dígitos.
Aula	Código aula. Cada aula tiene un código jerárquico: los dos primeros dígitos representan el edificio en donde está, los dos siguientes representan la planta en donde está, los dos últimos dígitos representan el número del aula en la planta.
Curso	Código curso. Cada curso tiene un código jerárquico: los dos primeros dígitos representan el año, y los dos últimos dígitos representan el cuatrimestre.
Instancia	Código instancia. En este caso es código en serie
Ayuda de matriculas	Código ayuda. Cada ayuda que existe tiene un código alfanumérico: cada ayuda tiene un acrónimo seguido del año de su concurso.

En el caso del desarrollo de un sistema de información para una universidad (Anexo A), los identificadores de las entidades podrían ser las que se muestran en la tabla 8.6. En el caso de la entidad Profesor y de la entidad Alumno se han encontrado dos posibles claves principales: DNI y NPD para la primera entidad, y DNI y NIA para la segunda entidad.

8.3.4. Representar un modelo de datos basado en claves

La siguiente tarea es representar un modelo de datos en donde aparezcan todas las entidades y las relaciones posibles. Además, se deben representar las claves primarias.

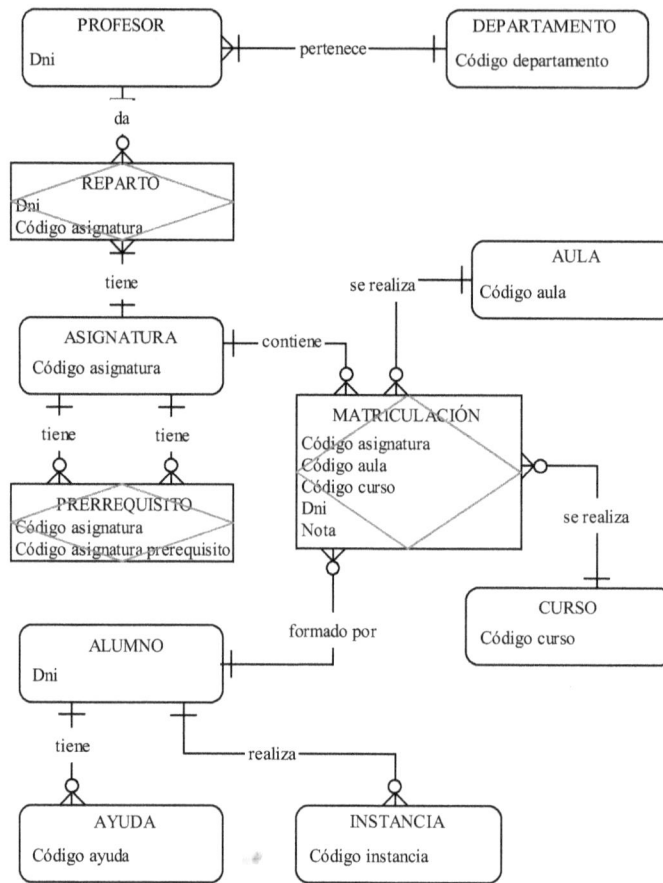

Figura 8.19 Modelo de datos basado en claves

Además de incluir las claves principales, el analista de sistemas debe eliminar las relaciones no específicas y las relaciones n-arias a través de entidades asociativas u otras técnicas.

Siguiendo con el ejemplo de la universidad (que se encuentra en el Anexo A), la figura 8.19 muestra el modelo de datos basado en claves.

La relación existente entre la entidad Profesor y la entidad Asignatura es no específica, por lo que es necesario introducir una entidad asociativa. Con este fin, se crea la entidad asociativa Reparto de asignaturas.

De forma similar, la relación N-aria ha sido sustituida por una entidad asociativa que se ha denominado Matriculación. La clave principal de esta entidad asociativa es la combinación de las claves primarias del resto de entidades.

También existe una relación recursiva y no específica en la entidad Asignatura. Es por este motivo, que se ha creado otra entidad asociativa llamada Prerrequisito.

8.3.5. Definir arquitecturas de generalización

La siguiente fase en el desarrollo de un modelo de datos es definir arquitecturas de generalización. El objetivo es identificar supertipos o subtipos a partir del modelo de datos que se ha representado en la fase anterior.

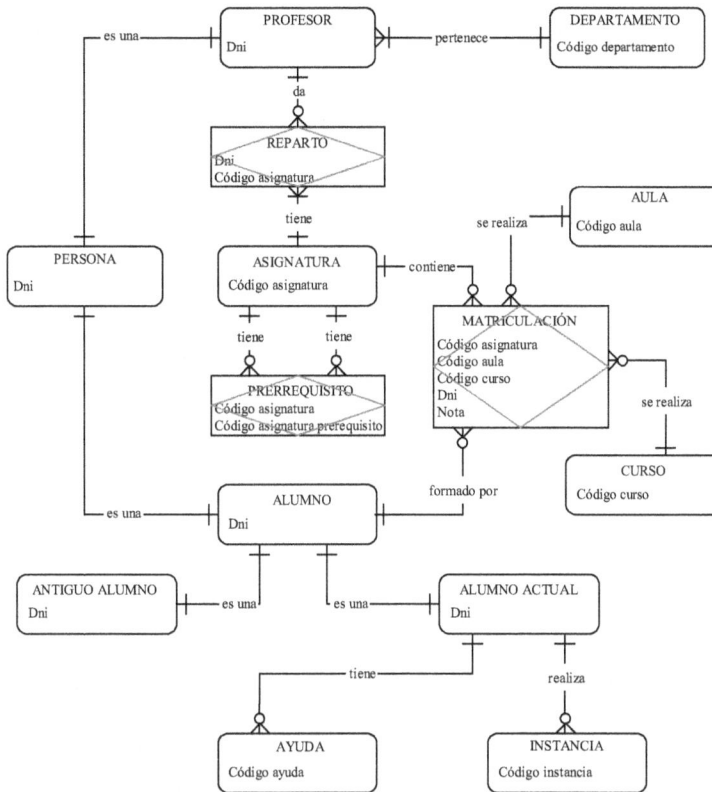

Figura 8.20 Modelo de datos con generalidades

Siguiendo con el ejemplo de la universidad (Anexo A), se pueden crear un supertipo y dos subtipos de entidades de datos. Tanto la entidad Profesor como la entidad Alumno tienen una gran cantidad de atributos similares (nombre, apellidos, dirección, teléfono, etc.) por lo que se ha decidido crear una supertipo de entidad llamada Persona.

Según el enunciado, existen dos tipos de estudiantes: aquellos que están cursando una carrera universitaria en la actualidad, y aquellos que la han dejado o ya la han finalizado. Debido a que las instancias que debe almacenar el sistema son sólo aquellas realizadas durante el curso, se ha decidido sólo relacionar la entidad Instancia con la entidad Alumno actual. Esto es debido a que ningún antiguo estudiante puede realizar una instancia.

La figura 8.20 muestra el modelo de datos del ejemplo de la universidad con los cambios descritos anteriormente.

8.3.6. Identificar todos los atributos del modelo de datos

La penúltima fase para el desarrollo de un modelo de datos es identificar todos los atributos del modelo de datos. Algunas pautas a seguir en la definición de los atributos son los siguientes:

- Utilizar los nombres que se utilizan en el negocio.
- No emplear abreviaturas como atributos excepto que sea completamente necesario. Es importante que los nombres de los atributos no lleven a confusión.
- Intentar que los nombres de los atributos no se repitan, si es posible. En el caso de tener que utilizar el atributo Nombre, puede acompañarse del nombre de la entidad, como sería los casos Nombre de cliente, Nombre de proveedor y Nombre de trabajador.

- Las claves foráneas no siguen la norma anterior.
- Añadir signo de interrogación en aquellos atributos cuyos valores sean sí o no (valores binarios). De esta forma, el atributo es más descriptivo.

Existen dos formas de representar los atributos. La primera de ella es a través de una tabla, la segunda de ella es mediante el mismo diagrama entidad-relación. En ambos casos, los atributos que son claves primarias van acompañados del símbolo [PK], mientras que los atributos que son claves foráneas van acompañados del símbolo [FK].

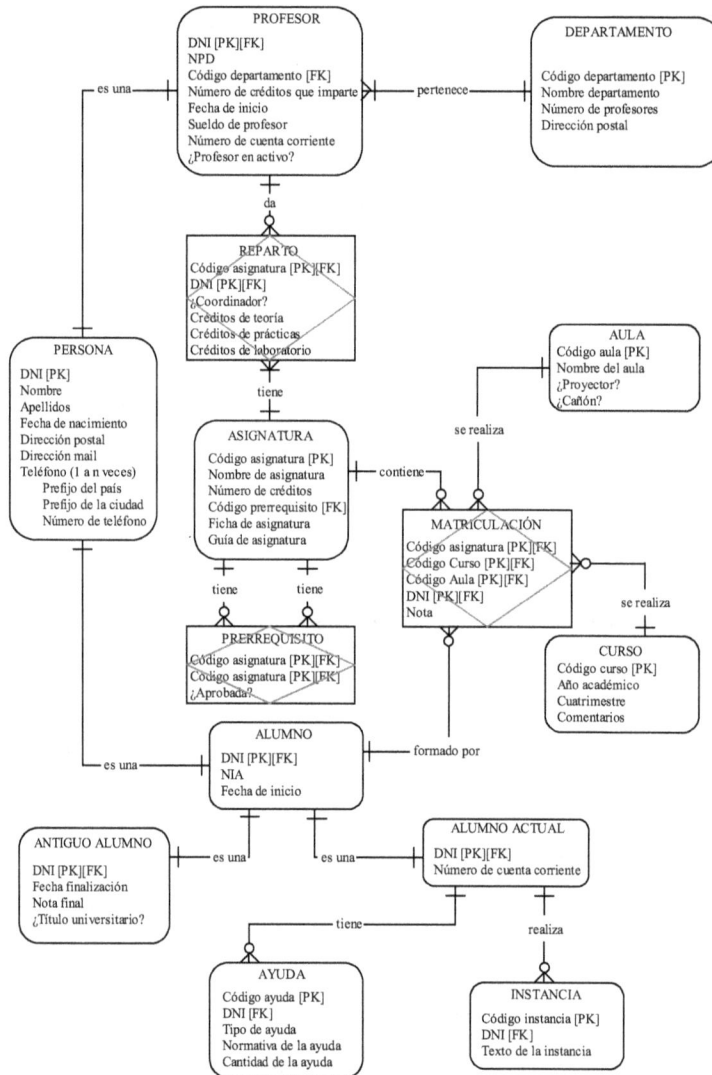

Figura 8.21 Modelo de datos con los atributos

En el caso de la universidad (Anexo A), la tabla 8.7 muestra una lista de atributos para cada entidad del modelo de datos anterior. La figura 8.21 muestra la misma información pero a través de un diagrama entidad-relación.

Tabla 8.7 Atributos para el desarrollo de un sistema de información para la universidad

Nombre entidad	Atributos

Persona	DNI [PK]
	Nombre
	Apellidos
	Fecha de nacimiento
	Dirección postal
	Dirección mail
	Teléfono (1 a n veces)
	    Prefijo del país
	    Prefijo de la ciudad
	    Número de teléfono

Profesor	DNI [PK][FK] NPD Código departamento [FK] Número de créditos que imparte Fecha de inicio Sueldo de profesor Número de cuenta corriente ¿Profesor en activo?
Alumno	DNI [PK][FK] NIA Fecha de inicio
Alumno actual	DNI [PK][FK] Número de cuenta corriente
Antiguo alumno	DNI [PK][FK] Fecha finalización Nota final ¿Título universitario?
Departamento	Código departamento [PK] Nombre departamento Número de profesores Dirección postal
Asignatura	Código asignatura [PK] Nombre de asignatura Número de créditos Código prerrequisito [FK] Ficha de asignatura Guía de asignatura
Aula	Código aula [PK] Nombre del aula ¿Proyector? ¿Cañón?
Curso	Código aula [PK] Año académico Cuatrimestre Comentarios
Instancia	Código instancia [PK] DNI [FK] Texto de la instancia
Ayuda de matriculas	Código ayuda [PK] DNI [FK] Tipo de ayuda Normativa de la ayuda Cantidad de la ayuda
Matriculación	Código asignatura [PK][FK] Código Curso [PK][FK] Código Aula [PK][FK] DNI [PK][FK] Nota

Prerrequisito	Código asignatura [PK][FK] Código asignatura [PK][FK] ¿Aprobada?
Reparto de asignaturas	Código asignatura [PK][FK] DNI [PK][FK] ¿Coordinador? Créditos de teoría Créditos de prácticas Créditos de laboratorio

8.3.7. Realizar un análisis de datos

El análisis de datos es un proceso que prepara el modelo de datos para su implementación en una base de datos simple, no redundante, flexible y adaptable a los cambios que se pueda producir. Para conseguirlo es necesario utilizar una técnica llamada normalización.

La normalización es una técnica que organiza los datos en grupos de forma que las entidades de datos sean no redundantes, estables, flexibles y adaptativas. Existen tres tipos de normalización.

La primera forma normal tiene como objetivo que cualquier instancia de una entidad no tenga atributos que puedan tener más de un valor al mismo tiempo. En el ejemplo de la universidad, se puede encontrar un atributo de este tipo. En la entidad Persona, existe un atributo compuesto (Teléfono) que puede estar repetido n veces. Para solucionar este problema se ha creado una nueva entidad llamada Teléfono. La figura 8.22 muestra la solución para alcanzar la primera forma normal.

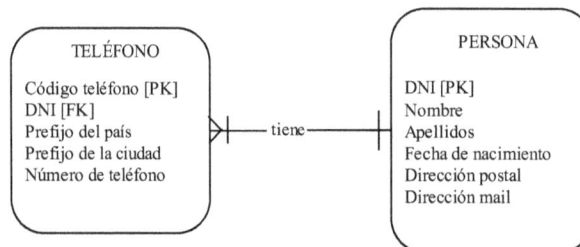

Figura 8.22 Normalización en primera forma normal

La segunda forma normal tiene como objetivo que los atributos que no son claves primarias dependan únicamente del identificador primario. Es decir, que los atributos que no son claves hagan referencia directamente a esa entidad, y no a ninguna otra.

La tercera forma normal tiene como objetivo eliminar todos aquellos atributos que pueden ser calculados o deducidos a partir de otros atributos. Siguiendo con el ejemplo de la universidad, el atributo Número de créditos que imparte de la entidad Profesor se puede calcular a través de la entidad asociativa Matriculación. Sumando los créditos que imparte un profesor, se puede calcular el número de créditos que ha realizado.

Por otra parte, el atributo Número de profesores de la entidad Departamento se puede calcular sumando el número de instancias de la entidad Profesor y que están vinculadas a un departamento determinado. Por este motivo, se elimina del modelo de datos los atributos Número de créditos que imparte de la entidad Profesor y Número de profesores de la entidad Departamento.

A partir de ahora, el modelo se puede considerar correcto, y se puede proceder a su implementación mediante una base de datos.

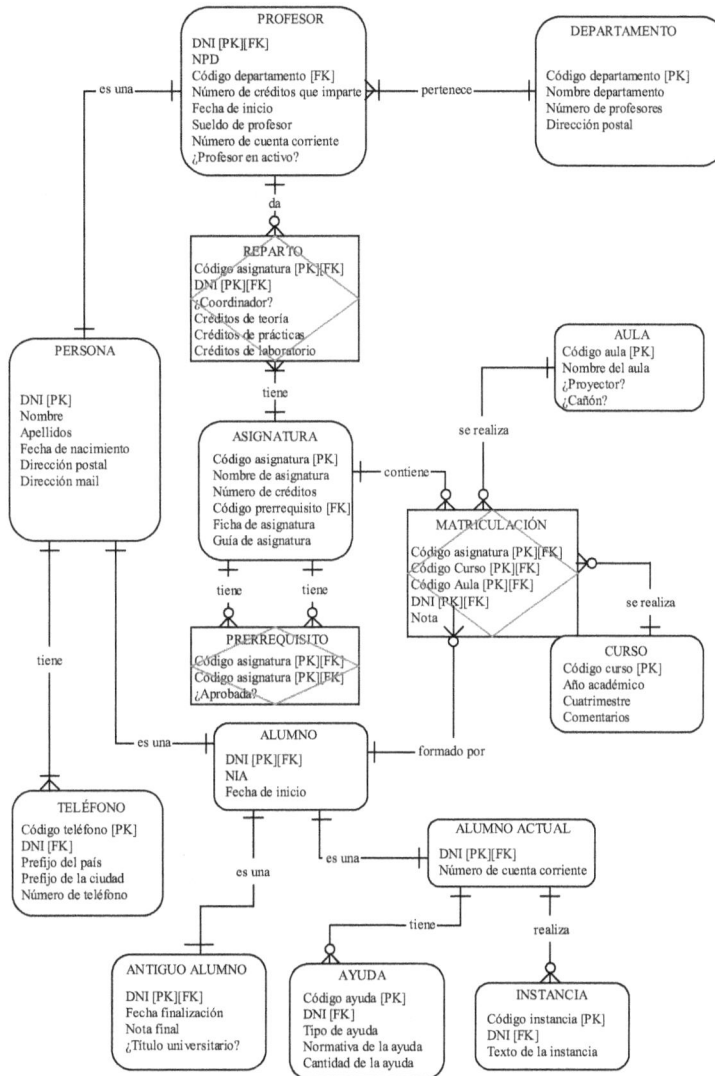

Figura 8.23 Modelo de datos final

8.4. Otras notaciones para los diagramas entidad-relación

Tal y como se ha comentado al principio de esta capítulo, existe una gran cantidad de notaciones para representar diagramas entidad-relación, como son la notación Chen, la notación Martin, la notación Bachman, la notación Merise y la notación IDEFX1.

Este capítulo ha utilizado la notación de Martin, que es una de las más utilizadas en el mundo. La mayoría de herramientas CASE reconocen y aceptan este tipo de notación. A continuación se muestra la notación de Chen, la notación de Bachman y la notación IDEFX1 en relación a la notación de Martin.

La figura 8.24 muestra un ejemplo de las diversas notaciones para una entidad de datos.

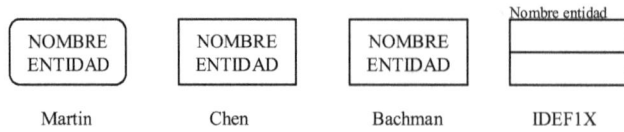

Figura 8.24 Notaciones para una entidad de datos

La figura 8.25 muestra un ejemplo de las diversas notaciones para una relación de datos.

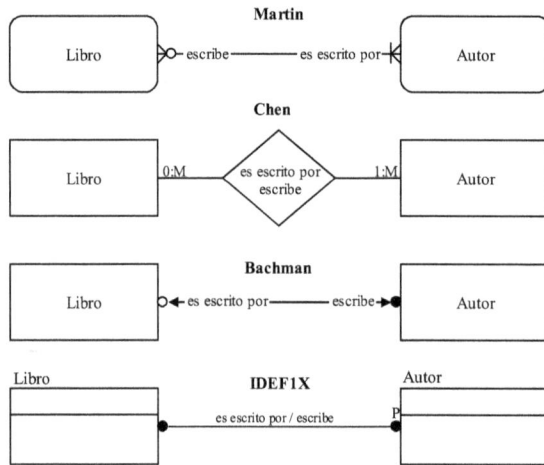

Figura 8.25 Notaciones para una relación de entidades

La figura 8.26 muestra un ejemplo de las diversas notaciones para representar un supertipo y un subtipo de entidad.

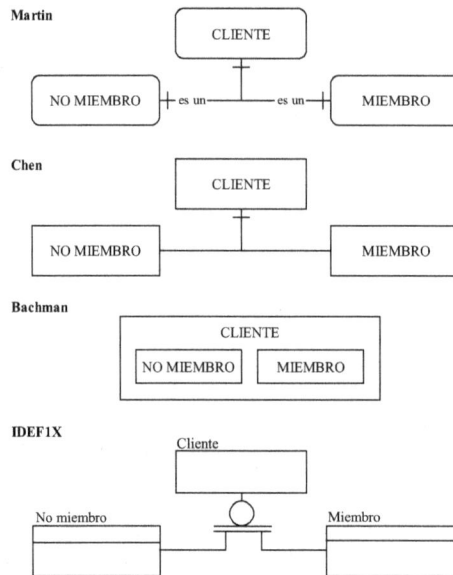

Figura 8.26 Notaciones para un supertipo y dos subtipos

9. Modelado de procesos

9.1. Introducción al modelado de procesos

El séptimo capítulo introducía una técnica para la definición de las necesidades de los usuarios en relación al sistema de información. Esta técnica era el modelado de casos de uso. Sin embargo, un sistema de información se basa principalmente en dos elementos: datos y procesos. Por lo tanto, el siguiente paso lógico tras definir el modelo de casos de usos es definir las necesidades de almacenamiento de datos y las necesidades de procesos.

Tras haber introducido y trabajado, en el capítulo anterior, el modelado de datos, este capítulo trata en profundidad de las técnicas utilizadas para definir los procesos de un sistema. La técnica más utilizada es el modelado de procesos.

El modelado de procesos es una técnica para la organización y la documentación de los procesos de un sistema, sus entradas, sus salidas y sus formas de almacenamiento de datos. El modelado de procesos no se centra únicamente en la descripción de los procesos de *software*, sino que va mucho más lejos, como se verá a lo largo del capítulo.

Existen muchas formas de representar los procesos que necesita un sistema de información, pero el más utilizado y extendido es el diagrama de flujos de datos, que se basa en la definición de procesos, agentes externos, almacenes de datos, y de los flujos de datos que circulan entre ellos. A igual que antes (y como ocurría con los diagramas entidad-relación), existe una gran cantidad de notaciones para representar diagramas de flujo de datos, como son la notación Gane & Sarson, la notación DeMarco/Yourdon y la notación SSADM/IDEF0.

Este capítulo presenta el modelado de procesos, a través de diagramas de flujos de datos, siguiendo la notación de Gane & Sarson, que es una de las más utilizadas en el mundo. La mayoría de herramientas CASE reconocen y aceptan este tipo de notación. Al final del capítulo se exponen las conversiones que se tienen que realizar para pasar de un modelo con notación Gane & Sarson a cualquier otra notación.

Un diagrama de flujo de datos (DFD) es una herramienta de modelado de procesos que representa el flujo de datos a través de un sistema y los trabajos o procesos llevados a cabo por dicho sistema (Whitten et al., 1992). Es interesante observar que los diagramas de flujo de datos permiten representar las entradas, las salidas y cómo se tienen que almacenar los datos de un sistema de información.

La figura 9.1 muestra un ejemplo de diagrama de flujo de datos. En este caso, el diagrama indica que un cliente puede solicitar un listado con todas las compras que ha realizado en esta empresa durante el último año. El sistema tramita la solicitud del cliente recogiendo toda la información necesaria de un almacén de datos llamado Facturas. Después el proceso genera una lista con todas las compras del cliente y se la envía al cliente.

Figura 9.1 Ejemplo de diagrama de flujo de datos

Niveles de concreción en los diagramas de flujo de datos

Los diagramas de flujo de datos, a diferencia de los diagramas entidad-relación, pueden representarse con distintos niveles de concreción. Básicamente, se pueden encontrar tres tipos de diagramas de flujo de datos:

- Diagramas de flujo de datos de alto nivel
- Diagramas de flujo de datos de nivel intermedio
- Diagramas de flujo de datos de bajo nivel (y primigenios)

Los diagramas de flujo de datos de alto nivel reflejan el sistema de información desde una perspectiva general y sin entrar en detalle en las tareas o actividades que el sistema de información debe realizar. Esta perspectiva del sistema de información se basa en la visión de los propietarios de sistemas. Los diagramas de flujo de datos de nivel intermedio muestran con mayor detalle las acciones o tareas que el sistema de información debe cumplir. Este tipo de diagramas surgen de la descomposición de los diagramas de flujo de datos de alto nivel.

Por último, están los diagramas de flujo de datos de bajo nivel que están formados por procesos muy específicos, y que difícilmente pueden desglosarse en otros más pequeños. Cuando todos los procesos de un diagrama de flujos de datos de bajo nivel no pueden desglosarse en otros procesos más detallados, se le denomina *diagrama de flujo de datos primigenio*.

Clasificación de los diagramas de flujo de datos según su finalidad

Los diagramas de flujo de datos pueden ser de dos tipos: lógicos o físicos. Los diagramas de flujo de datos lógicos representan el flujo de datos a través de un sistema y los trabajos o procesos llevados a cabo por dicho sistema, sin tener presente cómo se implementarán los flujos de datos o quién o qué realizará cada uno de los trabajos y procesos que forman el sistema.

Por el contrario, los diagramas de flujo de datos físicos sí que representan cómo se implementarán los flujos de datos o quién o qué realizará cada uno de los trabajos y procesos que aparecen en el diagrama. Para desarrollar un diagrama de flujo de datos físico, primero es necesario desarrollar un diagrama de flujo de datos lógico, decidir qué tecnología se quiere utilizar y cómo se implementará cada parte del diagrama lógico.

Los diagramas de flujo de datos lógicos están formados por procesos lógicos, flujos de datos lógicos, agentes externos lógicos, y almacenes de datos lógicos. De forma análoga, los diagramas de flujo de datos físicos están formados por procesos físicos, flujos de datos físicos, agentes externos físicos y almacenes de datos físicos.

Este capítulo se centra básicamente en los diagramas de flujo de datos lógicos, ya que son los que determinarán si el nuevo sistema de información cumple con las necesidades funcionales que se han definido en el modelo de casos de uso. Debido a que el diagrama de flujo de datos físico está muy relacionado con la tecnología a utilizar, no se tratará este tipo de diagramas en este capítulo. A partir de este punto, se considerarán todos los procesos, flujos de datos, agentes externos y almacenes de datos como elementos lógicos, aunque no se indique explícitamente.

9.2. Conceptos y elementos del modelado de procesos

Los diagramas de flujo de datos están compuestos por cuatro elementos:

- Procesos
- Flujos de datos
- Agentes externos
- Almacenes de datos

Aunque sólo existan cuatro elementos en los diagramas de flujo de datos, se pueden encontrar una gran cantidad de tipos de procesos, flujos de datos y agentes externos. A continuación, se introduce, describe y clasifica cada uno de los cuatro elementos anteriores.

9.2.1. Procesos

El elemento principal de un diagrama de flujo de datos es el proceso. Un proceso es un conjunto de tareas o acciones realizadas a partir de un flujo de datos de entrada para producir flujos de datos de salida. Los procesos en un diagrama de flujo de datos son independientes de quien los inició.

Los procesos se representan a través de un rectángulo con las esquinas redondeadas. Dentro del rectángulo se pueden apreciar dos partes. La parte superior muestra el código de identificación del proceso, mientras que en la parte inferior debe aparecer el nombre del proceso. La figura 9.2 muestra un ejemplo de proceso.

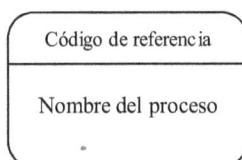

Figura 9.2 Símbolo de proceso

Tipos de procesos

Existen tres tipos de procesos lógicos en función del tipo de diagrama de flujo de datos con el que se está trabajando. Los tipos de procesos que existen son las funciones, los eventos y los procesos elementales.

Una función es un conjunto de actividades de un negocio que están relacionadas entre ellas. Cada una de las funciones de un sistema puede estar formada por decenas o cientos de procesos y actividades más específicos. Las funciones se caracterizan por no tener un inicio o un fin, sino que representan una parte de un negocio, como pueden ser el Control de producción, la Gestión de materiales, el Control de ventas o las Relaciones con los clientes. Las funciones aparecen en los diagramas de flujo de datos de alto nivel y deben nombrarse con un sustantivo que refleje de forma adecuada la función completa.

Un evento es una unidad lógica de trabajo que debe ser completada como un todo. Los eventos deben ser siempre iniciados o activados por una entrada en particular y deben acabar cuando el proceso ha repuesto con las salidas apropiadas. Las funciones están formadas por eventos. Por ejemplo, la función Gestión de materiales puede estar formado por los eventos: Pedir de nuevo material, Comprobar calidad del material, Devolver material en mal estado, así como muchos otros más. Es importante observar que los nombres de los eventos suelen representarse a través de un verbo y un complemento. Los procesos-eventos aparecen en los diagramas de flujo de datos de nivel medio.

De la misma forma que las funciones están compuestas por eventos, los eventos pueden descomponerse en procesos más específicos llamados procesos elementales.

Un proceso elemental o primitivo representa una actividad o tarea discreta y detallada que tiene que ser completada como respuesta a una entrada. Los procesos elementales pueden implementarse a través de personas, de máquinas o de *software* informático; sin embargo, los procesos elementales no deben mostrar cómo se tendrá que implementar. Es decir, los procesos elementales deben mostrar únicamente qué es lo que se debe hacer y no cómo implementarlo.

Los procesos elementales se nombran a través de un verbo activo y un complemento u objeto que describa el tipo de tarea que realiza el proceso. Validar cuenta del cliente, Actualizar los datos de inventario, Calcular el coste del pedido y Añadir nuevo cliente son ejemplos de procesos elementales. Los procesos elementales aparecen en los diagramas de bajo nivel o en los diagramas primigenios (aquellos que no se pueden descomponer en diagramas más detallados).

Existen ciertas características que deben seguir los procesos elementales en un diagrama de flujo de datos. Para considerar que un proceso es correcto, debe poderse englobar en alguno de los siguientes puntos:

- El proceso realiza un cálculo (por ejemplo, el proceso puede calcular el coste total de un pedido).
- El proceso permite tomar una decisión (por ejemplo, el proceso valida que el crédito de un cliente es suficiente para cubrir la compra que intenta realizar).
- El proceso permite ordenar, filtrar, o resumir información (por ejemplo, el proceso permite ordenar clientes según sus ingresos en los últimos seis meses).
- El proceso permite organizar información de forma útil (por ejemplo, el proceso genera una lista de clientes morosos).
- El proceso permite dividir un flujo de datos según su contenido o en función de unas reglas preestablecidas (por ejemplo, el proceso permite separar los pedidos que se pueden servir de los pedidos que no se pueden servir) por falta de *stock*.
- El proceso permite combinar flujos de datos (por ejemplo, el proceso une la información sobre el stock de un producto y los pedidos de ese producto con el fin de crear una hoja de envío) al proveedor.
- El proceso utiliza un almacén de datos (por ejemplo, el proceso crea, lee, actualiza o elimina información almacenada en una base de datos).

Por lo tanto, los procesos esenciales cuya finalidad es simplemente canalizar los datos, sin realizar ningún tipo de cambio sobre ellos, son incorrectos. En un diagrama de flujo de datos se tienen que evitar tres tipos de errores en relación a las entradas y las salidas.

- Todos los procesos deben tener una o más salidas. Esta condición concuerda con lo expuesto hasta el momento, ya que si no existe una salida, el proceso no se podrá englobar en uno de los anteriores siete tipos de procesos. La figura 9.3 muestra un ejemplo de proceso incorrecto debido a que no tiene un flujo de salida
- Todos los procesos deben tener una o más entradas. Tal y como se ha comentado previamente, un proceso tiene un inicio y un fin, por lo que se necesita un flujo de entrada para poder iniciar un proceso. La figura 9.3 muestra un ejemplo de proceso incorrecto debido a que no tiene un flujo de entrada

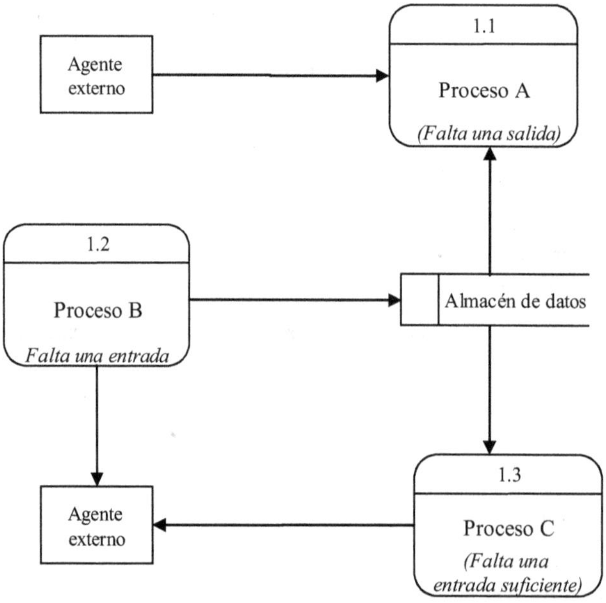

Figura 9.3 Errores de entradas y salidas

- Todos los procesos deben tener una entrada (como mínimo) capaz de iniciarlos. Es decir, las entradas deben ser capaces de producir una salida. La figura 9.3 muestra un ejemplo de un proceso incorrecto debido a que un almacén de datos no puede iniciar un proceso. Un proceso sólo puede ser iniciado por otro proceso o por un agente externo. No tiene sentido que un dato inicie un proceso en un diagrama de flujo de datos

Por último, es importante observar que un proceso puede tener muchas entradas y varias salidas. Estas entradas y salidas pueden producirse en momentos simultáneos o en condiciones diferentes, por lo que es muy aconsejable intentar reducir al mínimo el número de entradas y salidas de cada proceso.

9.2.2. Flujos de datos

Los flujos de datos es el segundo elemento que aparece en un diagrama de flujo de datos. Whitten et al. (1996) define un flujo de datos como la introducción de datos en un proceso o la obtención de datos de un proceso, aunque también puede representar la actualización de datos en un archivo, en una base de datos o en cualquier otro medio de almacenaje. En definitiva, un flujo de datos son datos en movimiento.

Los flujos de datos se representan a través de una flecha que indica el sentido en que los datos se mueven, tal y como muestra la figura 9.4. El nombre de un flujo de datos debe ser un sustantivo o una frase sustantivada que refleje de forma explícita el tipo de datos que se transmite por ella. Además, el nombre de un flujo de datos debe de estar en singular y no debe repetirse (es decir, deben ser únicos), excepto en los flujos de datos que empiezan o finalizan en un almacén de datos. Por ejemplo, si el flujo de entrada de un proceso se llama Solicitud de pedido, el flujo de salida no puede llamarse Solicitud de pedido. Será necesario buscar otro nombre, como Solicitud de pedido aprobado o Solicitud de pedido validado. Para conseguir que los nombres de los flujos de datos no se repitan, se pueden utilizar adverbios y adjetivos.

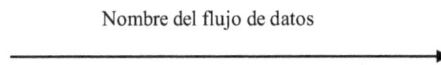

Nombre del flujo de datos

Figura 9.4 Símbolo de flujo de datos

La visión de paquete es muy importante en la representación de los flujos de datos. Según ésta, todos los datos que se transmiten desde un proceso o agente externo hacia otro proceso o agente externo deben de estar englobados en el mismo flujo de datos. Esto es debido a que los flujos de datos sólo muestran qué datos se quieren transmitir de un punto a otro, y no cómo se quieren transmitir. La figura 9.5 muestra un ejemplo de dos flujos de datos incorrectos y de cómo se tendría que haber representado. Según este ejemplo, el cliente debe transmitir dos tipos de información al sistema: sus datos personales y los productos que quiere comprar. El uso de un flujo de datos para cada uno de ellos es incorrecto. En cambio, el uso de un único flujo de datos que engloba toda la información es correcto.

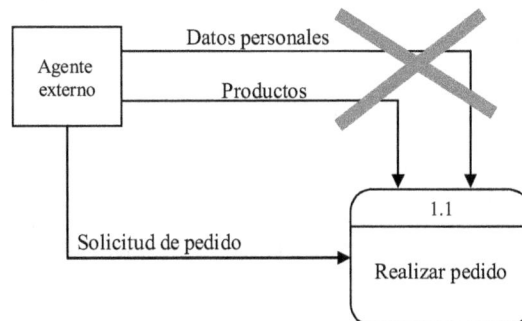

Figura 9.5 Flujo de datos como paquete

También existen los flujos de datos compuestos, que constan en realidad de múltiples flujos primigenios de datos. Los flujos compuestos se emplean para facilitar la lectura de los diagramas de flujo de datos de medio y alto nivel. Por ejemplo, se pueden agrupar todos los flujos de datos relacionados con informes que el sistema puede ofrecer a un agente externo en un diagrama de medio nivel. Con este método se consigue que los diagramas más generales no estén llenos de flujos de datos que pueden impedir su comprensión.

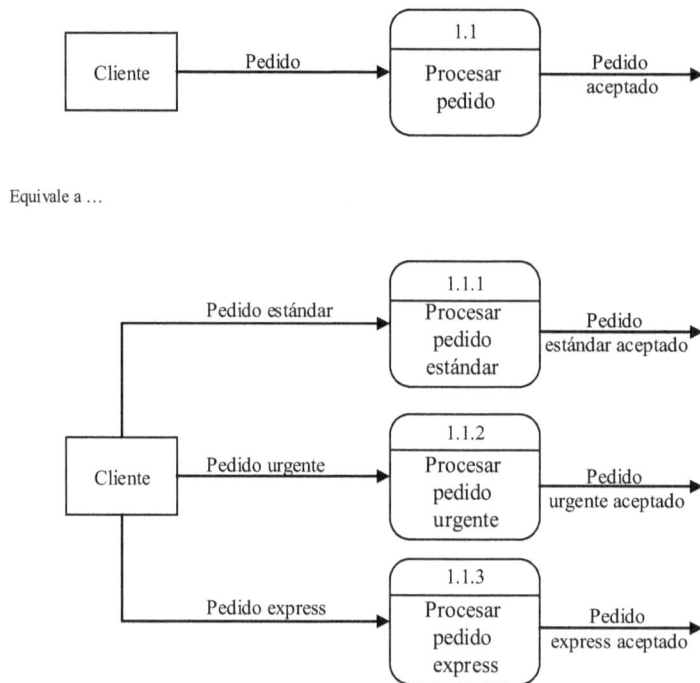

Figura 9.6 Ejemplo de flujo de datos compuesto

Por ejemplo, la figura 9.6 muestra un flujo de datos compuesto. En esta situación, los flujos de datos Pedido estándar, Pedido urgente y Pedido Express se han unido en un flujo de datos llamado Pedido cuando se ha representado en un diagrama de flujos de datos de un nivel superior.

Un flujo de datos primigenio es aquel que consta de atributos de datos específicos y que siempre se desplazan juntos en un mismo paquete. En este tipo de flujo de datos no se pueden realizar divergencias, ya que representaría cómo se quiere implementar. Un flujo de datos primigenio puede contener información que se traslade físicamente de formas diferentes (por ejemplo, parte de la información de un flujo de datos primigenio puede transmitirse a través de un formulario en formato papel, mientras que el resto se puede transmitir a través de un mail electrónico), pero en un diagrama de flujo de datos se representarán a través de un único flujo de datos primigenio.

La figura 9.7 muestra un ejemplo incorrecto de un flujo de datos primigenio. En este caso, el flujo de datos se divide en dos flujos de datos, ya que parte de la información se dirige hacia el cliente y el resto de la información se dirige hacia el departamento de producción. La representación correcta de esta situación es representar desde la salida del proceso Gestionar pedido dos flujos de datos independientes hacia el cliente y hacia el departamento de producción. Cada flujo de datos sólo contendrá la información necesaria para el proceso o agente externo destino.

Sin embargo, en ocasiones es interesante mostrar en un mismo diagrama la relación entre diversos flujos de datos primigenios y un flujo de datos compuesto. Por este motivo actualmente se permite utilizar un círculo negro. Por ejemplo, el flujo de datos compuesto Pedido de un cliente puede estar formado por tres flujos de datos primigenios como Dirección del cliente, Información y cantidad del producto y Forma de pago.

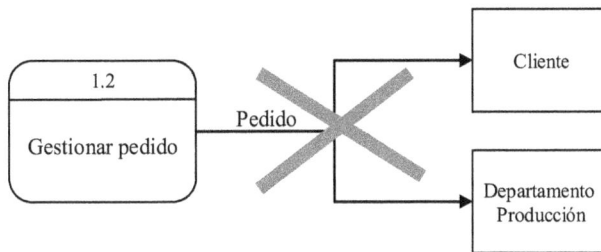

Si se considera que Pedido es un flujo de datos primigenio

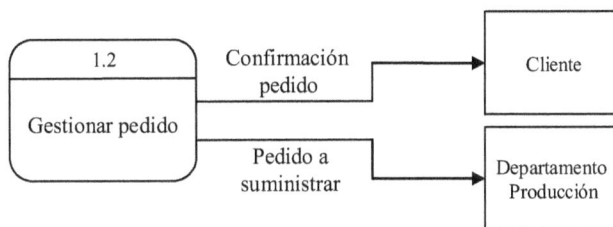

Figura 9.7 Divergencia de flujos de datos primigenios

Además de los flujos de datos es posible encontrar flujos de control. Este tipo de flujos no representan movimiento de datos, por lo que su representación en un diagrama de flujos de datos es distinta. Los flujos de control se representan a través de una línea discontinua y con un nombre que muestre su finalidad, aunque no representa ningún tipo de datos. Los flujos de control se utilizan para activar o iniciar un proceso. Es muy habitual su uso en casos en que el sistema deba reaccionar a fechas o condiciones en tiempo real. Por ejemplo, el proceso Pagar nóminas de una empresa debe iniciarse al final de cada mes. En este caso, no es necesario un flujo de datos para activarlo. Simplemente se necesita un flujo de control. Otro ejemplo sería iniciar el proceso Activar calefacción debido a un cambio de temperatura. Ambos ejemplos pueden verse en la figura 9.9. Es importante observar que los flujos de control son una muy valiosa herramienta en el desarrollo de sistemas que deben funcionar en tiempo real.

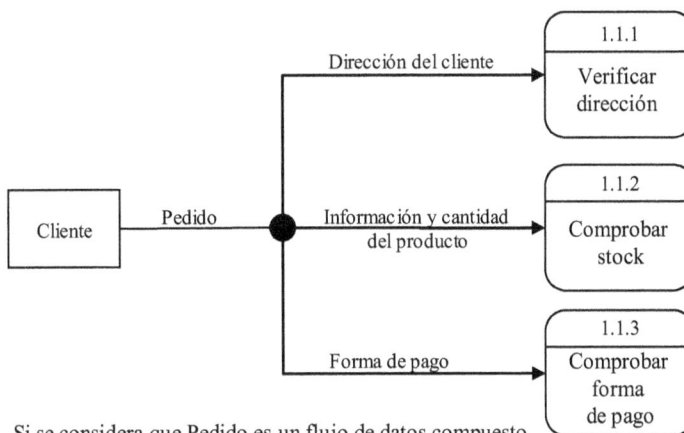

Si se considera que Pedido es un flujo de datos compuesto

Figura 9.8 Divergencia de flujos de datos compuestos

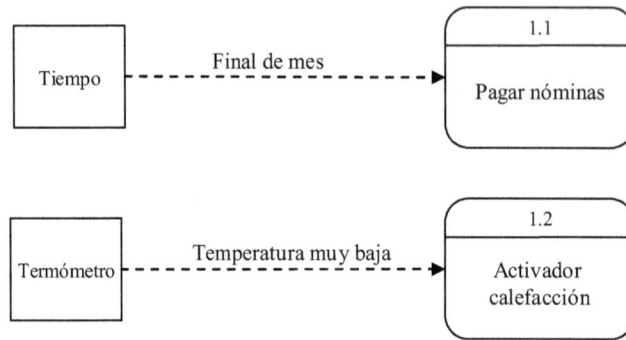

Figura 9.9 Ejemplos de flujos de control

En el apartado anterior (9.2.1. Procesos), se ha comentado que existen tres tipos de errores en relación a las entradas y las salidas de un proceso. A partir de aquí, se deduce que todos los flujos de datos deben de empezar y/o acabar en un proceso. Revisar esta simple condición permite eliminar una gran cantidad de fallos en el desarrollo de un diagrama de flujo de datos. La figura 9.11 muestra diversos ejemplos en donde aparecen errores de este tipo y ejemplos correctos.

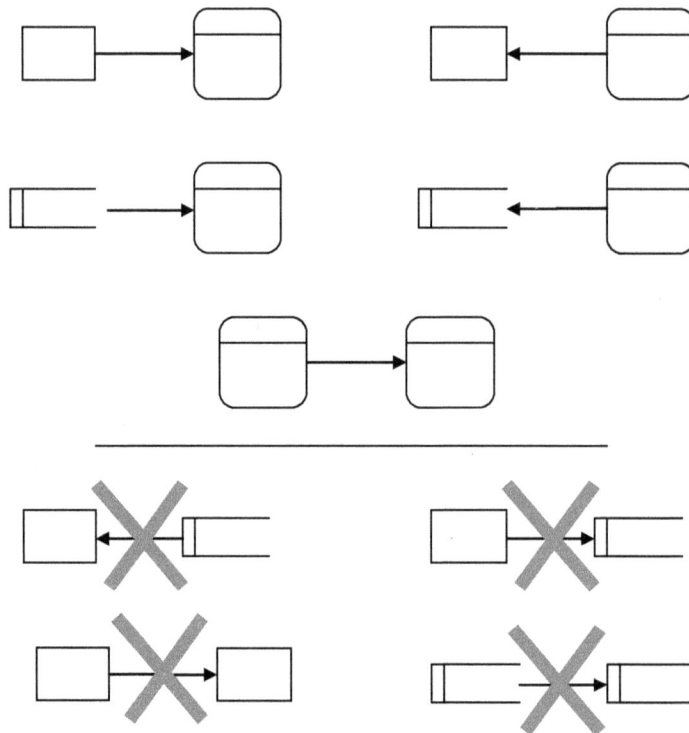

Figura 9.10 Flujo de datos correctos e incorrectos

Los flujos de datos también pueden mostrar el movimiento de datos de un proceso hacia un almacén de datos o de un almacén de datos hacia un proceso. Cuando el flujo de datos parte de un almacén de datos hacia un proceso, éste indica que el proceso está leyendo información del almacén de datos. En cambio, cuando el flujo de datos parte de un proceso hacia un almacén de datos, puede significar que se está creando nueva información en el almacén de datos, que se está eliminando información del almacén de datos o que se está actualizando información del almacén de datos. Estos flujos de datos deben indicar explícitamente que acción está desarrollando: creación, lectura, actualización, eliminación. Algunos ejemplos de nombres para estos flujos de datos podrían ser: Nuevo cliente, Cliente a ser eliminado, Actualización de número de cuenta y Pedido inacabado. La figura 9.11 muestra un ejemplo en donde aparecen las cuatro opciones.

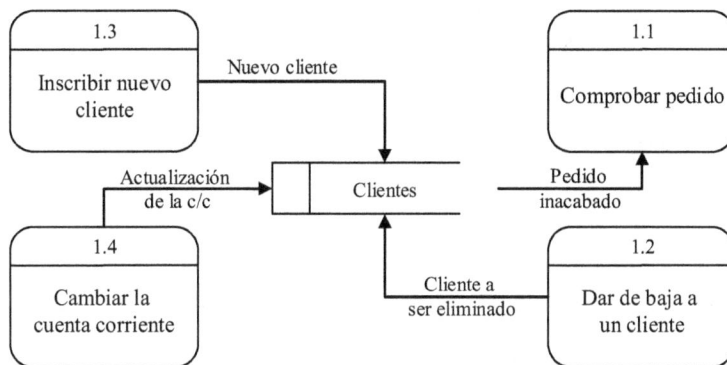

Figura 9.11 Relaciones entre procesos y almacenes de datos

Tal y como se ha repetido a lo largo de esta sección, los flujos de datos representan un conjunto de datos en movimiento dentro de un sistema. Por este motivo se necesita indicar de forma explícita la composición de cada flujo de datos, y la composición de un flujo de datos se expresa a través de estructuras de datos.

Las estructuras de datos contienen atributos (ver Capítulo 8: Modelado de datos). Un atributo es la parte más pequeña de información (datos) que tiene significado para los usuarios y para el negocio. La forma más habitual para representar la estructura de datos que simboliza un flujo de datos es la notación algebraica booleana. La notación algebraica utiliza los siguientes símbolos:

=   Significa "está compuesto de".
+   Significa "y".
[…]   Significa que sólo uno de los atributos que están dentro de los corchetes puede estar presente.
{…}   Significa que los atributos que están dentro de las llaves pueden repetirse varias veces dentro de un flujo de datos.
(…)   Significa que los atributos que están entre paréntesis son opciones, es decir, que no son necesarios para considerar un flujo de datos completo.

Tabla 9.1 Ejemplo de estructura de datos

```
Dirección =
        Nombre de la calle +
        Ciudad +
        (Provincia) +
        País
```

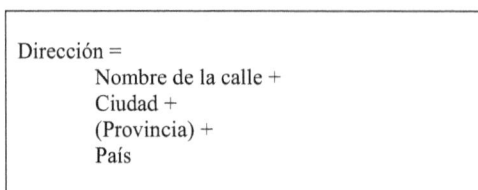

La tabla 9.1 muestra un ejemplo de estructura de datos. Según el ejemplo, la estructura de datos Cliente está formada por el DNI, el NIF o el Pasaporte, el nombre del cliente, el apellido del cliente, la dirección postal del cliente (que equivale a la estructura Dirección), una o más instancias del prefijo, el número de teléfono y opcionalmente el número de la tarjeta de crédito del cliente. La estructura de datos Dirección está compuesta del nombre de la calle, la ciudad, opcionalmente, la provincia en donde está la ciudad y el país.

9.2.3. Agentes externos

Los flujos de datos son conjuntos de datos que se desplazan por dentro de un sistema de información; sin embargo, estos flujos también pueden proceder del exterior del sistema de información. Así mismo, los flujos de datos pueden tener como destino algún lugar fuera del sistema de información.

Todos los sistemas de información deben interactuar con el entorno, más concretamente con los denominados *agentes externos*. Un agente externo es una persona, una unidad de la organización, un sistema, u otra organización que interactúa con un sistema. También se les conoce como entidades externas. Los agentes externos representan los límites del sistema de información, ya que son los que introducen datos netos al sistema de información y los que reciben datos netos del sistema de información.

Los agentes externos se representan a través de un cuadrado y deben ser nombrados mediante un nombre descriptivo y en singular, como puede ser Proveedor, Sistema de producción o Secretario. La figura 9.12 muestra el símbolo de agente externo. No se recomienda utilizar nombres propios de personas para identificar agentes externos. En su caso, se puede utilizar su puesto de trabajo o su papel en relación al negocio.

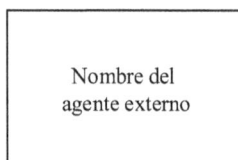

```
Nombre del
agente externo
```

Figura 9.12 Símbolo de agente externo

Los agentes externos son cualquier elemento que interactúa con el sistema de información. Por este motivo se pueden clasificar los agentes externos en cuatro subgrupos. El primero hace referencia a las oficinas, los departamentos, las divisiones o los individuos que pertenecen a la empresa del sistema de información. Estos agentes pueden tanto introducir como recibir datos netos del sistema de información, y en algunos libros se les denomina *agentes internos* (en este libro se considera que todos los agentes son externos, ya que están fuera del sistema de información).

El segundo subgrupo está formado por organizaciones, agencias e individuos externos a la compañía del sistema de información, pero que tanto puede introducir datos al sistema como que los pueden recibir. Algunos ejemplos son los clientes, los proveedores, los bancos y el gobierno. El tercer subgrupo engloba otros negocios y sistemas de información con los que el sistema de información debe interactuar.

Por último, el cuarto subgrupo recoge a los usuarios finales del sistema y a los directivos, que son los encargados principales de introducir información al sistema, y son los destinatarios importantes de las salidas del sistema.

9.2.4. Almacenes de datos

Los almacenes de datos son inventarios de datos, es decir, son los lugares en donde el sistema de información almacenará los datos que necesita para su correcto funcionamiento.

Identificar los almacenes de datos en un diagrama de flujo de datos es muy sencillo, si previamente se ha desarrollado un modelo de datos o un diagrama entidad-relación (capítulo ocho). En este caso, debería de haber un soporte de datos (almacén de datos) para cada entidad del diagrama entidad-relación.

Los nombres de los almacenes de datos deben ser sustantivos (pueden ser los utilizados en el diagrama entidad-relación) y en plural, ya que son los soportes que almacenarán todas las instancias de una entidad. Además, los nombres no deben indicar el soporte que se utilizará para su implantación, por lo tanto no deben aparecer palabras como fichero, base de datos, archivo, etc.

Los almacenes de datos se representan a través de un rectángulo abierto por el lateral derecho. Además, el símbolo del almacén de datos está dividido en dos partes. En la parte interior derecha del símbolo se indica el nombre del almacén de datos, mientras que el código de identificación del almacén de datos se indica en la parte interior izquierda del símbolo. Este código permite identificar de forma mecánica los almacenes de datos. La figura 9.13 muestra el símbolo de un almacén de datos.

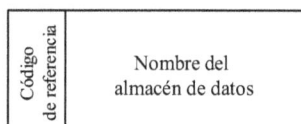

Figura 9.13 Símbolo de almacén de datos

De forma similar a los procesos y a los flujos de datos, los almacenes de datos se pueden agrupar con el fin de simplificar su lectura, hasta el punto de representar únicamente un único almacén de datos para todo el sistema de información. Este almacén de datos podría llamarse Modelo general de datos. La figura 9.14 muestra un ejemplo en donde aparece una jerarquización de almacenes de datos.

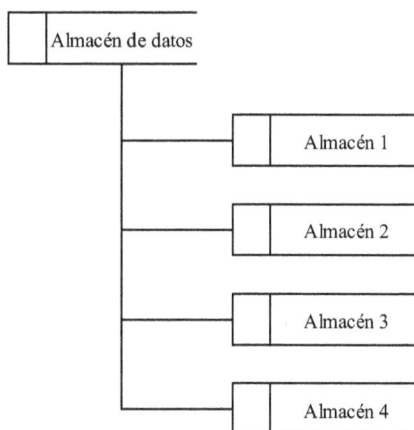

Figura 9.14 Jerarquía de los almacenes de datos

Aunque de forma indirecta, ya se han comentado varias consideraciones sobre los almacenes de datos en los puntos anteriores, a continuación se comentan con mayor detalle. Sólo los procesos pueden conectarse a los almacenes de datos, por lo tanto es imposible que un agente externo o un almacén de datos se conecten directamente con un almacén de datos.

El sentido de las flechas indica si se quiere realizar una lectura, introducir un nuevo registro o eliminar o actualizar un registro existente. En el caso de lectura del almacén de datos, la flecha debe salir del almacén de datos y debe acabar siempre en un proceso. En el resto de casos, el flujo de datos debe salir del proceso y acabar en el almacén de datos.

Los flujos de datos entre procesos deben estar identificados con un sustantivo o una frase sustantivada, aunque se pueden repetir los nombres. El resto de nombres de flujos de datos en un diagrama de flujo de datos no se pueden repetir. Por ejemplo, un flujo de datos con la intención de introducir un nuevo cliente en un almacén de datos no puede llamarse Añadir nuevo cliente, sino sólo Nuevo cliente.

Aunque es imposible actualizar un registro del almacén de datos sin antes haberlo leído, sólo se representará la actualización para no complicar su comprensión. En cambio, cuando un proceso lea datos de un almacén de datos para realizar unos cálculos y después actualizar el almacén de datos según el resultado del cálculo, se representarán tanto la lectura como la escritura en el almacén de datos.

Por último, se debe intentar no cruzar las líneas de flujo de datos en un diagrama. Para conseguirlo, es posible tener que redistribuir los elementos que hay en el diagrama. En caso de no poder solucionar el cruce, el analista de sistemas puede duplicar los almacenes de datos (y los agentes externos), pero debe indicarlo en el margen de la página en donde está el diagrama.

9.3. Desarrollo de un modelo de procesos

El desarrollo de un modelo de procesos permite identificar los procesos de un sistema, sus entradas, sus salidas y sus formas de almacenamiento de datos en un sistema de información. Tal y como se ha especificado previamente, el desarrollo de un buen modelo de procesos es una de las claves de éxito en un sistema de información.

Las fases en el desarrollo de un modelo de procesos son siete (Whitten et al., 2004):

- Desarrollar un diagrama de flujo de datos contextual
- Representar un diagrama de descomposición funcional
- Identificar los casos de uso o los eventos-respuesta
- Representar un diagrama de descomposición de eventos
- Desarrollar diagramas de evento
- Construir un diagrama de flujo de datos del sistema
- Desarrollar diagramas de flujo de datos primigenios

Para mostrar cómo se desarrolla un modelo de procesos se seguirá el ejemplo cuyo enunciado se puede encontrar en el anexo A.

9.3.1. Desarrollar un diagrama de flujo de datos contextual

La primera fase en el desarrollo de un modelo de procesos es el desarrollo de un diagrama de flujo de datos contextual. Un diagrama de flujo de datos de contexto define el campo de acción y los límites del sistema y el proyecto. Para ello, el diagrama de contexto muestra a través de flujos de datos las interacciones existentes entre los agentes externos y el sistema, sin describir en ningún momento la estructura del sistema de información.

En este tipo de diagramas, el sistema de información debe representarse como un único proceso de muy alto nivel con entradas y salidas hacia los agentes externos que lo limitan. Este proceso suele tener como nombre el que se le asigna al sistema de información, y su código de identificación suele ser el '0'. Una estrategia para el desarrollo de un diagrama de flujo de datos contextual es imaginar el sistema como una caja negra.

El diagrama de flujo de datos contextual debe mostrar los agentes externos que interactúan con el sistema. Se puede utilizar como punto de partida los actores del modelo de casos de uso realizado previamente. En caso de no haber realizado un modelo de casos de uso, el analista de sistemas debe averiguar a qué eventos debe responder el sistema. A partir de aquí, el siguiente paso es averiguar qué flujos de entrada necesita el sistema y cuáles son sus fuentes. Éstas serán definidas como agentes externos del sistema.

De forma análoga, el analista de sistemas debe averiguar las salidas que debe proporcionar el sistema de información, para posteriormente descubrir quién o qué son los destinatarios, ya que éstos también serán agentes externos.

El tercer tipo de agente externo que debe buscarse son los almacenes de datos externos al sistema de información. Normalmente, estos almacenes de datos externos se utilizan para actualizar información del sistema, como puede ser la información sobre la bolsa. En este caso, el sistema debe solicitar información a una base de datos externa (seguramente de la misma Bolsa) y actualizar su información interna. Es importante destacar que el analista de sistemas no tiene control sobre la estructura o el funcionamiento de las bases de datos externas, ya que no forman parte del sistema de información que se está diseñando.

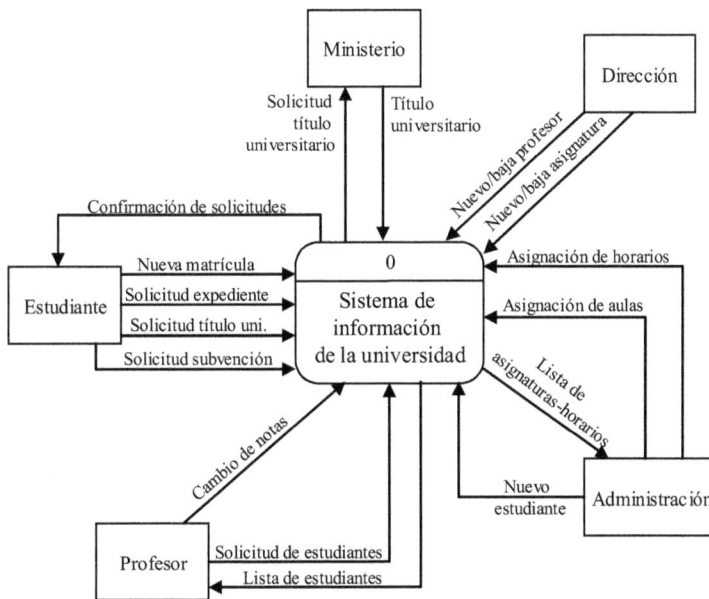

Figura 9.15 Diagrama de flujo de datos de contexto

Un sistema de información suele contener una gran cantidad de flujos de entrada y de salida, pudiendo llegar a ser cientos. Teniendo presente que un diagrama de flujo de datos contextual debe ser comprensible, no es posible representar todos los flujos de datos del sistema en un diagrama de contexto, ya que provocaría que el diagrama del sistema de información fuese poco comprensible. En otras palabras, el modelo de flujo de datos contextual debe representar una visión general del sistema de información desde la perspectiva de los propietarios de sistemas. Para conseguirlo se deben seguir dos criterios:

- Representar únicamente los flujos de datos que representen el objetivo principal del sistema, o las entradas y salidas más habituales
- Utilizar flujos de datos compuestos que representen flujos de datos similares

En el caso del desarrollo de un sistema de información para una universidad (Anexo A), el modelo de flujos de dato contextual podría ser el de la figura 9.15.

9.3.2. Representar un diagrama de descomposición funcional

El siguiente paso en el desarrollo de un modelo de procesos es desarrollar un diagrama de descomposición funcional. Un diagrama de descomposición muestra la estructura o descomposición funcional en sentido descendente de un sistema. A este tipo de diagrama también se le denomina gráfico de jerarquías y es muy útil para elaborar diagramas de flujo de datos.

El diagrama de descomposición utiliza una técnica de explosión o desglose, siguiendo la estrategia de "divide y vencerás". Los diagramas de descomposición son muy sencillos de dibujar, ya que sólo contienen dos elementos: el primero son procesos y el segundo son líneas (no flechas) que muestran los desgloses.

La estructura de un diagrama de descomposición funcional tiene forma arborescente, en donde el proceso superior (o raíz) representa todos los procesos del sistema de información. A partir de aquí, el proceso raíz se divide en subsistemas cuyos códigos de identificación se enumeran de forma consecutiva: 1, 2, 3, etc. En la mayoría de ocasiones, sería suficiente con el nivel raíz y el nivel de subsistemas para representar un diagrama de descomposición funcional. Sin embargo, en sistemas más grandes, pueden añadirse subprocesos a los anteriores. Por ejemplo, el Subsistema de ventas podría dividirse en Procesos de solicitud de pedidos, Generación de informes, y Mantenimiento de datos. En estos casos, el código de identificación debe ser un derivado del proceso al que pertenece. Por ejemplo, los procesos que forman parte del subsistema con código de identificación 2, tendrán como código de identificación los siguientes valores: 2.1, 2.2, 2.3, etc.

Los subsistemas definidos en el diagrama de casos de uso puede ser una gran herramienta para identificar los subsistemas de un modelo de procesos.

En el caso del desarrollo de un sistema de información para una universidad (Anexo A), el diagrama de descomposición funcional podría ser el de la figura 9.16.

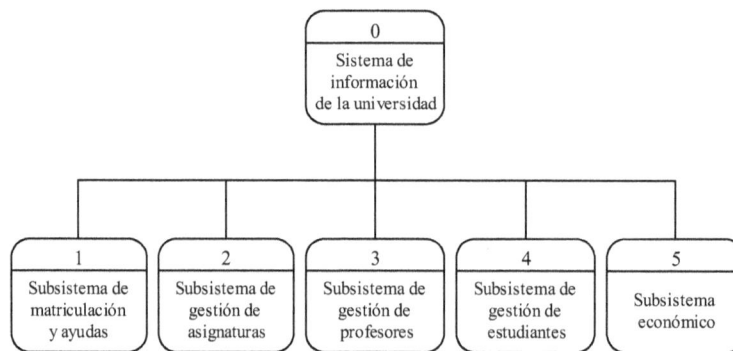

Figura 9.16 Diagrama de descomposición funcional

En el ejemplo de la universidad, puede observarse que sólo se han utilizado dos niveles: raíz y subsistema. El nivel de subsistemas coincide con el desarrolla en el modelo de casos de uso del capítulo siete. Se podría haber incluido un nuevo nivel dividiendo los procesos de cada subsistema en procesos de transacciones y procesos de generación de informes.

9.3.3. Identificar los casos de uso o los eventos-respuesta

Identificar los casos de uso o los eventos-respuesta es el siguiente paso en el desarrollo de un modelo de procesos. El objetivo de esta etapa es averiguar los eventos de negocio a los que el sistema debe reaccionar y las respuestas apropiadas que el sistema de proporcionar ante estos eventos.

Existen tres tipos de eventos. Los eventos externos son aquellos activados por flujos de datos que entran al sistema y que han sido iniciados por agentes externos. Este tipo de evento es el más habitual. También existen los eventos temporales que se activan en base a una condición temporal. Estos eventos se activan a través de un flujo de control. Por último, están los eventos de estado que se activan ante ciertos cambios del sistema y bajo ciertas condiciones. De forma similar a los eventos temporales, los eventos de estado se activan a través de flujos de control.

La forma de identificar los eventos anteriores es a través de entrevistas a los usuarios de sistemas. Sin embargo, la identificación de eventos es un trabajo que suele haberse realizado previamente en el desarrollo de un modelo de casos de uso. En este caso, los eventos que se están buscando coinciden con los casos de uso del modelo de casos de uso.

El resultado de la etapa identificación de los casos de uso o de los eventos-respuesta queda reflejado en una tabla formada por los siguientes campos:

- El actor que inició el caso de uso (que equivale al agente externo en un diagrama de flujo de datos)
- El evento o el caso de uso (que equivale a un proceso – del tipo evento – en un diagrama de flujo de datos)
- La entrada o activador (que equivale a un flujo de datos o un flujo de control en un diagrama de flujo de datos)
- Todas las salidas o respuestas (que equivalen a flujos de datos en un diagrama de flujo de datos), sin tener presente la forma de implementación de ésta.

En el caso del desarrollo de un sistema de información para una universidad (anexo A), la identificación de casos de uso o eventos-respuestas podría ser el de la tabla 9.2.

Tabla 9.2 Casos de uso o eventos-respuesta

Actor	Evento (o Caso de uso)	Activador	Respuestas
Estudiante	Actualizar información estudiante	Nueva información estudiante	Generar: Confirmación del cambio de datos alumno Actualizar: Alumno de la base de datos
Estudiante	Matricularse en una o varias asignaturas	Nueva matricula	Generar: Confirmación de la matricula Generar: Solicitud de matrícula excepcional Crear: Matriculación de la base de datos Crear: Instancia de la base de datos
Estudiante	Cambiar matrícula de una o varias asignatura	Cambio de matrícula	Generar: Confirmación cambio de la matricula Actualizar: Matriculación de la base de datos
Estudiante	Solicitar expediente académico	Solicitud de expediente	Generar : Informe de expediente académico
Estudiante	Solicitar revisión de asignatura	Solicitud de revisión asignatura	Generar: Solicitud de matrícula pendiente Crear: Instancia de la base de datos
Estudiante	Solicitar subvención	Solicitud de subvención	Generar: Solicitud de subvención pendiente Generar: Nueva subvención Crear: Instancia de la base de datos

Profesor	Solicitar lista de estudiantes	Solicitud de estudiantes	Generar: Lista de estudiantes
Profesor	Actualizar notas de una asignatura	Cambio de notas	Generar: Cambio de notas realizadas Actualizar: Matriculación de la base de datos
Profesor	Actualizar datos de asignatura	Cambio en ficha de asignatura	Generar: Cambio en ficha de asignatura realizado Actualizar: Asignatura de la base de datos
Tiempo	Cerrar notas de todas las asignaturas	(fecha actual)	Generar: Aviso de cierre de notas
Estudiante	Solicitar título universitario	Solicitud de título universitario	Generar: Confirmación de la solicitud del título universitario Generar: Solicitud de título universitario aceptado Eliminar: Alumno actual de la base de datos Crear: Antiguo alumno en la base de datos
Antiguo estudiante	Solicitar situación del título universitario	Solicitud situación del título universitario	Generar: confirmación de la solicitud de la situación del título universitario
Dirección	Añadir nuevo profesor	Nuevo profesor	Generar: Confirmación de nuevo profesor Crear: Profesor de la base de datos
Profesor	Actualizar datos de profesor	Nueva información profesor	Generar: Confirmación del cambio de datos profesor Actualizar: Profesor de la base de datos
Dirección	Eliminar profesor	Baja de profesor	Generar: Confirmación de baja de profesor Eliminar: Profesor de la base de datos
Dirección	Añadir nueva asignatura	Nueva asignatura	Generar: Confirmación de nueva asignatura Crear: Asignatura de la base de datos
Dirección	Eliminar asignatura	Baja de asignatura	Generar: Confirmación de baja de asignatura Eliminar: Asignatura de la base de datos
Administración	Añadir estudiante	Nuevo estudiante	Generar: Confirmación de nuevo estudiante Crear: Alumno actual de la base de datos
Administración	Eliminar estudiante	Baja de estudiante	Generar: Confirmación de baja de estudiante Eliminar: Alumno actual de la base de datos
Administración	Asignar aulas a asignaturas	Asignación de aulas	Generar: Asignación de aulas confirmada Crear: Matriculación de la base de datos
Administración	Asignar horarios a asignaturas	Asignación horarios	Generar: Asignación de horarios confirmada Crear: Matriculación de la base de datos

Administración	Comprobar asignaturas	Confirmación del funcionamiento de asignatura	Generar: Confirmación del funcionamiento correcto de la asignatura
Administración	Actualizar información económica de estudiante	Información económica estudiante	Generar: Confirmar cambio en información económica de estudiantes Actualizar: Alumno actual de la base de datos
Tiempo	Cobrar matrículas	(fecha actual)	Generar: Cobro de matrículas Generar: Falto de pago de matrícula Crear: Instancia de la base de datos
Tiempo	Pagar nóminas de los trabajadores	(fecha actual)	Generar: Pago de las nóminas de los profesores
Ministerio	Enviar título universitario	Título universitario	Generar: Confirmación de envío del título Actualizar: Antiguo alumno en la base de datos

Otra estrategia para identificar eventos-respuestas, si no se ha desarrollado un modelo de casos de uso, es a través del modelo de datos. En esta situación, es necesario preguntarse en qué casos se tienen que crear, modificar, actualizar o eliminar datos del sistema.

9.3.4. Representar un diagrama de descomposición de eventos

Este paso es muy sencillo de realizar. El diagrama de descomposición de eventos consiste en añadir al diagrama de descomposición funcional los eventos-respuestas o casos de usos identificados en el paso anterior. Las pautas a seguir son las mismas que se han introducido en el punto 9.3.2.

En el caso del desarrollo de un sistema de información para una universidad (Anexo A), un diagrama parcial de descomposición de eventos podría ser el de la figura 9.17.

Si se cree oportuno, es posible crear procesos intermedios entre los procesos de nivel subsistemas y los procesos de nivel eventos, tal y como se ha comentado previamente.

9.3.5. Desarrollar diagramas de evento

El siguiente paso en el desarrollo de un modelo de procesos es dibujar todos los diagramas de evento que contiene el sistema de información. Un diagrama de evento es un diagrama contextual en donde el único proceso es el evento o caso de uso que se esá representando.

Aunque este paso es, en muchas ocasiones, opcional, es muy interesante realizarlo porque permite tratar cada parte del sistema de forma independiente, de manera que el analista de sistemas puede concentrarse mejor en sus detalles.

Cada diagrama de evento está formado por un único proceso (el mismo evento que se ha descrito en los pasos anteriores), y un conjunto de elementos:

- Los flujos de entrada y los agentes externos que los generaron
- Los flujos de salida y los agentes externos que los reciben
- Cualquier lectura de un almacén de datos
- Cualquier cambio (creación, actualización o eliminación de un registro) que se realice en un almacén de datos

Cada flujo de datos que aparece en un diagrama de evento debe estar definido a través de su estructura de datos y almacenado en el diccionario del proyecto. Por otra parte, es posible encontrar procesos que son iniciados por otros procesos. En estos casos, el diagrama de evento puede contener más de un proceso.

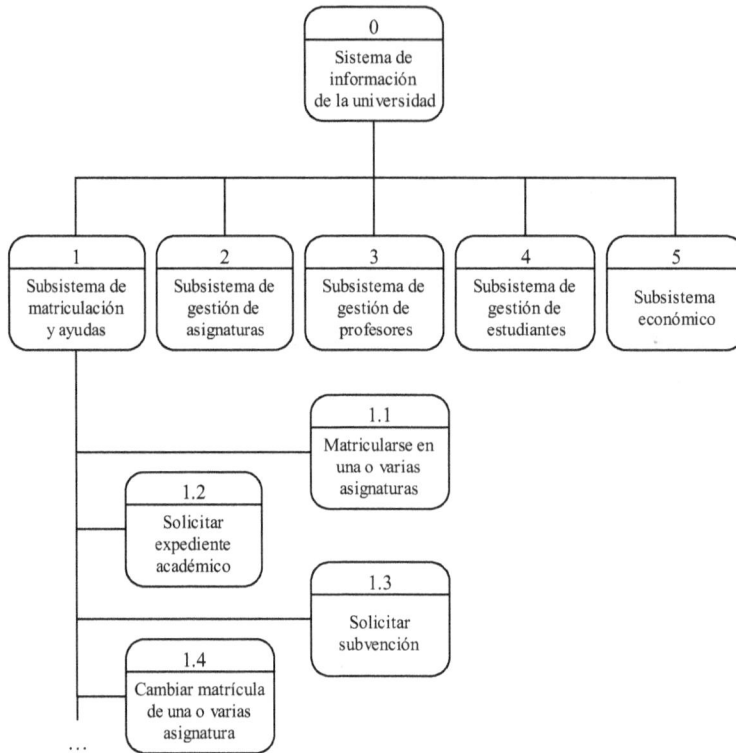

Figura 9.17 Diagrama de descomposición de eventos

La simplicidad de los diagramas de evento permite una comunicación fluida y sencilla entre el analista de sistemas y los usuarios finales del sistema de información. Sin embargo, conlleva mucho trabajo representar por separado todos los diagramas de evento que contiene un sistema. Por este motivo muchos analistas se saltan este paso y siguen con el siguiente.

Debido a la gran cantidad de procesos o eventos que han aparecido en el ejemplo de la universidad (Anexo A), se ha decidido mostrar únicamente dos ejemplos de diagramas de evento. Estos diagramas pueden verse en las figuras 9.18 y 9.19.

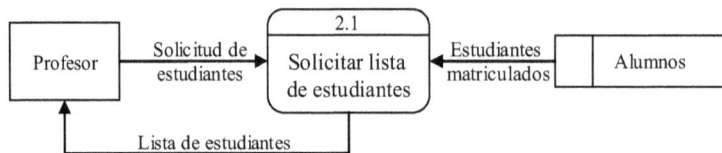

Figura 9.18 Ejemplo simple de un evento

En el primer ejemplo, se muestra un diagrama de evento (un diagrama de flujo de datos) que representa todas las entradas y salidas de datos que se producen en el proceso Solicitar lista de estudiantes.

El segundo ejemplo muestra un diagrama de evento más complejo que el anterior y en donde participan más elementos. En este caso, el diagrama de evento necesita interactuar con dos agentes externos al mismo tiempo que necesita utilizar dos almacenes de datos distintos.

Figura 9.19 Ejemplo complejo de un evento

9.3.6. Construir un diagrama de flujos de datos del sistema

Hasta el momento se han desarrollado diagramas de flujo de datos para cada evento. El siguiente paso es unir todos los diagramas de evento en un único diagrama de flujo de datos. Este diagrama del sistema permite estudiar la interacción entre todos los elementos que forman parte del sistema de información, y se considera el desglose o 'explotación' del diagrama de flujo de datos contextual.

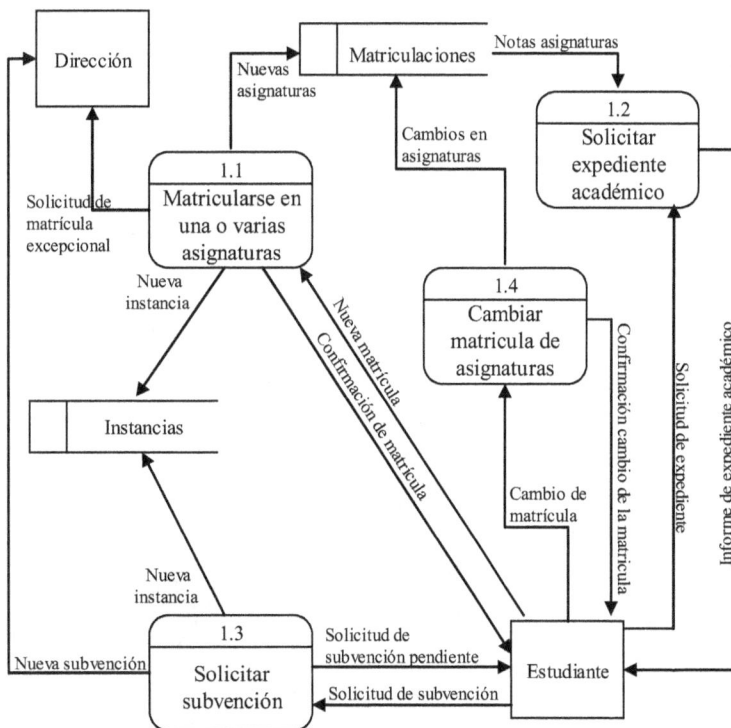

Figura 9.20 Diagrama de flujos de datos del subsistema Matriculación

En ocasiones, es posible no poder representar todos los eventos en un único diagrama si el sistema es demasiado grande. En estos casos, se puede representar un diagrama de flujo de datos para cada subsistema y después indicar las relaciones o interacciones que se producen entre los subsistemas.

Para evitar o minimizar el número de flujos de datos que se cruzan en un diagrama de flujo de datos es posible duplicar los agentes y los almacenes de datos. Pero entonces será necesario indicarlo en el margen del diagrama.

En el caso del desarrollo de un sistema de información para una universidad (anexo A), la figura 9.20 muestra un diagrama de flujo de datos del subsistema de matriculación. En este ejemplo, puede verse que ha sido necesario duplicar algunos elementos para que los flujos de datos no se crucen.

Es importante tener presente todos los aspectos que se han comentado sobre el desarrollo de diagramas de flujo de datos en el punto 9.2 de este capítulo.

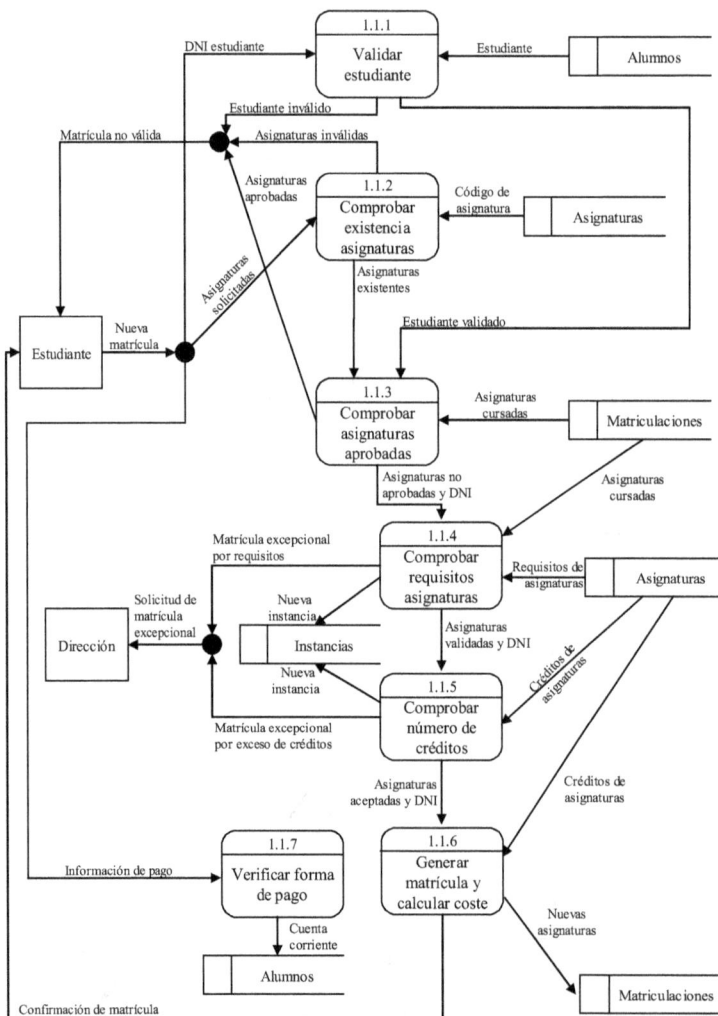

Figura 9.21 Diagrama de flujo de datos primigenio (Matriculación de una o varias asignaturas)

9.3.7. Desarrollar diagramas de flujo de datos primigenios

Algunos procesos o eventos que se han representado en diagramas de evento pueden ser muy complejos y contener una gran cantidad de interacciones con agentes externos y almacenes de datos. En estas situaciones, es aconsejable 'explotar' dicho diagrama de evento a través de diagramas de flujo de datos primigenios.

Los diagramas de flujo de datos primigenio muestran con mayor detalle las necesidades de procesado para cada evento. Debido a la aparición de nuevos procesos en un diagrama primigenio, es muy normal que surjan nuevos flujos de datos que tendrán que seguir las pautas definidas para cualquier diagrama de flujo de datos. Así mismo, se tendrá que almacenar la estructura de datos de cada nuevo flujo de datos en el diccionario del proyecto.

Es importante ir revisando los diagramas de niveles superiores para comprobar que existe una concordancia entre las salidas y las entradas de todos los diagramas y sus estructuras de datos.

En el caso del desarrollo de un sistema de información para una universidad (Anexo A), la figura 9.21 muestra el diagrama de flujo de datos primigenio que surge del diagrama de evento del proceso Matricularse en una o varias asignaturas. En este ejemplo, puede verse que el flujo de datos compuesto definido en el diagrama de evento se desdobla en varios flujos de datos primigenios. Así mismo, algunos flujos de datos primigenios se unen para formar un flujo de datos compuesto (definido en el diagrama de evento).

La combinación del diagrama de contexto, del diagrama del sistema, de los diagramas de subsistemas, de los diagramas de eventos y de los diagramas primigenios forman el modelo completo de procesos de un sistema de información.

9.4. Otras notaciones para los diagramas de flujo de datos

Tal y como se ha comentado al principio de este capítulo, existe una gran cantidad de notaciones para representar diagramas de flujo de datos, como son la notación de Gane & Sarson, la notación de DeMarco/Yourdon y la notación SSADM/IDEF0.

Este capítulo ha utilizado la notación de Gane & Sarson, que es una de las más utilizadas en el mundo. La mayoría de herramientas CASE reconocen y aceptan este tipo de notación. A continuación se muestra la notación de DeMarco/Yourdon y la notación de SSADM/IDEF0 en relación a la notación de Gane & Sarson.

La figura 9.22 muestra los símbolos para un proceso en diversas notaciones.

Figura 9.22 Notaciones para un proceso

La figura 9.23 muestra los símbolos para un agente externo en diversas notaciones.

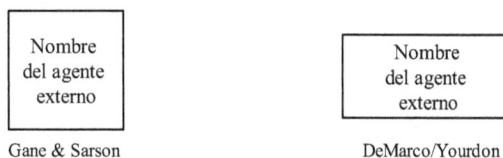

Figura 9.23 Notaciones para un agente externo

La figura 9.24 muestra los símbolos para un almacén de datos en diversas notaciones.

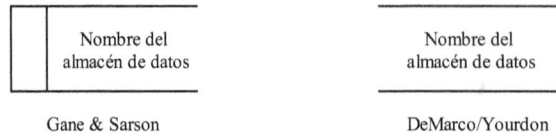

Nombre del almacén de datos	Nombre del almacén de datos
Gane & Sarson	DeMarco/Yourdon

Figura 9.24 Notaciones para un almacén de datos

Los flujos de datos se representan de la misma forma en todas las notaciones, es decir a través de una flecha que empieza desde el emisor de los datos y acaba en el receptor de los datos.

Anexo A

Enunciado para el desarrollo de un sistema de información en una universidad

Una escuela universitaria vinculada a la Universidad Politécnica de Cataluña ha decidido desarrollar un sistema de información para su gestión integral. Actualmente, dicha escuela universitaria imparte la carrera de Ingeniería Industrial, que consta de diez semestres y más de setenta asignaturas entre troncales, obligatorias, optativas y de libre elección.

El sistema de información que se intenta desarrollar debe permitir a la escuela universitaria gestionar toda la información y todas las acciones relacionadas con el funcionamiento de la carrera. Básicamente, el sistema de información debe almacenar toda la información relacionada con los estudiantes, con los profesores y con las asignaturas que se imparten en la escuela universitaria.

Todos los estudiantes pueden ser identificados por dos números: el DNI y el NIA (Número de Identificación de Alumno). El sistema de información debe diferenciar dos tipos de estudiantes: los estudiantes que ya han finalizado la carrera de Ingeniería Industrial y los que están cursando la carrera en la actualidad. Del primer grupo es importante conservar información personal sobre el estudiante, así como la fecha de finalización y la nota final de la carrera. Por si acaso, también se aconseja almacenar todas las asignaturas en las que ha participado, el semestre en las que se matriculó y sus notas finales.

La cantidad de información necesaria de los estudiantes que están cursando la carrera es bastante mayor. Aparte de almacenar la información personal del estudiante, se necesita conocer su número de cuenta (para cobrarle la matrícula cada año), así como todas las ayudas o subvenciones que ha recibido y todas las instancias que ha abierto durante la carrera. Una vez un estudiante acaba la carrera, la información sobre subvenciones y sobre instancias se debe eliminar del sistema de información.

Por supuesto, se debe guardar la fecha de inicio de la carrera tanto de los estudiantes actuales como de los estudiantes que ya han finalizado la carrera.

Los profesores de la escuela universitaria se identifican a través del DNI o a través del NPD (Número Personal Docente). El sistema de información debe almacenar bastante información sobre los profesores. Para empezar, el sistema debe poder diferenciar a los profesores que están activos de los que no están activos (por tener un año sabático o por una baja de maternidad/paternidad). En la actualidad existen distintas figuras de profesores (colaboradores, ayudantes, titulares, catedráticos, agregados, etc.). Cada figura contractual conlleva un número de créditos distintos a impartir. Por ejemplo, los profesores colaboradores deben realizar 24 créditos anuales, mientras que un profesor ayudante debe impartir 14 créditos anuales. A veces, estos valores pueden variar si el profesor pertenece a ciertas comisiones docentes.

En función de la fecha de inicio, la figura contractual y el número de créditos a impartir, un profesor debe cobrar un sueldo u otro. Por este motivo el sistema debe conocer el sueldo de cada profesor en particular y el número de cuenta en donde debe ingresarse.

Todos los profesores deben pertenecer a un único departamento (identificado por un número de tres dígitos). Para la gestión de los departamentos, los gestores de la escuela universitaria han comentado que es importante conocer el número de profesores que hay en cada departamento y su dirección postal (ya que algunos están situados fuera del edificio principal). Debido a la reducción del número de estudiantes durante los últimos años, hay departamentos que sólo tienen un profesor (por supuesto, que un departamento debe tener como mínimo un profesor).

Tal y como se ha comentado previamente, es muy importante que el sistema conozca toda la información personal del los estudiantes y de los profesores. Debido a la proliferación de móviles y a la gran cantidad de estudiantes extranjeros de esta escuela universitaria, el sistema de información debe poder almacenar todos los números de teléfonos que proporcione el profesor o el estudiante, así como los prefijos necesarios para cada número. Pero como mínimo, cada profesor y estudiante debe dejar un número de teléfono.

La información relacionada con las asignaturas es de vital importancia para el funcionamiento del sistema de información. Cada asignatura tiene asociado un código formado por cinco dígitos. Cada asignatura tiene cuatro aspectos muy importantes: el número de créditos, los prerrequisitos para que un estudiante se pueda matricular (si los hay), la ficha de la asignatura y la guía de la asignatura. La ficha de una asignatura es un redactado que expone las características y los puntos principales de la asignatura como son los objetivos y la forma de evaluación. La guía de la asignatura es una versión más exhaustiva de la ficha de la asignatura.

Una asignatura puede tener uno o varios prerrequisitos. Existen dos tipos de prerrequisitos: cuando es necesario haber aprobado otra asignatura o cuando sólo es necesario haber estado matriculado de otra asignatura (aunque no se haya aprobado).

Los propietarios del nuevo sistema de información han comentado, en relación a las asignaturas que se imparten, la necesidad de conocer todas las aulas que tiene la escuela universitaria. Las aulas se pueden identificar de dos formas: un código de seis dígitos (los dos primeros dígitos representan el edificio en donde está, los dos siguientes representan la planta en donde está y los dos últimos dígitos representan el número del aula en la planta) y un nombre que representa la empresa que la subvenciona. Además, se propone conocer si el aula tiene proyector y/o cañón para las presentaciones multimedia.

Como es comprensible, los profesores y las asignaturas están relacionados. Debido a que las asignaturas tienen como máximo 7,5 créditos, es previsible que la mayoría de profesores tengan que impartir más de una asignatura. También es necesario conocer el número de créditos de teoría, el número de créditos de prácticas y el número de créditos de laboratorio que debe impartir cada profesor en cada asignatura. Así como el coordinador de cada asignatura.

Algunas asignaturas están impartidas por un único profesor, mientras que otras tienen varios profesores (algunos para teoría, otros para prácticas, y otros para el laboratorio). Estas vinculaciones pueden cambiar de un año para otro.

Como se ha comentado al principio, los estudiantes pueden conseguir subvenciones a lo largo de la carrera. Cada subvención conseguida está descrita a través de la normativa de la subvención, la cantidad económica conseguida y un atributo sobre el tipo de ayuda o subvención a la que hace referencia. Toda esta información se elimina del sistema cuando un estudiante finaliza la carrera de Ingeniería Industrial.

De forma muy similar, el sistema debe poder almacenar todas las instancias que un estudiante realice a lo largo de la carrera. Estas instancias se utilizan cuando surge un imprevisto como el incumplimiento de ciertas reglas durante la matriculación de un estudiante, o cuando se solicita la revisión de una asignatura. Toda esta información se elimina del sistema cuando un estudiante finaliza la carrera de Ingeniería Industrial.

Todo lo que se ha comentado hasta el momento es muy importante para el funcionamiento del sistema de información. Sin embargo, falta poder almacenar la información que relaciona las asignaturas con los estudiantes. Tras muchas discusiones con los propietarios del sistema, se ha decidido que el sistema debe guardar cuándo un estudiante ha cursado una asignatura, en qué aula, en qué curso y qué nota ha sacado. En relación al curso, se ha decidido que un curso se identifique a través del año académico y el semestre (otoño o primavera).

Tanto los profesores como los estudiantes deben poder actualizar en cualquier momento sus datos personales, como son la dirección postal y los números de teléfono. Por otra parte, la escuela universitaria tiene dos comités o grupos de personas que se preocupan del buen funcionamiento del centro: la dirección de la escuela y la administración de la escuela.

Las altas y las bajas de los estudiantes las realiza la administración de la escuela universitaria, mientras que las altas y las bajas de los profesores las realiza la dirección de la escuela. Estas funciones fueron definidas en los estatutos de la escuela en su creación y no se han modificado hasta el momento.

La dirección de la escuela universitaria también es la encargada de dar de alta las nuevas asignaturas en el sistema de información y de dar la baja a aquellas asignaturas que ya no se consideran necesarias. Sin embargo, el coordinador de la asignatura (un profesor) es el responsable de actualizar los datos de la asignatura, aunque con la supervisión y conformidad de la dirección de la escuela. Por supuesto, el profesor también es el encargado de introducir las notas de los estudiantes en el sistema de información.

Desde le principio de cada semestre, un profesor puede solicitar las listas de los estudiantes que se han matriculado en sus asignaturas. Al final del semestre, el sistema de información bloquea las notas de los estudiantes y deja de permitir modificar las notas por parte de los profesores (para evita a los *hackers*). Es por este motivo que es tan importante que los profesores cuelguen en el sistema las notas antes de la fecha límite.

De forma similar a los profesores, los estudiantes pueden solicitar en cualquier momento su expediente académico para ver su evolución en la carrera que están cursando o que ya han finalizado. Sin embargo, el estudiante sólo puede solicitar la revisión de la nota de una asignatura al final del semestre. En este caso, se crea una instancia a la que, posteriormente, el profesor y la dirección de la escuela debe responder.

Al inicio de cada semestre, la administración de la escuela debe asignar a cada asignatura las aulas que necesita y sus horarios. Estas aulas pueden cambiar de un año a otro, así como ocurre con los horarios. Mientras la administración de la escuela se dedica a asignar horarios y aulas a las asignaturas, la dirección de la escuela se dedica a la asignación de cada profesor a cada asignatura.

Después del proceso anterior, los estudiantes deben matricularse de una o varias asignaturas para ese semestre. El sistema debe comprobar la idoneidad de la matrícula. En primer lugar, el sistema comprueba que las asignaturas que el estudiante ha seleccionado no hayan sido ya aprobadas. Después debe validar los prerrequisitos de cada asignatura, y por último el sistema tiene que comprobar si se han superado el número máximo de créditos a matricularse. En caso de no cumplir una de las dos últimas condiciones, el sistema crea una instancia y lo notifica a la dirección de la escuela para que decida si el estudiante puede o no matricularse de todas esas asignaturas. El sistema también debe permitir modificar la matrícula. Pero en este caso, no se permite saltarse las condiciones de prerrequisitos o el número máximo de créditos.

De forma aleatoria, la administración de la escuela realiza comprobaciones en cada asignatura, con la ayuda de los profesores, para detectar si se siguen la normas que se han definido en la ficha y en la guía de cada asignatura (por ejemplo, si se sigue la fórmula para calcular la nota final o el temario).

Al final de cada mes, el sistema debe pagar a los profesores su sueldo de forma automática. De la misma forma, después de cada período de matrícula el sistema debe cobrar los costes de matrícula a cada estudiante de forma automática. Es por este motivo que la administración de la escuela solicita en cada período de matrícula la información sobre el número de la cuenta corriente de cada estudiante y la actualiza en la base de datos.

Esta escuela universitaria ofrece subvenciones o ayudas a los estudiantes con dificultades económicas o con grandes expedientes académicos. Estas solicitudes tienen un tiempo de validez de un año y son concedidas por la dirección de la escuela universitaria.

Tras aprobar todas las asignaturas de la carrera de Ingeniería Industrial, los estudiantes deben solicitar el título universitario a través del sistema de información. En ese mismo momento, el sistema empieza a considerar al estudiante como un estudiante que ya ha finalizado la carrera. Además, se comunica a la administración de la escuela este cambio y se envía una notificación al Ministerio de Educación y Ciencia.

El estudiante puede solicitar en cualquier momento la situación de su título universitario (es decir, si ya ha llegado a la universidad o no). En este caso, la administración de la escuela tendrá que responder al estudiante. Por último, cuando el título universitario se envíe a la universidad, el Ministerio de Educación y Ciencia tendrá que informar del proceso a través del sistema de información de la universidad.

Preguntas y problemas

Tema 1. ¿Qué es un sistema de información?

1. Defina sistema de información desde las tres perspectivas que propone el libro. Señale las diferencias y similitudes entre dichas definiciones.

2. Defina trabajador de información y trabajador de conocimiento. Describa las diferencias entre ambos colectivos y las relaciones que se producen entre ellos.

3. Ofrezca cinco ejemplos de sistemas formales de información y cinco ejemplos de sistemas no formales de información. ¿Es siempre interesante traducir los sistemas no formales a sistemas formales de información?

4. Establezca las diferencias entre datos, información y conocimiento. Así mismo, ponga tres ejemplos que reflejan las diferencias entre los tres conceptos.

5. Indica los distintos tipos de personas que participan en el desarrollo de un sistema de información. Ponga tres ejemplos de cada uno de ellos.

6. Relaciona la clasificación de sistemas de información en función de la agrupación de los usuarios con la clasificación de sistemas de información en función del servicio ofrecido.

7. Describa las utilidades de un sistema de información gerencial. Ponga diversos ejemplos de dicho sistema de información.

8. Establezca las diferencias entre un sistema de apoyo a ejecutivos y un sistema de apoyo a la toma de decisiones. ¿En qué situaciones utilizaría uno u otro?

9. Ofrezca tres ejemplos de sistemas de información con distintos grados de formalidad y tres ejemplos con distintos grados de personalización.

10. Razone la importancia de las tecnologías de la información para el éxito de un sistema de información.

Tema 2. El ciclo de vida de un sistema de información

1. Enumere los diez principios a seguir en el desarrollo de un sistema de información. Intente priorizarlos en función de su importancia y justifica el resultado.

2. ¿Qué ventajas y desventajas conlleva documentar el sistema de información durante su desarrollo?

3. Compare el desarrollo basado en modelos de un sistema y el desarrollo rápido de aplicaciones. ¿Cuándo utilizaría un tipo de desarrollo y cuándo el otro?

4. Compare el desarrollo basado en un paquete de aplicaciones y la subcontratación para el desarrollo de un sistema de información. ¿Cuándo utilizaría un tipo de desarrollo y cuándo el otro?

5. Enumere las fases en el desarrollo de un sistema de información según el libro.

6. Compare los ciclos de vida propuestos por Senn, por Kendall y Kendall, y por Whitten, Bentley y Dittman. Comente sus similitudes y diferencias.

7. ¿Qué relación existe entre el desarrollo iterativo propuesto por George, Batra, Valacich y Hoffer y los ciclos de vida clásicos?

8. Defina arquitectura de un sistema de información.

9. Indique si es necesario establecer fases y actividades en todos los desarrollos de sistemas de información. Justifique la respuesta.

10. Busque en la red diversos paquetes de software que se puedan utilizar como un sistema de información. Enumere sus características y comenta las diferencias que existen entre estos paquetes de software.

Tema 3. Planificación de sistemas de información

1. Señale y describa el objetivo de la planificación estratégica de sistemas de información.

2. Enumere, describa y compare las responsabilidades de los tres grupos de personas que participan en el desarrollo de un plan estratégico de sistemas de información.

3. Señale y describa el objetivo de la planificación en el desarrollo de un sistema de información.

4. Describa los distintos métodos para la selección de proyectos. Compare las ventajas y desventajas de utilizar cada uno de los métodos en relación al resto.

5. ¿Qué tipo de causas pueden generar una solicitud para el desarrollo de un sistema de información? Indique cinco ejemplos para cada tipo de causa.

6. ¿Cómo se calcula el tiempo esperado de una actividad? Busque el motivo de utilizar dicha fórmula para calcular el tiempo esperado de una actividad. Ponga dos ejemplos de tiempo esperado.

7. Enumere los seis tipos de viabilidad. Para cada uno de ellos, describa cómo se debe estudiar y qué importancia tiene en el análisis global de la viabilidad.

8. Ponga seis ejemplos de costes fijos y costes variables. Ponga, también, seis ejemplos de beneficios tangibles y de beneficios intangibles de un sistema de información.

9. ¿Por qué es importante tener en cuenta el valor de dinero en el tiempo? ¿Qué ocurre si no se actualiza el valor del dinero?

10. Invente un ejemplo formado por siete actividades en donde aparezcan ocho dependencias. Después representa dicha situación a través de un gráfico Gantt.

Tema 4. Análisis de sistemas de información

1. Enumere y describa los objetivos de las cuatro actividades en el análisis del sistema actual.

2. Defina cultura organizativa. ¿Qué importancia tiene la cultura organizativa en el éxito del desarrollo de un sistema de información? ¿En qué situaciones la cultura organizativa puede convertirse en un elemento negativo en el desarrollo de un sistema de información?

3. Represente la cadena de valor de una empresa digital. Puede buscar información en la red.

4. Realice un análisis de las cinco fuerzas competitivas de Porter. Puede buscar información en la red.

5. Describa qué es un diccionario de proyectos. ¿Es importante utilizar un diccionario de proyectos o es simplemente opcional?

6. Enumere las similitudes y las diferencias entre un modelo lógico y un modelo físico. ¿Qué relación existe entre los dos tipos de modelos?

7. Busque tres ejemplos para cada una de las categorías propuestas por la estructura PIECES. ¿Qué beneficios aporta utilizar la estructura PIECES?

8. Busque tres ejemplos de requerimientos funcionales y tres ejemplos no funcionales. ¿Qué diferencias existen entre ellas? ¿Cómo se evalúan cada una de ellas?

9. ¿Cómo recopilaría información durante el desarrollo de un sistema? Enumere distintos métodos de recopilación de información y comenta las ventajas y desventajas de cada una de ellas.

10. Enumere los tres tipos de requerimientos existentes. Para el caso de un sistema de información en el departamento de marketing, identifica dos ejemplos de cada tipo de requerimientos.

Tema 5. Diseño de sistemas de información

1. Compare los modelos lógicos de datos y los modelos físicos de datos. ¿Qué objetivos tiene cada uno de ellos? ¿Qué dependencia existe entre ellos?

2. Compare los modelos lógicos de procesos y los modelos físicos de procesos. ¿Qué objetivos tiene cada uno de ellos? ¿Qué dependencia existe entre ellos?

3. Defina diagrama entidad-relación. ¿Qué elementos forman un diagrama entidad-relación?

4. Defina diagrama de flujo de datos. ¿Qué elementos forman un diagrama entidad-relación?

5. Enumere los pasos a seguir para definir la arquitectura del sistema de información. ¿Qué importancia tiene cada uno de estos pasos? ¿Es posible saltarse alguno de ellos?

6. Busque seis ejemplos de almacenes físicos de datos. Compare cada uno de ellos y compara sus ventajas y desventajas.

7. Enumere diversos métodos de salida de un sistema de información y comente en qué situaciones es más conveniente su utilización.

8. Enumere diversos métodos de entrada a un sistema de información y comenta en qué situaciones es más conveniente su utilización.

9. Defina interfaz y la importancia en su diseño durante el desarrollo de un sistema de información.

10. ¿Qué es la normalización de datos? ¿Es necesario para desarrollar un sistema de información?

Tema 6. Implantación y soporte de sistemas

1. Describa los tres tipos de redes existentes y compara las describiendo sus ventajas y desventajas. Busca información adicional en la red sobre cada tipo de red.

2. ¿Qué ventajas ofrece una base de datos en relación a un archivo de texto convencional?

3. Enumere las partes de un sistema de gestión de base de datos. Busca en la red cinco DBMS comerciales y comenta sus características.

4. Busque un tutorial sobre SQL en la red. Después explique las diversas ventajas que ofrece este tipo de lenguaje cuando se está trabajando con grandes cantidades de información.

5. Enumere y describa las tareas para el desarrollo de un programa informático. Intente ordenarlo según el grado de dificultad y de importancia.

6. Compare las cuatro aproximaciones a la instalación de un nuevo sistema de información. Comente en qué situaciones utilizaría uno u otro.

7. Busque en la red cursos de formación para el uso de sistemas de información. ¿Qué características tienen (duración, precio, tipo de temario?

8. Busque en la red cursos de formación para la implantación de sistemas de información. ¿Qué características tienen (duración, precio, tipo de temario?

9. Defina los cuatro tipos de mantenimiento y de reingenierías de sistemas que se pueden realizar.

10. ¿Qué diferencias existe entre un estudio de viabilidad y un estudio de validación? ¿En qué situaciones se realiza cada uno de ellos?

Tema 7. Modelado de casos de uso

Problema 1:

Imaginemos un videoclub en donde se quiere representar su funcionamiento a través de un modelo de casos de usos. Un analista de sistemas nos ha proporcionado los actores y los casos de usos que han de utilizarse. A continuación, se enumeran:

- Actores: Cliente, Dependiente, Proveedor, Tiempo.
- Casos de usos: Abrir cuenta, Cerrar cuenta, Comprar bono, Pagar el alquiler en efectivo, Pagar el alquiler con el bono, Devolver cambio, Seleccionar y pedir película, Devolver película, Llamar al cliente por retraso en la devolución, Pagar el retraso, Pedir por teléfono nuevas películas al proveedor, Entregar películas nuevas al videoclub, Generar un listado de películas no devueltas al finaliza el día.

Se pide:

 a) Construir un modelo de casos de usos que represente el videoclub y agrupar los casos de usos en subsistemas.
 b) Construir un diagrama de dependencias.
 c) Construir el sub_caso de uso "pagar el alquiler en efectivo", en donde aparezcan como mínimo una relación de <<incluye>> y una relación <<extiende>>.

Problema 2:

El gerente de un restaurante ha contratado a un analista de sistemas para crear un sistema de información que permita gestionar y consultar la disponibilidad de sus mesas y sus reservados.

El restaurante dispone de tres tipos de reservas: mesa simple, reservado (de capacidad máxima de 10 personas) y reservado de empresa (de capacidad máxima de 50 personas). Así mismo el restaurante ha clasificado a los clientes en dos grupos: habituales y esporádicos. Cada reserva realizada debe almacenar n el sistema la siguiente información: Datos del cliente, la mesa o reservado que ha solicitado, el día y hora, y el número de comensales.

El metre del restaurante debe poder llevar a cabo las siguientes operaciones:

Obtener un listado de las mesas y reservados disponibles en cualquier momento

Conocer el precio de una mesa o reservado en función del día y el número de comensales

Conocer el descuento ofrecido a los clientes habituales

Conocer el precio total para un cliente dado, especificando su mesa y reservado, el tipo de reserva y el número de comensales

Dibujar en pantalla cualquier reservado para distribuir a los comensales

Reservar una mesa o reservado especificando nombre del cliente y el número de comensales

Eliminar una reserva especificando el número de mesa o reservado o el nombre del cliente

El dueño del restaurante puede usar el sistema de información para:

Cambiar el precio de una mesa o un reservado de acuerdo al día y la hora (comida o cena)

Cambiar el valor del descuento ofrecido a los clientes habituales

Calcular las ganancias que tendrán en un mes especificado

El restaurante tiene actualmente información sobre sus clientes más habituales. Esta estructura puede manejarla con un listado (o entidad), cuya clave sea el número de cliente (los clientes habituales tienen una tarjeta personal).

El diseño a desarrollar debe facilitar la extensibilidad de nuevos tipos de mesas y reservados o clientes y a su vez permitir agregar nuevas consultas. Se pide:

a) Construir un modelo de casos de usos que represente el sistema que se quiere instalar en el restaurante, y agrupar los casos de usos en subsistemas.

b) Construir un diagrama de dependencias.

c) Construir el sub_caso de uso en donde aparezcan como mínimo dos relaciones de <<incluye>> y dos relaciones <<extiende>>.

Tema 8. Modelado de datos

Problema 1:

Un importante grupo de inversores ha decidido comprar una cadena de cines, los cuales están situados en territorio catalán. Después de su adquisición, los inversores han comprobado que la gestión de cada cine se hacía de forma independiente a la del resto de la cadena. Por este motivo, se nos ha pedido desarrollar una base de datos global que permite una mejorar gestión de la cadena de cines.

La cadena que han comprado los inversores está formada por una gran cantidad de cines, cada uno de ellos con características diferentes. Para entender el funcionamiento de la cadena, es necesario diferenciar lo que son las salas de lo que son los cines. Cada uno de los cines puede tener una o varias salas de proyección (multicines). Cada una de estas salas de proyección tiene características diferentes en relación al número de asientos, el tamaño de la pantalla, el tipo de sonido que tiene (analógico/digital), etc.

Como es habitual, en cada sala se proyecta una única película, mientras que el número de anuncios no está limitado (puede no emitirse ninguna o muchos). Es por este motivo que tenemos que almacenar todos los anuncios a proyectar y todas las películas que la cadena ha alquilado en nuestro sistema de información.

Por otro lado, es necesario saber a qué distribuidor se han alquilado las películas. De cada distribuidor es necesario conocer su nombre, la dirección fiscal, el teléfono, etc. Cada película sólo pertenece a un único distribuidor. En cambio, cada distribuidor puede tener en su posesión uno o varias películas.

Tanto las películas como los anuncios pueden estar simultáneamente en varias salas, o no estar en ninguna. Todo depende de las decisiones semanales del director general. Se pide:

a) Identificar las entidades necesarias para modelar la situación anterior a través de un modelo de datos

b) Dibujar un diagrama entidad-relación que represente la situación anterior y que muestre las entidades, las relaciones, y el orden y la cardinalidad de cada relación.

Problema 2:

Se le pide que asesore al servicio de bibliotecas de su universidad (como persona entendida en el diseño de los sistemas de información) en la realización de un DER teniendo en cuenta el funcionamiento de la biblioteca que a continuación se describe:

Como todo el mundo puede imaginar, la biblioteca de nuestra universidad se dedica principalmente a prestar libros a estudiantes durante el curso. Pero tras muchos años de utilizar un sistema basado en tarjetas, se intenta pasar a un sistema basado en ordenadores.

El sistema debe almacenar toda la información relacionada con los libros que la biblioteca puede prestar. Así mismo, también se necesita conocer a todos los estudiantes que se han matriculado en la universidad (nuestros clientes). Los estudiantes de nuestra universidad pueden sacar uno o varios libros de la biblioteca al mismo tiempo. Después de muchas discusiones, los bibliotecarios han decidido poner un tope de diez libros por estudiante al mismo tiempo.

Una forma muy típica de buscar un libro es a través de sus autores. Es por este motivo que los bibliotecarios han pensado en que el sistema también tenga almacenada información sobre autores. Se tiene que tener presente la posibilidad de que un autor que esté almacenado en el sistema no tenga asociado ningún libro. ¿Cuándo puede pasar esto? Por ejemplo, en el caso de que un libro se pierda, el bibliotecario tendrá que dar de baja el libro del sistema pero no se tendrá que dar de baja al autor, ya que en el futuro es posible que se compre un nuevo libro de ese autor. No es necesario decir que todos los libros han tenido que ser escritos por un autor como mínimo. Y que un autor puede haber escrito unos cuantos libros.

Por último, no nos olvidemos que estamos hablando de una universidad, por lo que la mayoría de libros (no todos) están vinculados a una o más asignaturas de la universidad. La información de las asignaturas permite a los bibliotecarios asociar nuevos libros a las asignaturas existentes, creando una gran bibliografía para cada asignatura. Sin embargo, todavía existen asignaturas sin ninguna bibliografía (aunque parezca mentira). Se pide:

a) Dibujar un diagrama entidad-relación que represente la situación anterior y que muestre las entidades, las relaciones, y el orden y la cardinalidad de cada relación.
b) Dibujar el diagrama entidad-relación anterior, eliminando cualquier tipo de relación de muchos a muchos (a través de entidades asociativas).

Problema 3:

El gimnasio *Terragym* nos ha solicitado diseñar una base de datos para gestionar el negocio. Su gerente nos ha indicado algunos detalles que debemos de tener en cuenta en el diseño del SI. Dicha base de datos debe almacenar la información de los actuales y futuros socios del gimnasio. Debido a la proliferación de móviles, la base de datos debe permitir que los socios puedan registrar tantos números de teléfonos como crean conveniente.

Por otra banda, el gimnasio ofrece cursos de educación física dirigidos por uno o dos profesores. Cada uno de los profesores del gimnasio deben también estar registrados en la base de datos, así como otras empresas en donde estén trabajando en la actualidad (un profesor puede trabajar en más de un gimnasio al mismo tiempo).

En la actualidad existen cuatro tipos de cursos de educación física (curso de fitness, aeróbic, spinning, steps). No obstante, es posible que en el futuro aumente el número de cursos impartidos, por lo que se tendrá que tener en cuenta en el diseño de la base de datos.

Es importante que la base de datos permita crear informes de cada uno de los cursos, de manera que se pueda observar que clientes están abonados a dichos cursos, y qué profesores están asignados a cada curso.

Después de dos meses de funcionamiento del gimnasio (de forma manual porque están esperando nuestro SI), se ha decidido definir cinco cuotas diferentes (universitaria, bronce, plata, oro y platinium), aunque es posible que aumente. En función del tipo de cuota, es posible que un socio pueda realizar desde 1 curso (obligatorio) a 8 cursos como máximo.

Para atraer a más clientes, los socios que tengan familiares en el gimnasio tendrán descuentos, por lo que es necesario saber que socios son familiares entre ellos.

Por último, se debe guardar los precios en función del tipo de cuota y del número de familiares de cada socio. Se pide:

a)   Entidades necesarias y sus atributos más significativos
b)   Un diagrama entidad-relación
c)   Las relaciones entre las entidades (orden y cardinalidad)

Tema 9. Modelado de procesos

Problema 1:

Se le pide que asesore al servicio de bibliotecas de su universidad (como persona entendida en el diseño de los sistemas de información) en la realización de un DFD teniendo en cuenta que la biblioteca realiza las siguientes funciones básicas:

En primer lugar, los bibliotecarios se ocupan de entrar en el sistema las altas y las bajas de los libros, así como del resto de documentos que pueden ser prestados.

En segundo lugar, también se gestiona la petición de libros por parte de los usuarios en base a las siguientes características:

Si un usuario quiere solicitar uno o más libros a la biblioteca, deberá presentar el carné de la biblioteca y una ficha en la que se detallan todos los libros que solicita.

Una vez entregados el carné y la ficha, el sistema comprobará y aceptará la petición de los libros solicitados siempre que pueda satisfacer la petición, es decir, siempre que existan ejemplares disponibles. En caso afirmativo, el sistema deberá actualizar el número de unidades disponibles de cada libro prestado, y almacenar la ficha de préstamo en el sistema y el carné del usuario en un cajón de una mesa.

En tercer lugar, también se tiene que poder gestionar las devoluciones teniendo en cuenta que un usuario no puede realizar más peticiones hasta que no haya devuelto todos los documentos de la petición anterior. El usuario necesita utilizar el carné de la biblioteca para realizar una nueva petición. Sin embargo, al usuario no se le entrega el carné hasta que no ha devuelto todos los libros (Recordad que después de coger prestado uno o más libros, la bibliotecaria guarda el carné en un cajón hasta que el usuario no ha devuelto todos libros). No obstante, hay que tener en cuenta que el usuario sí que puede hacer una devolución parcial de los libros que tiene.

Cuando un usuario realiza una devolución, el sistema debe actualizar el stock de libros y comprobar la fecha de devolución de cada ejemplar para estudiar, en el caso de que la devolución se haga fuera de tiempo, la imposición de una sanción que tiene un coste de X unidades monetarias por cada día de retraso. En este caso, la sanción se emite cuando el usuario entrega el último documento prestado.Se pide:

a)   Representar un diagrama de flujo de datos de contexto que represente la situación anterior.
b)   Dibujar un diagrama de flujo de datos de nivel medio (especificando las funciones básicas que se describen en el enunciado).

Problema 2:

Una empresa de reparación de aviones diseña un sistema que debe permitirle el máximo control de las tareas que realiza a través de un seguimiento de los pedidos de reparación y de una gestión de almacén que reduzca el *stock* de piezas de repuesto. Además el sistema debe tener un módulo de contabilidad y facturación automática para cada pedido.

El sistema debe contar con un mecanismo de aceptación-grabación de pedidos de los clientes, que puede contemplar varias actividades o modalidades de mantenimiento (preventivo-periódico, reparación, reemplazo de piezas) que estarán previamente codificadas y tarificadas. El sistema deberá calcular el precio total del pedido (horas de trabajo más las piezas utilizadas), comprobar en la base de datos si hay disponibilidad de piezas, y efectuar, en caso contrario un pedido al suministrador, actualizar el fichero de stock de piezas, permitir un seguimiento de la situación del trabajo (en base a fases predeterminadas por cada tipo de mantenimiento) y finalmente, emitir la factura al cliente, actualizar el montante de la deuda por cada cliente (puede haber pagos anticipados, el pago de las deudas se hace semestralmente) y comprobar el abono de la deuda al final de cada periodo semestral. Se pide:

a) Representar un diagrama de flujo de datos de contexto que represente la situación anterior.
b) Representar un diagrama de flujo de datos de nivel medio (especificando las funciones básicas que se describen en el enunciado).
c) Representar un diagrama de flujo de datos de bajo nivel que refleje la situación anterior.

Problema general (capítulos 7, 8, y 9)

Un grupo de estudiantes de Terrassa ha decidido abrir una empresa (Viajes ETSEIT) dedicada a la preparación de paquetes turísticos a medida para agencias de viaje. Su funcionamiento es bastante simple; sin embargo, la cantidad de información a gestionar para el buen funcionamiento de la empresa es bastante grande, por lo que es necesario desarrollar un nuevo sistema de información.

Los servicios que ofrece la empresa Viajes ETSEIT son varios, y con el tiempo se espera que crezcan mucho más. En la actualidad, Viajes ETSEIT permite crear paquetes de vacaciones formado por reservas de hoteles, reservas de billetes de avión, alquiler de automóviles y reserva de billetes de barco.

Para conseguir los mejores precios del mercado, la empresa Viajes ETSEIT sigue una política de compra anticipada. Por ejemplo, la empresa reserva y paga de forma anticipada un gran número de habitaciones para ser usadas de cualquier manera entre unas determinadas fechas. Este sistema permite reservar las habitaciones de forma muy económica, pero en caso de no poder venderlas después, la empresa debe quedárselas con todo el coste asociado. De la misma forma funcionan el resto de servicios que ofrecen.

De forma mensual, la empresa revisa el número de habitaciones que tiene reservada en los distintos hoteles, el número de billetes de avión que ha comprado, el número de vehículo alquilados y el número de billetes de barco que ha adquirido, y en función del *stock* disponible decide si comprar más billetes de cada tipo o no.

Como la empresa está en sus inicios, todos los hoteles que ofrece la empresa Viajes ETSEIT están ubicados en el territorio español, así como todos los billetes de barco y de avión.

Los hoteles que ofrece la empresa están clasificados en función de un color que está vinculado directamente con su precio. Actualmente, la clasificación de los hoteles está formada por cuatro colores (oro, plata, bronce, piedra), pero en el futuro y con las ampliaciones que se esperan realizar se prevé que el número de categoría aumente. Cada dos meses, los precios de los hoteles se actualizan.

Los viajes en avión se deben clasificar en dos grupos: vuelos charter y de línea regular. El precio de los billetes se clasifica en estrellas. Un vuelo de pocas estrellas representa un billete muy barato, mientras que un vuelo de muchas estrellas representa un billete muy caro. El tipo de características que tienen los vuelos charter y los de línea regular son distintas. Por ejemplo, los vuelos charter es necesario guardar información sobre el número de azafatas que se tienen que contratar, mientras que en los vuelos regulares se debe guardar información sobre modificaciones en los billetes de los pasajeros.

Es importante destacar que los vuelos de los aviones tienen como origen y destino los aeropuertos y NO las ciudades, ya que una ciudad puede tener más de un aeropuerto. Por otra parte, las tasas de los aeropuertos varían en función de si su categoría es alta, media o bajo. Una vez al año, la AENA puede variar la categoría de los aeropuertos en función de sus resultados anuales.

Los viajes en barco también son un servicio que ofrece la empresa Viajes ETSEIT. A diferencia de los vuelos con avión, las ciudades con puerto sólo disponen de un único puerto. Sin embargo, las tasas son diferentes para cada puerto.

El alquiler de coches funciona por una clasificación de ruedas. El alquiler de un coche de alta gama se representará con cinco estrellas y su precio será muy elevado. Por el contrario, un coche de baja gama se representará con una estrella y su precio será muy bajo.

Tanto los hoteles como los orígenes y los destinos actuales que la empresa ofrece en sus viajes pertenecen al territorio español. Para destacarse de la competencia, el sistema de información debe poder ofrecer información turística del lugar a donde tiene la intención de ir (tiempo, clima, parques de atracciones, etc.) de forma automática.

Viajes ETSEIT tiene dos tipos de clientes: agencias de viajes y clientes particulares. Ambos pueden pedir paquetes de cualquier tipo y tamaño. Una vez se ha producido la venta de los productos a un cliente, el sistema debe seguir almacenando la información para posteriores descuentos. El sistema debe permitir realizar descuentos en función de los movimientos realizados por el cliente. Por ejemplo, cuando un cliente ha comprado más de siete productos durante el último año, se le realizará un descuento del diez por ciento. Los descuentos dependerán del tipo de cliente (agencia de viajes o particular).

Debido a que los clientes pueden tener varios números de teléfono y de direcciones e-mail, el sistema debe estar preparado para almacenar tantos números de teléfono y direcciones e-mail como el cliente crea conveniente.

Tal y como ocurre en la vida real, es posible que se anulen o se modifiquen las reservas realizadas por los clientes, por lo que el sistema debe tenerlo presente.

Nota: Recordar que los precios que se almacenan en el sistema son los precios para los clientes.

Se pide:

a) Desarrollar un modelo completo de casos de uso.
b) Desarrollar un modelo completo de datos.
c) Desarrollar un modelo completo de procesos.

Glosario de términos

Actor: Elemento externo que interacciona con el sistema de información. Los actores son los encargados de iniciar los casos de uso que representan las actividades que el sistema de información debe realizar.

Actores primarios de negocio: Individuos que consiguen algún beneficio de la ejecución del caso de uso recibiendo alguna cosa de valor medible u observable.

Actores primarios de sistemas: Individuos que interactúan directamente con el sistema de información.

Actor de recepción externo: Actor que se caracteriza por no ser primario, pero que sin embargo recibe alguna cosa de valor medible u observable.

Actor de servicios externos: Individuo o sistema externo que responde a la petición de un caso de uso.

Agente externo: Persona, unidad de la organización, sistema, u otra organización que interactúa con un sistema.

Almacén de datos: Inventario de datos, es decir, lugar en donde el sistema de información almacena los datos que necesita para su correcto funcionamiento.

Analista de sistemas: Persona que estudia los problemas y las necesidades de una empresa para determinar cómo podrían combinarse los recursos humanos, los procesos, los datos y la tecnología de la información para obtener mejoras en la empresa.

Arquitectura de sistemas: Definición de la tecnología que será usada para construir el sistema de información

Atributo de datos (o simplemente atributo): Característica común a todas o casi todas las instancias de una entidad concreta.

Base de datos: Fuente central de datos interrelacionada que está pensada para que sea compartida por muchos usuarios en una diversidad de aplicaciones.

Cardinalidad: Indicación del número máximo de instancias de una entidad para una única instancia de la entidad relacionada.

Caso de uso: Elemento que describe las funciones básicas o simples del sistema desde la perspectiva de los usuarios externos y de manera que ellos puedan comprenderlo.

Ciclo de vida del desarrollo de sistemas: Conjunto de actividades que los analistas, diseñadores y usuarios realizan para desarrollar e implantar un sistema de información.

Conocimiento: Mezcla fluida de experiencias concretas, valores, información en contexto y juicio basado en la experiencia que proporciona un marco de referencia para evaluar e incorporar nuevas experiencias e información.

Constructores de sistemas: Especialistas en tecnología y encargados de fabricar sistemas de información basados en las especificaciones de diseño obtenidas de los diseñadores de sistemas.

Datos: Hechos y cifras que tienen de algún modo una existencia propia e independiente y que tiene poco significado para el usuario.

DBMS (Sistema de gestión de bases de datos): Software informático especializado y disponible en el mercado que se utiliza para creación, acceso, control y gestión de la base de datos.

DER (Diagrama de entidad-relación): Herramienta de modelado de datos que describe las asociaciones que existen entre las diferentes categorías de datos dentro de un sistema de empresa o de información.

Desarrollo rápido de aplicaciones: Método existente para el desarrollo de sistemas de información que se basa en la creación de prototipos.

Diagrama de flujo de datos de contexto: Diagrama que define el campo de acción y los límites del sistema y el proyecto.

DFD (Diagrama de flujo de datos): Herramienta de modelado de procesos que representa el flujo de datos a través de un sistema y los trabajos o procesos llevados a cabo por dicho sistema.

Diseñadores de sistemas: Expertos en tecnología que traducen las necesidades y las restricciones manifestadas por lo usuarios de la empresa en soluciones técnicas.

DLL (Lenguaje de definición de datos): Parte de un sistema de gestión de bases de datos.

DML (Lenguaje de manipulación de datos): Parte de un sistema de gestión de bases de datos.

DSS (Sistema de apoyo a la toma de decisiones): Sistema de información que puede ayudar a identificar oportunidades en la toma de decisiones o proporciona la información necesaria para ayudar a tomar dichas decisiones.

Entidad: Cualquier ente o cosa, real o abstracta, de la cual queramos guardar datos.

ESS (Sistemas de apoyo a ejecutivos): Sistema de información al nivel estratégico diseñado para abordar la toma de decisiones no estructuradas relacionadas con las actividades a largo plazo de la dirección general de la empresa.

Estructura de datos: Composición de un flujo de datos.

Flujos de control: Equivale a un flujo de datos en el que no se transportan datos.

Flujo de datos: Introducción de datos en un proceso o la obtención de datos de un proceso. Aunque también puede representar la actualización de datos en un archivo, en una base de datos o en cualquier otro medio de almacenaje.

Grado de una relación: Número de entidades que participan en la relación.

Información: Conjunto de datos procesados con significado, y dotados de relevancia y propósito.

JRP (Planificación de requerimientos conjunta): Técnica que enfatiza el desarrollo participativo entre los propietarios, los usuarios, los diseñadores y los constructores de sistemas.

MIS (Sistema de información gerencial): Sistema de información que proporciona informes orientados a la gestión basados en el procesado de transacciones y operaciones de la organización. Los sistemas de información gerencial proporcionan servicio a nivel administrativo.

Modelado o modelización: Acción de realizar una o más representaciones gráficas de cualquier sistema.

Modelado de casos de uso: Método orientado a los usuarios para identificar necesidades funcionales de un nuevo sistema de información. El modelado de casos de uso es una técnica que permite modelar las funciones de un sistema en términos de eventos, de quién inicia los eventos y de cómo el sistema responde a estos eventos.

Modelo: Representación estructurada de un sistema o de algún elemento constituyente del mismo.

Modelo lógico de datos: Representación del conjunto de datos que un sistema debe almacenar internamente para poder responder a las necesidades de los propietarios y de los usuarios del sistema.

Modelo lógico de procesos: Representación del conjunto de procesos que un sistema debe realizar para poder responder a las necesidades de los propietarios y de los usuarios del sistema.

Modelo físico de datos: Representación de la estructura y las relaciones de los datos para la implementación del modelo lógico de datos.

Modelo físico de procesos: Representación de los procesos y los flujos de datos necesarios para implementar el modelo lógico de procesos.

Normalización: Método basado en tres etapas que consiste en trasformar las entidades del modelo de datos en primera forma normal (1FN), después en segunda forma normal (2FN), y finalmente en tercera forma normal (3FN).

Orden: Indicación de si la relación entre diversas entidades es obligatoria u opcional.

Planificación estratégica de sistemas de información: Metodología que intenta identificar y establecer prioridades acerca de las tecnologías y las aplicaciones susceptibles de reportar un máximo beneficio a la empresa.

Proceso: Conjunto de tareas o acciones realizadas a partir de un flujo de datos de entrada para producir flujos de datos de salida.

Project Manager: Profesional experimentado que acepta la responsabilidad de planificar, supervisar y controlar proyectos en lo que concierne al calendario, el presupuesto, la satisfacción de cliente, las normas técnicas y la calidad de sistema.

Propietarios de sistemas: Personas que patrocinan y promueven los sistemas de información.

Red en anillo: Red que se caracteriza en que las estaciones están unidas entre ellas formando un círculo por medio de un cable común.

Reden en bus: Red que se caracteriza por permitir que todas las estaciones reciban la información que se transmite.

Red en estrella: Red que se caracteriza en que todas las estaciones de trabajo se comunican a través de un único punto, que normalmente es usado como centro de control y gestión.

Reingeniería del sistema: Toda modificación del sistema de información que no tenga que ver con la corrección de errores de diseño y programación.

Relación: Representación de un evento que vincula dos o más entidades, o una afinidad lógica entre dos o más entidades.

Relación específica: Relación en que la cardinalidad, en sus dos direcciones, no es muchos (varios).

Relación no específica: Relación en que muchas instancias de una entidad están asociadas con muchas instancias de otra entidad

Sistema: Conjunto de componentes que interaccionan entre sí para lograr un objetivo común.

Sistema de información (1): Conjunto de componentes interrelacionados que recolectan (o recuperan), procesan, almacenan y distribuyen información para apoyar la toma de decisiones y el control de una organización.

Sistema de información (2): Conjunto de personas, datos, procesos, y tecnología de la información que interactúan para recoger, procesar, almacenar y proveer la información necesaria para el correcto funcionamiento de la organización.

Sistema de información (3): Conjunto formal de procesos que, operando con un conjunto estructurado de datos estructurada de acuerdo con las necesidades de una empresa, recopila, elabora y distribuye (parte de) la información necesaria para la operación de dicha empresa y para las actividades de dirección de control correspondientes, apoyando al menos en parte, la toma de decisiones necesaria para desempeñar las funciones y procesos de negocio de la empresa de acuerdo con su estrategia.

Sistema de información de producción: Sistema cuyos objetivos son de apoyar al sistema de producción físico, y proporcionar información acerca de las operaciones de producción.

Sistema de información de recursos humanos: Sistema que permite recopilar y almacenar información relacionada con los recursos humanos, para transformarla y luego distribuirla a los usuarios de la empresa

Sistema de información financiera: Sistema que proporciona a las personas y a los grupos (stakeholders), tanto de dentro como de fuera de la organización, información relacionada con los asuntos financieros de la compañía.

Sistemas de información para directivos: Sistema que proporciona a un directivo información sobre el desempeño global de la empresa.

Sistemas de oficina: Aplicaciones informáticas que proporcionan un grado perfeccionado de comunicación entre todos los tipos de trabajadores de la información.

SQL (Lenguaje de consultas estructurado): Lenguaje para la comunicación entre bases de datos y programas informáticos.

Tecnología de la información: Término contemporáneo que describe la combinación de la tecnología informática (hardware y software) con la tecnología de las telecomunicaciones (redes de datos, imágenes, y voz).

TPS (Sistema de procesamiento de transacciones): Sistema cuyo objetivo es capturar y procesar datos sobre las transacciones de negocios que se realizan, diariamente, en la empresa

Trabajador de la información: Personas cuyo trabajo tiene que ver con la creación, la captura, la distribución y el uso de información.

Trabajador del conocimiento: Subgrupo de trabajadores de la información cuyas responsabilidades se basan en conocimiento específico.

Usuarios de sistemas: Personas que utilizan los sistemas de información de una forma regular para capturar, introducir, validar, transformar y almacenar datos e información.

VDL (Lenguaje de definición de vistas): Parte de un sistema de gestión de bases de datos.

Viabilidad de un proyecto de sistemas de información: Medida del beneficio obtenido en una organización a través del desarrollo de un sistema de información.

Viabilidad de fechas: Proceso que tiene como objetivo estudiar si las previsiones iniciales en relación al calendario se mantienen o han sufrido un retraso o un avance.

Viabilidad legal y contractual: Proceso que consiste en estudiar cualquier ramificación legal y contractual debido a la construcción del sistema de información.

Viabilidad operacional u operativa: Proceso de examinar la concordancia entre los resultados de un proyecto y sus objetivos.

Viabilidad política: Proceso que evalúa cómo afecta el sistema de información a la estructura social y política de la organización.

Viabilidad técnica: Proceso que tiene como objetivo estudiar si la organización es capaz de construir el sistema de información propuesto.

WKS (Sistema de trabajo del conocimiento): Sistema que promueve la creación de nuevo conocimiento y permite que dicho conocimiento, así como la experiencia adquirida de su creación, se integre en la empresa.

Bibliografía

Andreu, R., Ricart, J. y J. Valor. (1996). *Estrategia y sistemas de información*. McGraw-Hill.

Applegate, L.M., Austin, R.D. y F.W. McFarlan (2004). *Estrategia y gestión de la información corporativa*. McGraw-Hill.

Benjamín, R.I. (1971). *Control of the information system development cycle*. Wiley-Interscience.

Conger, J. (1994). *Learning to lead: the art of transforming managers into leaders*. Jossey-Bass.

Davenport, T.H. y L. Prusak (1998). *Working knowledge how organizations manage what they know*. Harvard Business School Press.

Edwards, Ch., Ward, J. y A. Bytheway (1998). *Fundamentos de sistemas de información*. Prentice Hall.

George, J.F., Batra, D, Valacich, J.S. y J.A. Hoffer (2004). *Object-oriented systems analysis and design*. Pearson Prentice Hall

Gómez, A. y C. Suárez (2003). *Sistemas de información: Herramientas prácticas para la gestión empresarial*. Editorial Ra-Ma.

Jacobson, I., Christerson, M., Jonson, P. y G. Overgaard (1992). *Object-oriented software engineering - A use case driven approach*. Addison-Wesley.

Kendall, K.E. y J.E. Kendall (1997). *Análisis y diseño de sistemas*. Pearson educación.

Kotler, P. (1966). *Marketing management : analysis, planning, implementation, and control*. Prentice-Hall.

Laudon, K.C. y J.P. Laudon (2004). *Sistemas de información gerencial*. Pearson Educación.

Luque, I., Gómez-Nieto, M.A., López, E. y G. Cerruela (2001). *Bases de datos: desde Chen hasta Codd con Oracle*. Editorial Ra-Ma.

McLeod, R. Jr. (2000). *Sistemas de información gerencial*. Pearson educación.

Porter, M.E. (1987). *Ventaja competitiva creación y sostenimiento de un desempeño superior*. Compañía Editorial Continental.

Rockart, J.F. y D.W. DeLong (1988). *Executive Support Systems: The Emergence of Top Management Computer Use*. Dow-Jones Irwin.

Senn J.A. (1992). *Análisis y diseño de sistemas de información*. McGraw-Hill.

Sethi, V. y W.R. King (1998). *Organizational transformation through business process reengineering*. Prentice-Hall.

Villapecellín, M.M. (2004). *Desarrollo de aplicaciones de cuarta generación y con herramientas CASE*. Editorial Ra-Ma.

Wetherbe, J. (1988). *Systems analysis and design: tradicional, structured, and advanced concepts and techniques*. West.

Whitten, J.L., Bentley, L.D. y V.M. Barlow (1996). *Análisis y diseño de sistemas de información*. McGraw-Hill (Irwin).

Whitten, J.L., Bentley, L.D. y K.C. Dittman (2004). *System analysis & design methods*. McGraw-Hill.

Zachman, J.A. (1987). A framework for information systems architecture, *IBM Systems Journal* 26, no. 3, pp. 276-292.

www.ingramcontent.com/pod-product-compliance
Lightning Source LLC
Chambersburg PA
CBHW080539220326
41599CB00032B/6316